高等法律职业教育系列教材
GAODENGFALUZHIYEJIAOYUXILIEJIAOCAI

犯罪现场勘查

FANZUI XIANCHANG KANCHA

主　编◎朱巧红　盛永彬　副主编◎蒋冰冰

暨南大学出版社
JINAN UNIVERSITY PRESS

中国·广州

图书在版编目（CIP）数据

犯罪现场勘查/朱巧红，盛永彬主编；蒋冰冰副主编．—广州：暨南大学出版社，2013.11（2020.9 重印）
（高等法律职业教育系列教材）
ISBN 978－7－5668－0730－4

Ⅰ.①犯…　Ⅱ.①朱…②盛…③蒋…　Ⅲ.①刑事犯罪—现场勘查—高等学校—教材　Ⅳ.①D918.4

中国版本图书馆 CIP 数据核字(2013)第 193570 号

犯罪现场勘查

FANZUI XIANCHANG KANCHA

主　编：朱巧红　盛永彬　副主编：蒋冰冰

出 版 人：张晋升
责任编辑：武艳飞　刘　曦
责任校对：周海燕　黄　斯
责任印制：汤慧君　周一丹

出版发行：暨南大学出版社（510630）
电　　话：总编室（8620）85221601
营销部（8620）85225284　85228291　85228292　85226712
传　　真：（8620）85221583（办公室）　85223774（营销部）
网　　址：http://www.jnupress.com
排　　版：广州市天河星辰文化发展部照排中心
印　　刷：佛山市浩文彩色印刷有限公司
开　　本：787mm×1092mm　1/16
印　　张：13.5
字　　数：311 千
版　　次：2013 年 11 月第 1 版
印　　次：2020 年 9 月第 3 次
定　　价：29.00 元

总　序

高等法律教育职业化已成为社会的广泛共识。2008年，由中央政法委等15部委联合启动的全国政法干警招录体制改革试点工作，更成为中国法律职业化教育发展的里程碑。这也必将带来高等法律职业教育人才培养机制的深层次变革。顺应时代法治发展需要，培养高素质、技能型的法律职业人才，是高等法律职业教育亟待破解的重大实践课题。

目前，受高等职业教育大势的拉动，我国高等法律职业教育开始了教育观念和人才培养模式的重塑。改革传统的理论灌输型学科教学模式，吸收、内化“校企合作、工学结合”的高等职业教育办学理念，从办学“基因”——专业建设、课程设置上“颠覆”教学模式：“校警合作”办专业，以“工作过程导向”为基点，设计开发课程，探索出了富有成效的法律职业化教学之路。为积累教学经验、深化教学改革、凝塑教育成果，我们着手推出“基于工作过程导向系统化”的法律职业系列教材。

《国家中长期教育改革和发展规划纲要（2010—2020年）》明确指出，高等教育要注重知行统一，坚持教育教学与生产劳动、社会实践相结合。该系列教材的一个重要出发点就是尝试为高等法律职业教育在“知”与“行”之间搭建平台，努力对法律教育如何职业化这一教育课题进行研究、破解。在编排形式上，打破了传统的篇、章、节的体例，以司法行政工作的法律应用过程为学习单元来设计体例，以职业岗位的真实任务为基础，突出职业核心技能的培养。在内容设计上，改变传统历史、原则和概念的理论型解读，采取“教、学、练、训”一体化的编写模式。以案例等导出问题，根据内容设计相应的情境训练，将相关原理与实操训练有机地结合，围绕关键知识点引入相关实例，归纳总结理论，分析探寻解决问题的途径，充分展现法律职业活动的演进过程和法律的应用流程。

法律的生命不在于逻辑，而在于实践。法律职业化教育之舟只有航行于法律实践的海洋之上，才能迸发出勃勃生机。在以高等职业教育实践性教学改革为平台进行法律职业化教育改革的路径探索过程中，有一个不容忽视的现实问题。高等职业教育人才培养模式主要适用于机械工程制造等以“物”作为工作对象的职业领域，而法律职业教育主要针对的是司法机关、行政机关等以“人”作为工作对象的职业领域，这就要求在法律职业教育中对高等职业教育人才培养模式进行“辩证”的吸纳与深化，而不是简单、盲目地照搬照抄。我们所培养的人才不应是“无生命”的执法机器，而是有法律智慧、正义良知、训练有素的有生命的法律职业人员。但愿这套系列教材能为我国高等法律职业化教育改革作出有益的探索，为法律职业人才的培养提供宝贵的经验。

2010年11月15日

前 言

《犯罪现场勘查》是一本以修订后的《中华人民共和国刑事诉讼法》及有关侦查的司法解释，公安部关于侦查工作的一系列规定、规则、工作细则等规范性文件为依据，在现代科学技术成果和现场勘查理论精华的基础上编写的教材。

作为高等法律职业教育教材，在吸收最新成果，融入教学经验和实践部门工作经验的前提下，根据自编教材的要求，本教材在体系安排上紧紧围绕着培养警务化学生的分析能力、专业实操能力及司法职业能力来进行，以“工作过程导向”编写模式为框架，在结构及内容上作了相应的调整。首先，结构的安排上本教材更加侧重于实践技能，每一项目以“知识目标＋能力目标＋案例导入＋知识要点＋能力训练”为编写体例，在注重学生基础理论学习的同时强化其现场勘查实操能力训练。其次，内容上更贴近高等法律职业的需求，编写上力求突出三个方面的特点：一是简化基本理论。教材理论部分的编写改变以往教材理论性强的特点，力求基本理论简练，以必需、够用为度；二是注重能力培养。教材编写内容强化实践特色，每一项目都有相应的能力训练，突出了实训、实战技能的掌握和应用；三是每个内容都有相应的现场勘查案例和情景训练，体现了“工学结合”的理念。

本教材由朱巧红、盛永彬担任主编，蒋冰冰担任副主编。参编者分工如下：朱巧红（广东司法警官职业学院）负责单元一、单元二、单元三、单元四、单元六、单元七、单元八、单元十，单元十二项目一、项目四、项目六的编写工作，蒋冰冰（广东省未成年犯管教所）负责单元十一的编写工作，陈汉彬（广东司法警官职业学院）负责单元九的编写工作，李亚可（广东司法警官职业学院）负责单元五的编写工作，谭天生（韶关市新丰县公安局副局长）、丘文导（新丰县公安局梅坑派出所副所长）负责单元十二项目二、项目三、项目五的编写工作。朱巧红对全书进行了修订、整理和统稿。盛永彬（广东司法警官职业学院）审定全书，并对编写进行指导。

教材的编写得到了广东司法警官职业学院领导及编者家属和广大教师的大力支持，同时参考了有关专家、学者教材、论著的观点，在此一并表示最诚挚的感谢！

由于编者水平所限，教材中的缺点、疏漏在所难免，恳请各位读者批评指正。

编 者

2013 年 7 月

目　录
CONTENTS

单元一

犯罪现场概述

项目一　犯罪现场的概念和构成要素

【知识目标】

1. 掌握犯罪现场的基本含义
2. 理解和掌握犯罪现场构成要素及内容

【能力目标】

1. 培养学生识别犯罪现场与其他现场的能力
2. 培养学生分析判断犯罪现场构成要素的能力

【案例导入】

王某系某鞋厂职工，一天王某在市场买菜时与迎面走来的刘某发生了肢体碰撞，王某便骂了对方一句，刘某反唇相讥，两三句后，双方便大打出手。王某拿起一根铁管猛砸刘某头部和腿部，致使刘某头部出血。群众报案，民警及时赶到现场。

结合本案，请回答以下问题：

（1）什么是犯罪现场？

（2）确定犯罪现场的因素有哪些？

【知识要点】

一、犯罪现场的概念

现场是指人们从事某种活动或发生某种事件的地方。现场是一个时空概念，“现”具有时间含义，“场”具有空间含义。在现实生活中，现场的种类多种多样。有人为因素形成的现场，也有自然因素形成的现场；有实体现场，也有虚拟现场。

犯罪现场是一种特殊的现场，是指犯罪行为人实施犯罪行为的地点和遗留有与犯罪行为有关的痕迹、物品的场所。可以看出，犯罪现场包括两个方面：一是犯罪行为人实施犯罪行为的地点，即向犯罪对象直接实施侵害行为的地点，如杀人案件中被害人被杀害的地点等。这些是侵害行为实施的主要地点，一般会引起周围环境较多的变动，有较多的犯罪信息，是构成犯罪现场的主要内容；二是遗留有与犯罪行为有关的痕迹、物品的场所，即案件发生地以外的与案件相关的其他一切遗留犯罪痕迹、物品的场所。如杀人抛尸的地点、作案后隐藏赃物罪证的地点等。这些都是与实施犯罪行为有关联的场所，对犯罪活动有一定的反映性，是犯罪现场的重要内容。

二、犯罪现场的构成要素

犯罪现场的构成是指构成犯罪现场的基本要素及其各要素之间的相互关系。构成犯罪现场，必须具备以下三个要素：

（一）时间、空间要素

任何犯罪行为人进行犯罪活动都是在一定的时间和一定的空间中进行的，也就是说凡是刑事案件现场都有自己特定的时间和空间。没有时间和空间的犯罪现场是不存在的，因为离开了时间和空间，犯罪行为就无从依附和表现，犯罪现场也就不可能存在。

犯罪现场的时间要素是指犯罪行为人作案的时间，即形成案件现场的犯罪活动从开始到终止的时间。包括预谋、实施和掩盖犯罪行为的时间。

犯罪现场的空间要素是指犯罪行为人实施犯罪活动所涉及的场所。有的犯罪活动是在同一个地点、场所内连续进行的，只涉及一个空间范围，也就是只有一个场所。有些犯罪活动是在不同时间段、不同场所进行的，如在甲地实施杀人、乙地实施分尸、丙地实施抛尸，这样一个案件与几个空间有联系，该案就存在多个犯罪现场，涉及多个犯罪空间。

（二）犯罪行为要素

犯罪行为人的犯罪行为是构成犯罪现场的核心要素，即必须有犯罪行为的存在，现场才有可能成为犯罪现场，这是犯罪现场区别于其他现场最根本的要素。因此，对于一个现场，首先应确定发生的事件性质是否为刑事案件，而刑事案件的成立又必须有犯罪行为的发生，不存在犯罪行为的地点或场所就不是刑事案件现场。所以判断现场是否为刑事案件现场必须要明确发生的行为是否为犯罪行为。

（三）物质形态发生变化要素

物质形态发生变化要素即案件发生后与犯罪有关的在案发前后产生的人、事、物等要素的变化。犯罪行为是犯罪行为人实施犯罪意图的行为，一旦付诸实施，必然会引起现场被侵害客体及其原有物质环境的一系列变化，如杀人现场的血迹、尸体等因素的产生与变化，在作案现场是难以消除的。犯罪行为人既要犯罪又不想留下任何痕迹，这是不可能的。

当然，应注意现场有无伪装掩盖的情况。认识犯罪行为引起的变化和结果，对确定是否为刑事案件现场很重要。有些现场由于伪装或者自然条件的破坏可能掩盖了这种变化，犯罪事实反映不明显。因此要求侦查人员必须细致勘查现场，寻找事物的各种变化，确定现场是否为犯罪现场。

上述构成刑事案件现场的三要素相互联系、彼此依存，缺一不可。犯罪行为人的犯罪行为必然与时间、空间、现场变化同时存在，这些是刑事案件现场的核心要素，没有这些要素，其他要素也就失去了存在意义。时间、空间要素是构成犯罪现场的基本要素，是犯罪现场的表现形式。物质环境变化要素是犯罪行为人在特定时间、特定空间下实施犯罪活动的必然结果。

【能力训练】犯罪现场的构成要素

1. 训练目的

理解和掌握犯罪现场的概念及构成要素，并能在实际工作中加以运用。

2. 训练说明

请认真阅读训练案例，并结合案例分析、总结犯罪现场的概念以及构成要素。

3. 训练案例

某居民小区一居室内浓烟滚滚，并伴有一股刺鼻的焦糊味，消防官兵接警后赶到现场救火，发现屋内躺着一具全身裸露的女性尸体，身体大面积烧焦，后经法医鉴定死者系窒息性死亡。

项目二　犯罪现场的特点和分类

【知识目标】

1. 掌握犯罪现场的特点

2. 理解和掌握犯罪现场的分类标准及内容

【能力目标】

培养学生分析判断犯罪现场种类的能力

【案例导入】

张某与刘某通过手机交友软件相识后，数次一起吃饭、购物。某日上午，张某在某酒店504房间内与刘某发生性关系后，刘某向张某索要财物，双方为此发生争执。下午6时许，两人为此事再次发生激烈争吵，张某将刘某杀死并肢解，将其头部藏匿于酒店房间内，其他部分分批抛在酒店门外垃圾桶内。

结合本案，请回答以下问题：

（1）犯罪现场有什么特点？

（2）犯罪现场有哪些种类？

【知识要点】

一、犯罪现场的特点

犯罪现场的特点是指犯罪现场本身具有的、区别于其他现场的本质内容。犯罪现场的构成要素决定了犯罪现场的特点。仔细研究犯罪现场的特点对犯罪现场勘查工作有重要意义。

（一）储存着有关犯罪和犯罪嫌疑人的信息

犯罪行为人实施犯罪行为必然会作用于犯罪对象和现场的其他客体物，这就不可避免地会使犯罪对象和现场的其他客体物发生各种各样的变化，这些都给人们提供了犯罪和犯罪嫌疑人的信息。任何一种犯罪行为都会在现场留下犯罪活动的痕迹和其他物证。现场遭受犯罪行为侵害的人或物都是犯罪和犯罪嫌疑人信息的载体，储存着犯罪和犯罪嫌疑人的信息。侦查人员通过对被侵害的人或物进行勘查和分析，获取作案人在现场的活动情况、作案等方面的信息，从而正确掌握犯罪行为人的作案动机、目的、手段等基本的案件内容。

（二）保留着犯罪证据

犯罪行为人在一定的时间和场所对侵害对象实施犯罪行为所形成的犯罪现场，必然会呈现出物质形态变化或遗留痕迹、物品等，如抛尸现场的尸体、包裹物、绳索、脚印等。这些含有犯罪和犯罪信息的痕迹都是能证明案件事实存在的证据。

（三）现场状态容易变化和被破坏

犯罪现场形成后，由犯罪行为所造成的犯罪痕迹、物品及整个现场时时刻刻都在发生着变化。从犯罪现场形成到被发现可能要经过一定的时间，这个时间段里由于各种各样的原因可能会导致现场遭到破坏。如发现被害人后急于救助被害人，群众的围观以及气候等都可能导致现场痕迹、物证的变形、污染、消失。当然，引起变化的原因有很多：第一，随着时间的推移，由现场物品自身运动变化规律所导致。如随着时间的推移，血迹在一定温度和湿度条件下会变色、变态和变质，或尸体随着时间的推移会发生腐烂而变得面目全非等；第二，由于人为因素导致。如被害人、事主等对现场进行物品的清理翻动，现场保护人员因保护措施的失当以及采取紧急措施、抢救人命及排除险情等原因引起的变动。现场状态容易变化和被破坏的特点要求侦查人员在发生刑事案件后尽快到达现场，在犯罪现场物质形态尚处在相对静止状态时进行现场勘查。

二、犯罪现场的分类

对犯罪现场进行分类就是根据犯罪现场的不同特点将其进行划分。根据不同的标准将犯罪现场划分为以下六类：

（一）原始现场与变动现场

根据犯罪现场形成后有无变动，可将犯罪现场分为原始现场和变动现场。

原始现场，是指刑事案件发生后到实施勘查之前没有受到人为或自然因素的改变和破坏的现场。这类现场保持着案件发生时的原始状态，现场的痕迹、物证都比较完整地保留下来。因此，能够真实、客观且全面地反映犯罪行为人实施犯罪行为的动机、目的以及作案手法、手段和过程。其对现场勘查和侦查工作有很高的价值。通过对这种现场的信息进行分析，侦查人员就能正确判断案件性质、作案方法、手段和过程，刻画犯罪行为人特点，从而准确确定侦查方向和范围。

变动现场，是指刑事案件发生后到实施勘查之前由于自然情况或人为因素的影响，现场的原始状态产生部分或全部的改变。这类现场由于部分或全部发生了变化，能反映犯罪行为以及过程的痕迹、物证受到了某种程度的破坏或散失，给发现侦查线索、收集证据和分析判断案情带来一定困难，甚至会导致分析判断案情的错误。造成现场原始状态改变的原因主要有两种，一是由人为因素引起的，如事主进入现场后清点财物或排险人员排险时改变现场原始状态等；二是由自然情况引起的，如被风、霜、雪、雨等自然因素破坏现场原始状态等。但不论怎样，要完全避免现场发生变动是不可能的，这就要求侦查人员在实施勘查时要细致、客观。

（二）主体现场与关联现场

根据犯罪现场在案件形成过程中的地位和作用，犯罪现场可分为主体现场和关联现场。

主体现场，是指犯罪行为人实施主要犯罪行为的场所，这些场所也是犯罪行为人对犯罪目标实施直接侵害的场所。如杀人案件中杀人的处所、强奸案件中实施强奸行为的处所等。犯罪行为人为了实现犯罪目的往往在这种现场活动和停留的时间比较长，实施的犯罪活动行为也比较多，引起周围环境的变化也比较大，所以能比较清晰地反映出犯罪的动机、手段、方法以及实施犯罪行为的具体过程。因此，主体现场是收集犯罪痕迹、物证的主要场所，对于判明案件的形成，分析案件的性质，刻画犯罪嫌疑人的特点，发现线索收集证据等有着十分重要的作用，应当作为重点进行勘验。

关联现场，是指主体现场以外的，与犯罪行为人实施犯罪行为有关的一切场所。犯罪行为人在实施侵害行为之前，一般都有一定的预谋活动，如准备作案工具，对犯罪地点的选择，对犯罪目标的窥视、跟踪等。而在实施主要犯罪行为后，一般都有处理赃物罪证、设法逃避的活动，如隐藏赃物、罪证、掩藏尸体等，所有这些行为都与犯罪行为人实施侵害行为有密切联系。实施这些行为的场所虽然不是实施犯罪活动的主要场所，但却都是与犯罪活动有关的场所。由此可见，实施这些行为的场所都与犯罪行为人实施侵害行为有着密不可分的联系，也能从各个不同的方面反映出案件的发生及发展过程。所以，关联现场也是犯罪现场的组成部分。这要求侦查人员不能忽视对关联现场的发现和勘查，尤其是在主体现场遭到破坏时更应勘查得细致入微。实践中关联现场的很多痕迹物品是因犯罪行为人放松警惕或疏忽大意而留下的，会出现一些在主体现场不可能出现的真实、客观的痕迹、物证，所以侦查人员应更加仔细地对关联现场进行勘查。

（三）真实现场与伪造现场

以现场现象的真假为依据，可将犯罪现场分为真实现场与伪造现场。

真实现场，是指犯罪行为人作案后对自己反映在现场的犯罪行为未加任何掩饰的现场。这类现场没有伪装和假象，所以这类现场所遗留的现场痕迹、物品是对犯罪行为人犯罪行为的客观、真实的反映。如杀人案件中犯罪行为人实施杀人后立即逃离现场，没有对现场进行清洗等。这类现场对于分析判断案情，发现收集犯罪痕迹和物证有重要意义。

伪造现场，又称假案现场，是指行为人出于某种个人目的和动机，按照虚构的犯罪事实情节所布置的虚假现场。这类现场客观上并没有发生犯罪事实，现场所谓的犯罪情节都是虚构的，当然也就不能反映案件的存在。如为了掩盖暴露的男女关系，伪造被人强奸的现场或为了掩盖贪污、侵占罪行伪造盗窃抢劫现场等。这种现场假象很多，当事人陈述漏洞百出，所以只要认真仔细地进行勘查调查，用科学的态度进行分析，就能识破骗局。

在侦查实践中经常会出现一种犯罪行为人为了逃避侦查而对真实现场进行某些改变的现场，这种现场称为伪装现场，即犯罪行为人作案后，为了掩盖犯罪真相、转移侦查视线，故意对犯罪现场进行改变的现场。如伪装案件性质，将他杀伪装成自杀，把内盗伪装成外盗。这类现场真相与假象并存，真相往往被假象掩盖。随着科技的发展，犯罪行为人作案手段的多样，伪装现场的情况会越来越多。犯罪行为人既可以对主体现场进行伪装，也可以对关联现场进行伪装。但是不论犯罪行为人怎样伪装，只要认真、仔细进行勘查，就可以发现真相和假象之间的矛盾。这种矛盾往往是以现场的反常现象表现出来的。所以勘查时要善于从现场发现种种反常情况，只要认真观察推究这些反常情况及矛盾现象，就不难判断犯罪行为人是否对现场进行了伪装。

伪造现场与伪装现场的区别在于：伪造现场是当事人为了达到某种个人目的而故意布置的，当事人的陈述完全是虚假的，事实上并没有其所陈述的犯罪事实的发生；伪装现场则是犯罪行为人为了逃避侦查，部分或全部地将现场形态加以改变，继而迷惑侦查人员，但现场所反映的犯罪事件本身是真实的。有无犯罪行为的存在，是这两种现场的根本区别。

（四）室内现场与室外现场

根据犯罪现场所处的空间是否具有封闭性，可将犯罪现场分为室内现场与室外现场。

室内现场，是指犯罪现场所处的空间具有一定的封闭性的现场。如果是发生在居民住宅、办公室、仓库、汽车等空间内的犯罪现场，因为这类场所多有围墙、顶棚等遮盖，范围相对小，痕迹、物品较集中，所以一般情况下受自然环境影响较少，易变性差，便于侦查人员对现场的保护和勘查。

室外现场，也叫露天现场，是指犯罪现场所处的空间缺乏“封蔽物”的现场。如公园、道路、草丛等，这类现场没有围墙、护栏、顶棚等，范围比较大，痕迹物证比较分散，所以受自然环境以及周围人为因素影响较大，这不利于侦查人员对其保护和勘查。

很多犯罪现场既有室内现场部分，也有室外现场部分，侦查人员应将这两种现场紧密联系起来。常见的情况是主体犯罪行为发生在室内，而其他关联犯罪行为发生在室外并留下相应的痕迹、物品，从而成为犯罪现场的一个组成部分，即现场的室外部分。

（五）第一、第二、第三……现场

根据多个犯罪现场形成的先后顺序可将犯罪现场分为第一、第二、第三……现场。

多数案件只存在一个现场，少数案件如杀人移尸等案件，往往存在两个或两个以上的现场，当一起案件出现多个现场时，可根据现场形成的先后顺序进行分类。如杀人分尸案件中，犯罪行为人在家里将被害人勒死后，将尸体载到海边分尸、包裹，再将尸块抛于大海、野外等处所。根据实施犯罪行为的先后顺序，可把犯罪行为人的家、海边、海里、野外等处所依次称为第一现场、第二现场、第三现场和第四现场。这些现场既相对独立又紧密联系。

（六）杀人案件现场、抢劫案件现场、强奸案件现场等

根据犯罪案件不同的性质将现场分为不同的类型。如杀人案件现场、抢劫案件现场、强奸案件现场、放火案件现场等。

【能力训练】犯罪现场的特点与分类

1. 训练目的

理解和掌握犯罪现场的分类，并能在实际工作中加以运用。

2. 训练说明

请认真阅读训练案例，并结合案例分析、总结犯罪现场的特点以及分类。

3. 训练案例

某日下午3点左右，常某驾驶一辆银灰色面包车将一名骑摩托车的男子撞倒并碾压，随后常某下车用斧子向受害人头部连续击打多下，造成受害人当场死亡。作案后常某驾驶面包车沿路逃跑。

单元二

犯罪现场勘查概述

项目一　犯罪现场勘查的概念和要求

【知识目标】

1. 掌握犯罪现场勘查的基本含义

2. 理解和掌握犯罪现场勘查的要求

【能力目标】

培养学生按照法律要求进行现场勘查的能力

【案例导入】

民警赶到现场，发现现场系一出租房，两室一厅结构，两名受害人分别躺卧在房内的客厅和主卧室，客厅茶几上发现3个水杯，电视柜上发现3把带血匕首。卧室内的保险柜上插有一串钥匙，地上散落几张带血的100元人民币。

结合本案，请回答以下问题：

（1）什么是犯罪现场勘查？

（2）犯罪现场勘查的要求是什么？

【知识要点】

犯罪现场勘查在刑事侦查工作中具有很重要的作用，是侦查工作的起点和基础，是侦破刑事案件的一个重要环节。侦查人员在对案件进行现场勘查时应当遵守《刑事诉讼法》、《公安机关办理刑事案件程序规定》以及《公安机关刑事案件现场勘验检查规则》等的规定。

一、犯罪现场勘查的概念

犯罪现场勘查是指刑事案件发生后，侦查人员为了收集证据，查明案件事实，揭露和证实犯罪嫌疑人，依法运用一定的策略方法和科学技术手段，对与犯罪有关的人、事、物、场所等进行勘验、检查、记录和分析判断的一项侦查措施。现场勘查是一项法定的侦查措施。就整个侦查过程而言，犯罪现场勘查是侦查初期使用侦查方法最多的一项综合性的侦查措施。对犯罪现场进行勘查能否做到及时、全面、客观将直接影响到侦查工作的成败。

犯罪现场勘查的概念具有以下四方面的含义：

（一）犯罪现场勘查主体特定性

根据我国《刑事诉讼法》第126条规定，侦查人员对于与犯罪有关的场所、物品、人身、尸体应当进行勘验或者检查。在必要的时候，可以指派或者聘请具有专门知识的人，在侦查人员的主持下进行勘验、检查。由此可知，只有侦查人员才有权对犯罪现场进行勘查，任何其他机关、单位、团体或公民个人都无权行使这一权利。除了法律规定的某些情况复杂的案件，在必要的时候可以根据需要指派或聘请具有专门知识的人参加勘查，但勘查必须在侦查人员的主持下进行，其他人员不具有独立勘查的主体资格。

现场勘查是一种对现场进行勘验从而收集证据、查找线索的侦查措施，现场勘查对于确定侦查方向和侦查措施有至关重要的作用，所以为了保证现场勘查工作的质量，法律规定只有具备相应资格的侦查人员才能进行现场勘查。根据《公安机关刑事案件现场勘验检查规则》第7条规定，公安机关现场勘验、检查人员，应当具备现场勘验、检查的专业知识和专业技能，具备现场勘验、检查资格。

（二）犯罪现场勘查客体特定性

从概念可以看出，犯罪现场勘查的客体仅仅限于与犯罪有关的场所、人身、物品等，凡是与犯罪无关的人、事及物都不是勘查的对象。侦查人员在现场勘查中收集的与犯罪有关的痕迹、物品都能直接或间接地证明犯罪行为的某一方面，是证明犯罪嫌疑人实施犯罪行为的重要证据，这决定了现场勘查只能是对与犯罪有关的场所、人身、物品等进行勘验，除此之外的都不属于现场勘查的范围和对象。

（三）犯罪现场勘查方法特殊性

根据犯罪现场的特点可知，犯罪信息都是以痕迹表现出来的。要想收集这些信息，必须要对痕迹进行勘查。但随着科技发展以及犯罪行为人作案的多样性和技术性，侦查人员必须利用一定的策略方法和科学技术手段才能对痕迹进行勘查进而获取所表达的犯罪信息，这就决定了对犯罪现场进行勘查的方法往往都具有特殊性。一方面，侦查人员根据不同的现场访问对象及其心理状态，必须运用一定的策略方法，才能发现、收集储存在人们头脑中与犯罪有关的信息；另一方面，为了寻找、发现、显现、提取与犯罪有关的痕迹、物证，侦查人员必须利用科学技术手段包括物理和化学等方法进行勘查。由此可知，现场勘查必须运用一定的策略方法和技术手段才能收集到证据、线索，从而确定侦查方向和范围。

（四）犯罪现场勘查程序的法定性

犯罪现场勘查是依据《刑事诉讼法》、《公安机关办理刑事案件程序规定》以及《公安机关刑事案件现场勘验检查规则》等的规定来进行的，不受任何单位或个人的干涉。同时，《公安机关办理刑事案件程序规定》第189条规定："公安机关侦查犯罪，应当严格依照法律规定的条件和程序采取强制措施和侦查措施，严禁在没有证据的情况下，仅凭怀疑就对犯罪嫌疑人采取强制措施和侦查措施。"《公安机关刑事案件现场勘验检查规则》第8条规定："现场勘查、检查工作应当严格遵守国家法律、法规的有关规定，不受任何单位、个人的干扰和阻挠。"由此可见，勘查犯罪现场时，法律赋予侦查人员专门权力，同时也规定侦查人员必须严格按照法律规定的条件和程序进行，这样才能保证现场勘查中所收集证据的合法性。所以侦查人员必须了解犯罪现场勘查的工作程序，按照法律规定依法获取犯罪现场的各类痕迹、物证。

二、犯罪现场勘查的要求

犯罪现场勘查是一项法定的侦查措施，侦查人员应按照一定的要求进行现场勘查。具体包括以下几个方面：

及时，即抓住时机。根据《公安机关刑事案件现场勘验检查规则》第4条，公安机关对具备勘验、检查条件的刑事案件现场，应当及时进行勘验、检查。现场勘查是侦破刑事案件的一个重要环节，而侦破工作是一项时间紧、任务重的工作，侦查人员必须迅速赶到现场，在罪证未被毁灭、赃物尚未脱手和作案人未逃远的情况下快速勘查现场，掌握侦破工作的主动权。现场勘查及时的要求主要包括现场勘查人员赶赴现场要及时，针对紧急情况采取措施要及时，部署开展勘查工作要及时等三个内容。

全面，即要求侦查人员勘查现场时要从全面的角度来展开工作。很多犯罪现场情况比较复杂，涉及面广，侦查人员勘查现场时既要重视比较容易发现的痕迹、物品，又要注重隐蔽的或难以发现的痕迹、物品，既要重视中心现场的勘查，又要重视外围现场的勘查等，全面收集犯罪痕迹、物品。现场勘查全面的要求主要包括勘查现场全面、收集证据全面和分析案情全面三个内容。

细致，即要求侦查人员勘查时不论是明显的痕迹、物品还是不明显的痕迹、物品，只要是与犯罪有关的部位、痕迹及物品都应进行勘查，不遗漏任何一个与犯罪有关的线索，也不放过任何一个与案件有关的疑点。如案件现场上有很多表明人身特征的如毛发、皮屑、纤维等微量物证，勘查时如果不仔细是很难被发现的，而这些又能为分析判断案情提供客观依据。尤其是对于一些具备一定反侦查能力的犯罪行为人，侦查人员在勘查这些现场时一定要详细、仔细，不轻易放过任何与案件有关的痕迹、物证。现场勘查细致的要求主要包括现场访问内容详细、实地勘验内容详细、现场分析内容详细三个内容。

客观，即要求侦查人员必须实事求是，不得先入为主。根据《公安机关刑事案件现场勘验检查规则》第9条，现场勘验、检查工作应当以事实为依据，防止主观臆断。现场勘查是一项脚踏实地的调查研究工作，每个案件都有其自身特点，因此侦查人员进行现场勘查时必须实事求是，具体现场具体分析，而且勘查时一定要从犯罪现场的实际情况出发，按照现场客观事物本来的面目认识现场、勘查现场，防止先入为主，严禁主观臆断。现场勘查客观的要求主要包括重视调查研究和实事求是的态度两个方面。

合法，即现场勘查要严格按照法律、法规的规定进行。包括《刑事诉讼法》、《公安机关办理刑事案件程序规定》及《公安机关刑事案件现场勘验检查规则》等相关法律、法规。现场勘查合法的要求主要包括勘查主体合法、勘查活动合法、收集证据程序合法及制作材料合法四个方面。

安全，即现场勘查人员勘查时应注意安全。《公安机关刑事案件现场勘验检查规则》第11条规定："公安机关应当为现场勘验、检查人员配备必要的安全防护设施和器具；现场勘验、检查人员应当增强安全意识，注意自身防护。"很多案件现场可能会隐藏着一些危及勘查人员的生命安全和身体健康的安全隐患，这就需要勘查人员增强安全意识，在勘查前采取排除险情、进行武装警戒等安全措施保障自身的安全。

【能力训练】犯罪现场勘查的要求

1. 训练目的

使学生理解和掌握犯罪现场勘查的要求，并能在实践工作中加以运用。

2. 训练要求

结合训练案例，分析犯罪现场勘查的要求。

3. 训练案例

张某因追求李某未果，便想通过伤害其家人的方式报复李某。某日下午5点，张某携带一把菜刀来到李某家，见李某的母亲梁某在客厅看电视，便用菜刀朝梁某后颈部连砍数刀，致使梁某当场死亡。张某随后逃逸。

项目二　犯罪现场勘查的任务和意义

【知识目标】

1. 理解和掌握犯罪现场勘查的任务

2. 了解犯罪现场勘查的意义

【能力目标】

培养学生按照规定的任务内容进行犯罪现场勘查的能力

【案例导入】

许某的父亲因责任田归属问题与邻居朱某产生争执。许某闻讯后驾车赶到朱某家理论，后双方发生冲突。许某用石块击打朱某头部和面部，并掐颈、捂嘴，后又将朱某拖出屋外弃于马路边，致朱某机械性窒息死亡。

结合本案，请回答犯罪现场勘查的任务是什么？

【知识要点】

一、犯罪现场勘查的任务

《公安机关刑事案件现场勘验检查规则》第3条规定："刑事案件现场勘查、检查的任务是，发现、固定、提取与犯罪有关的痕迹、物证及其他信息，存储现场信息资料，判断案件性质，分析犯罪过程，确定侦查方向和范围，为侦查破案、刑事诉讼提供线索和依据。"由此可见，现场勘查的任务包括以下六个方面：

（一）查明事件和案件性质

这是现场勘查的首要任务。事件性质是指事件的属性，即确定是犯罪事件还是非犯罪事件。侦查人员接到报案后仅仅知道发生了某事件，但具体是什么性质的并不清楚。侦查实践中有些现场是刑事案件犯罪现场，有些是非刑事案件现场，如自然灾害、自杀事件。有的现场情况复杂多样，往往很难通过表象进行判断。而侦查工作只能是以犯罪事件为前提的，对于非犯罪事件并不能启动侦查。所以只有通过现场勘查，确认了现场是由犯罪行为所导致的，并且达到了立案的标准，才能进行立案侦查。如发现一具尸体，如果死者的死亡是由于意外事故导致的，则不能进行立案侦查，如果死者的死亡是由于犯罪行为所导致的，则就需要进行立案侦查，但死亡的原因到底是什么只能通过现场勘查才能确定，所以现场勘查的首要任务是查明事件和案件的性质。

（二）查明犯罪活动情况

犯罪活动是犯罪行为人在一定时间和地点利用一定的方式对被害人或物实施的犯罪行为。发生了犯罪行为的犯罪现场情况复杂多样，案件性质不同，现场的特征也各不相同，而且犯罪行为人伪装、破坏现场的方法各异。对于侦查人员来讲就要通过勘查现场，来确定现场的特征，从而分析确定犯罪行为人在现场所实施的犯罪行为的内容，进而确定犯罪活动情况。具体包括以下六项内容：

1. 查明作案时间和地点

即通过对现场进行勘查确定犯罪行为人实施犯罪的时间和地点。任何犯罪行为都必须经历一定时间、占据一定空间，无论犯罪行为人如何掩饰，都无法割裂自己与作案时间和地点的联系。侦查人员通过勘查来确定犯罪行为人实施犯罪行为的时间和地点，进而可以确定犯罪嫌疑人的范围。作案时间是犯罪行为人实施犯罪行为所经历的时间，包括犯罪行为人进入现场的时间，在现场活动的时间，最后逃离现场的时间。作案地点是犯罪行为人实施犯罪行为的场所及在周围环境中的位置，对于勘查人员来讲要查明发现案件的地点是否为犯罪行为实施的地点，如果是的话要确定是主体现场还是关联现场，是原始现场还是变动现场等，这些对查找线索、确定侦查方向十分必要。

2. 查明犯罪嫌疑人的情况

即通过现场勘查确定犯罪嫌疑人是一人还是多人，犯罪嫌疑人的性别、年龄、体态、生理特征等个体特征以及犯罪条件。具体包括姓名、性别、年龄、身形体貌、生理特征、语言特征、文化程度、社会职业、动作习惯、手法特征等。这对于嫌疑人的范围的确定以及侦查目标的确立有十分重要的意义。

3. 查明作案工具和手段

即确定犯罪行为人使用的工具种类以及工具上的特征，以及确定犯罪行为人使用工具的技术、方法及其反映出来的犯罪嫌疑人的职业特点。这有利于加强对犯罪嫌疑人的认识和了解，为侦查人员准确确定犯罪嫌疑人范围提供有利的条件。

4. 查明犯罪行为及其后果

即查明犯罪行为人实施的犯罪行为的种类以及造成的后果。如果侵害的客体是人身，还要查明被害人的情况，如被害人身体损伤部位、损伤程度及精神状况，被害人死亡的原因等；如果侵害的是财物，则要查明遭受的损失以及财物种类、数量、规格、价值及特征。这可为查明案件性质以及确定侦查方向提供有利依据。

5. 查明犯罪行为人实施的作案过程

即查明犯罪行为人从开始实施犯罪行为到逃离现场时间段内的活动顺序和活动范围，包括在现场的进出路线，破坏现场的部位，在现场活动的先后顺序，逃离方向、方式等。查明犯罪行为人在现场的活动情况可为分析犯罪行为人的心理特点、作案动机及作案目的等提供相应的依据。

6. 查明现场的反常情况

即查明有没有因为自然或人为原因导致现场发生变动和遭到破坏，从而使得现场出现与犯罪行为发生、发展不相符的反常情况。尤其是在伪装现场的案件中，犯罪行为人往往是违背事物客观发展规律故意布置现场的。侦查人员通过认真、仔细的调查和勘验现场的痕迹、物证，就能发现反常情况，识破犯罪行为人的伎俩。

（三）发现、提取与犯罪有关的痕迹、物证及其他信息

这是犯罪现场勘查的一项重要任务。现场勘查的过程也是发现和收集证据的过程。侦查破案成功的关键是收集到确实充分的与案件有关的痕迹、物证。现场的各种痕迹、物证都可以成为直接或间接证明犯罪行为人作案的重要证据，所以侦查人员应当采取各种有效手段，及时发现、固定、提取和保全与犯罪有关的痕迹、物品、信息，为侦查破案提供有利的线索和证据。侦查人员在现场勘查时要尽可能毫无遗漏地收集，不仅要注意发现、收集和提取犯罪的证据，也要对无罪证据进行收集提取，不仅要收集犯罪行为人遗留的痕迹、物品，也要收集被害人遗留的痕迹、物品。

（四）固定和记录现场情况

现场情况对于查明案件性质、分析判断案情、确定侦查方向和范围都具有极为重要的作用。同时，现场的各种痕迹、物证也是证明案件事实的主要证据，如果不及时对现场的这些痕迹、物证进行固定和记录，那么随着时间推移，很多证据都会发生变化甚至消失。因此，侦查人员应用法定方法对现场情况加以固定和记录，这样不仅能确保痕迹、物证的安全，同时现场勘查记录本身也可以作为一种法定证据对案件起到证明作用。在实施勘查中，运用文字、绘图、照相、摄像等方法将现场的客观情况以及勘查过程如实记载下来，形成完备的现场勘查笔录，这也是现场勘查的重要任务。

（五）确定侦查方向和范围

即通过现场勘查，确定侦查工作应查找具备什么条件的犯罪行为人，以及查找犯罪行为人的地域和人员范围。侦查方向和范围是利用现场勘查所得的痕迹、物品等对现场进行全面、细致分析后所确立的。侦查方向和范围一旦确立就可以明确和部署下一步侦查工作的要点和方向。

（六）存储现场信息资料

侦查人员应当将现场勘查中收集的有关线索、证据、信息等资料，按照规范的要求及时在公安信息网上登录和存储，从而发挥现场信息在侦查破案中的效能，实现信息导侦和信息共享。

二、现场勘查的意义

现场勘查是刑事侦查中使用最多最普遍的一项侦查措施。大多数情况下，案件侦查工作都是从勘查现场开始的。现场勘查的质量往往对侦查破案的成败产生决定性的作用。

（一）现场勘查是刑事侦查破案的重要环节

奥地利的汉斯·格罗斯曾说："全部侦查工作最关键的一环，往往也是最难处理得好的一环，就是现场勘查。"实践中，多数刑事案件是通过现场勘查获取立案依据后才进行侦查的。凡是能从现场获取犯罪行为人遗留的痕迹、物证的，就能为侦查工作指引方向，推动和加速案件的侦破。否则，就会使侦查工作陷入被动。通过现场勘查收集的痕迹、物品能分析出现场各种现象与犯罪行为之间的因果联系，也能分析犯罪行为人的动机、目的、手段等，从而推断出犯罪嫌疑人的条件和范围，为侦查破案奠定基础。所以现场勘查进行的好与坏将直接影响到侦查破案甚至侦查工作的成败。

（二）现场勘查是收集证据的重要措施

犯罪行为人进行犯罪活动时，必然要在一定时间、空间内同一定的人或物发生联系，必然会引起现场物质形态变化，或是在现场遗留或带走某些痕迹、物品，或是引起现场客观事物的变化等。这些变化能反映犯罪行为人的作案过程、动机、目的等内容，成为揭露和证实犯罪的重要证据。所以犯罪现场一般是犯罪行为人留下各种痕迹、物证等信息最集中的地方，而只有对犯罪现场进行勘查才能发现和收集这些线索和证据。通过现场勘查，最大限度收集线索和证据，再经过进一步的侦查活动查证线索，使之成为确凿充分的证据，为侦查破案打下坚实的基础。

（三）现场勘查是判断案件性质、划定侦查范围的客观依据

通过现场勘查可以发现犯罪行为人在现场遗留的各种痕迹、物证，也可以观察到由于犯罪行为引起的客观事物的变化情况，而这些痕迹、物证以及变化情况是分析案情、判断案件性质、作案工具和犯罪行为人情况的依据，也是确定侦查方向和范围的客观依据。

刑事案件的侦查只有在现场勘查的基础上，对案情作出比较全面的分析和比较准确的判断后，才能顺利开展。现场勘查获取的情况越多、越客观全面，对案情的分析、判断会越准确，对犯罪行为人的个人特点和犯罪条件的刻画就会越具体，确定侦查方向和侦查范围就会越清晰。所以现场勘查收集的痕迹、物品的数量、掌握证据材料的质量等直接关系到案件性质判断和侦查工作的确定。

美国的唐纳德·舒尔茨在《刑事侦察学基础》中写到：犯罪现场的重要性怎么讲都不会夸大。可见，犯罪现场具有非常重要的作用。

【能力训练】现场勘查的任务

1. 训练目的

使学生理解和掌握犯罪现场勘查的任务，并能在实践工作中加以运用。

2. 训练要求

结合训练案例，分析犯罪现场勘查的任务。

3. 训练案例

某豪宅发生一起命案，民警赶到现场后发现一名男性死者卧躺在客厅，尸体四周到处是血迹，死者头、手、脚及颈部有大量刀伤，头颅被斩断。民警在现场发现 20 厘米高的玻璃药瓶，内装有五颗白色药粒，同时发现一把 33 厘米长的菜刀和一把 28 厘米长的切肉刀，并在阳台发现一部摔烂的手机。卧室衣柜门被打开，衣柜里的抽屉被拉了出来，里面的东西被抢劫一空。

单元三

现场保护

项目一　现场保护的概念、意义和任务

【知识目标】

1. 了解现场保护的概念及意义
2. 理解和掌握现场保护的任务

【能力目标】

1. 培养学生对现场保护重要性的认知能力
2. 培养学生对现场保护任务进行分析的能力

【案例导入】

死者张某系水泥厂会计，女，34 岁。现场位于某办公楼四楼 403 室，该室用作办公室兼卧室，现场存在扭打的迹象，死者佩戴的金银首饰及手机均完好无损，但办公桌内有被翻动过的痕迹，地面上发现一枚鞋印，据推测可能是一双前半部分钉了皮革的布鞋。在距现场大门西侧 50 米的地方发现一只空的女式皮包，经确认属死者张某所有。现场窗户上方发现一双尚未被雨水完全浸湿的手印。死者系机械性窒息死亡，死前没有遭受过性侵和其他致命性伤害。派出所民警接到报案后根据现场情况，划定四楼为保护区域，对三楼通向四楼的楼梯实施封锁，以保护犯罪现场，并立即电话报告刑侦大队，要求对现场进行勘验。

结合本案，请回答以下问题：

（1）现场保护的概念是什么？

（2）现场保护的任务是什么？

【知识要点】

一、现场保护的概念

现场保护是指刑事案件发生后，为了保持案件发生、发现时的状态，保证现场勘查工作的顺利进行，而对刑事案件现场进行警戒、封锁和对痕迹、物品进行保全的一项专门工作。我国《刑事诉讼法》第 127 条规定：“任何单位和个人，都有义务保护犯罪现场，并立即通知公安机关派员勘验。”《公安机关刑事案件现场勘验检查规则》第 22 条规定：“保护现场的时间，从发现刑事案件现场开始，至现场勘验、检查结束。不

能完成现场勘验、检查的，应当对整个现场或部分现场继续予以保护。”可见，现场保护是保障现场勘查顺利进行的基础，同时也是公民和单位的法定义务，当然更是公安机关的法定职责。

通过以上概念可以看出，现场保护贯穿于整个现场勘查工作的始终，即通常是从犯罪案件发生或现场被发现时开始，到现场勘查工作结束为止。重大复杂案件的现场或一时不能全部查明的现场，可以对整个现场或现场的某一部分延长保护时间到现场复验结束，作出对现场的妥善处理为止。

二、现场保护的意义

（一）有利于查明犯罪活动

犯罪现场是犯罪行为人实施犯罪行为的现场，犯罪现场中的各种原始现象是犯罪行为人进行犯罪活动的客观反映，犯罪活动情况是通过现场现象及其相互间的联系反映出来的。所以侦查人员总是通过研究现场的各种现象及相互作用来对犯罪活动进行全面认识的。案件发生后没有遭受任何因素改变和破坏的现场最能客观记录犯罪活动，在此基础上侦查人员就能对案件有完整清楚的认识。实践中现场保护得越好，现场的原始程度就越高，侦查人员就越能客观真实地认识和查明犯罪活动。相反，现场保护不好或有失误，则可能会导致犯罪现场的痕迹、物证灭失和现场原始状态发生改变，致使侦查人员对犯罪活动的认识产生偏差。

（二）有利于收集犯罪证据

犯罪现场是犯罪行为人实施犯罪活动的场所，现场一切与犯罪有关的痕迹、物品是我们必须收集的证据。这些证据随着犯罪行为的实施而形成，但其形态或性质也不是绝对不变的，有的可能随着时间的变化而改变其形态，有的容易受外界因素影响而发生变化，这就要求开展现场保护必须及时、有效，尽可能降低其改变程度，使得侦查人员能全面发现和收集这些证据。

（三）有利于提高现场勘查的工作效率

现场勘查是收集证据的一个过程，其效率取决于证据的收集率和准确率。对证据收集的准确性以及数量取决于现场是否有变动或遭到破坏。如果现场已经遭到破坏，这就意味着侦查人员要花更多的时间和精力去辨别现场上痕迹、物品的真伪，否则就会导致现场勘查工作效率的降低。相反，如果采取正确的方法对现场进行了保护，避免现场遭到破坏则可以帮助侦查人员将有限的时间、精力集中在真正与犯罪有关的痕迹、物品上，从而大大提高侦查工作的效率。

三、犯罪现场保护的任务

案件现场一旦形成后，自然因素、人为因素及其他不可预见的因素无时无刻不在对现场进行改变和破坏。因此，一旦接到报案，有关部门应及时组织人员赶赴现场，了解情况，并根据现场上发生事件的性质，根据现场的具体情况，采取一切可以采取的措施，及时有效地保护现场，同时报告上级公安机关或刑事侦查部门，尽快派员勘查现场。《公安机关办理刑事案件程序规定》第 209 条第一款规定：“发案地派出所、巡警等部门应当妥善保护犯罪现场和证据，控制犯罪嫌疑人，并立即报告公安机关主管部门。”

现场保护的任务，具体包括以下四个方面：

（一）划定保护范围、封锁现场

保护现场，首先是根据现场所处的地理位置，现场的环境状况和报案情况等，结合现场已发生案件的情况，划定保护范围，并加以封锁，以防止围观者和其他别有用心的人进入现场，改变或破坏现场。

对保护范围的划定，总原则是宁大勿小，在此总体原则下，还必须充分考虑在具体划界时，既不能严重影响人民群众的生产、生活之需，又必须最大限度地满足现场保护和勘查需要，在两种需要之间采取一种平衡的原则。保护范围一旦划定后，根据现场的具体位置和案件情况，应采取一切可能的措施，严密封锁现场，防止一切可能对现场形成破坏的情况的发生。

在保护的过程中，对于现场的被害人、事主或其家属清理现场的情况，保护人员应对其行为加以制止，如已被清理，则应设法搞清清理前后的状况，以供勘查时恢复现场的原始状态。对留在现场的各种人员，应进行甄别和劝离。

现场封锁以后，参与保护现场的人员不得擅自进入已封锁的现场，不得在现场周围随意走动，更不能擅自对现场进行勘验检查。在保护现场的同时，应及时通知侦查部门派员勘查。

在封锁现场的过程中，除了防止其他人员随意接近或进入现场外，还应根据具体情况，采取适当的措施，对可能遭受其他因素破坏的痕迹、物品进行必要的保护，如天气变化有可能下雨、刮风，应对现场的痕迹、物品或尸体进行遮盖等。原则上，现场封锁后，任何人包括保护者，均不能进入现场和搬动现场的任何物品，在迫不得已、必须进入现场时，应选择不致破坏现场的适当路线进出现场，进出过程中不能随意触摸现场物品，并作好相关记录，以备勘验检查之需。

（二）了解案件发生、发现的经过及相关情况

现场封锁后，参与现场保护的干警和保卫干部，应尽快了解现场情况，对现场进行判断，以便及时修正保护范围，并及时开展对事主、被害人以及报案人等的初步调查。在现场保护阶段的调查、了解内容主要有以下五个方面：

（1）了解和记录发现现场的相关情况，如发现犯罪或现场者的人数、姓名、职业、住址，发现人发现案件或现场当时的情况等。

（2）了解和记录已知的进出过现场的人员的人数、姓名、职业、住址及其在现场的活动情况。

（3）初步了解，判断和记录犯罪的时间、地点及犯罪的后果。如果案件涉及人身伤害，要了解和记录受伤害的人数、受伤害的程度；如果涉及财产损失，要了解财产损失的数量、名称、种类、特征、价值等。

（4）了解和记录事主、被害人的姓名、性别、年龄、职业、住址等。

（5）了解和记录目击者和其他知情人的姓名、职业、工作地址、住址等。同时注意倾听周围群众对现场发生的事件的议论和反映，特别是对周围群众谈论的案情和疑人疑事，应认真记录。

（三）针对紧急情况，采取紧急措施

在现场保护过程中，往往会有紧急情况存在或出现，实践中常见的紧急情况有：现场有伤员、现场有火情或爆炸物品、现场有其他危险、有重大的自然现象即将发生，犯罪嫌疑人仍在现场，有迹象表明有人即将结伙冲击或破坏现场等。针对紧急情况，应当采取紧急措施加以处理。具体包括以下五个方面：

（1）救助受害、受伤人员。即如果在保护现场的过程中，发现受重伤的人（既包括被害人，又包括犯罪嫌疑人），应当及时进行救助。现场保护人员应请求医院派人救护，或送附近医院展开急救。救助时应对被救护人员所处的地点、姿势、状态，各种痕迹、物品分布的状况详细记录，对救助过程中犯罪现场的任何改变或变动也应进行记录。

（2）扑灭火险。即对于纵火现场，在弄清有无被困人员和有无存放贵重财物、文件档案的情况后，迅速采取措施，维持现场秩序，同时及时组织现场周围群众或通知、配合消防人员扑灭火险，排除易燃易爆物品。在此过程中应尽量减少对现场的变动，并应注意观察和记录抢救过程中发生的各种变动、变化情况。

（3）排除爆炸危险品。即对于爆炸现场要立即将现场的具体地点、方位向有关部门报告，请求防爆专家支援，同时严密封锁现场，防止无关人员进入。同时要注意观察现场附近是否还有易燃易爆的危险物品，如有则要及时转移，排除二次爆炸险情。

（4）排除障碍，保障交通。即对于发生在交通要道或闹市区等居民集中地段的刑事案件，既要有效地保护现场，同时也要排除障碍，保障交通的通畅，防止围观群众破坏现场，阻碍交通。必要时可搬动现场的尸体等与犯罪有关的物品，但必须要注意搬动的方式并记明其搬动前的状态、位置等。

（5）控制和缉捕犯罪嫌疑人。即对于保护过程中发现重大嫌疑人的，要布置专人对其进行秘密监视，注意不要让其觉察，以免打草惊蛇；对于案件发生不久，作案人尚未逃远的，或知其姓名、特征、逃跑方向和携带物品特征的，应沿着作案人可能逃跑的方向和路线进行追缉等；如果有些作案人仍在现场进行犯罪的，应当立即予以制止并对其采取措施。

总之，紧急情况优先可以说是一个原则。处理紧急情况往往会对现场造成一定的影响和破坏，但不允许以保护现场为借口而拒绝对紧急情况进行处理。现场保护和紧急情况处理并不必然是矛盾的。这要求保护人员必须做到既要有针对性地采取相应的紧急措施，有效地处理紧急情况，又要尽量不破坏或少破坏现场，做到两者兼顾。

（四）向侦查人员汇报有关情况

侦查人员到达现场后，现场保护人员应当向侦查人员进行汇报，并将在保护过程中发现的犯罪痕迹、物品提供给侦查人员，将收集到的有关物品和形成的各种记录移交给侦查人员。

【能力训练】现场保护的任务

1. 训练目的

理解和掌握现场保护的概念以及任务，并能在实践工作中加以应用。

2. 训练要求

认真阅读训练案例，分析现场保护的任务。

3. 训练案例

某日在某村发现一具无名女尸。现场位于距某村 500 米处一条南北走向的干涸水沟。水沟里的女尸头部周围染有大量血迹，脸面上有散落的泥土，穿红色毛皮靴。在尸体西南方向的地面上有血泊，血泊南侧有一条黄色的围巾，围巾上染有大量血迹。在尸体至血泊之间有点状血迹。在围巾左侧 3 米处有一块罗西尼女式手表，表带已断裂。在尸体周围有明显的搏斗痕迹。在距尸体 4 米远的东北方向有一长 50 厘米、直径 3 厘米的钢管，钢管上沾有血迹和毛发。

项目二　现场保护的方法

【知识目标】

1. 熟悉并掌握现场保护方法的种类
2. 理解和掌握不同犯罪现场的保护方法

【能力目标】

1. 培养学生对室内现场的保护能力
2. 培养学生对室外现场的保护能力

【案例导入】

某年6月4日，某市育红街二组临街一住宅楼内发生爆炸，室内起火，消防人员在灭火过程中发现室内有三具尸体。经查被害人为该房房主卢某（男，44 岁，某厂供销科科长）及其妻子罗某（43 岁，市华联商厦营业员）、女儿卢娇燕（15 岁，市21 中学学生）。经现场勘查及现场访问获如下信息：

（1）据救火的消防队员介绍，案发当时现场房门紧锁，后用消防斧劈开，经勘查该房门除消防斧砍痕外，无其他撬压破损痕迹。

（2）现场为两居室结构，外门朝西，进门为东西向走廊，走廊北为厨房，走廊尽头南北各为一卧室，卢某尸体位于北卧室内双人床上，罗某尸体位于北卧室地上，卢娇燕尸体位于南卧室床上。三人均衣着完整。室内只有北侧卧室双人床垫被掀起，其他处无翻动。

（3）厨房内发现有三个空啤酒瓶和两盘剩菜。

（4）现场引燃物是汽油，爆炸是由于汽油挥发遇明火后引发的，根据现场情况，推断汽油剂量为20 升左右。

（5）三名被害人均是被钝器打击头部致死，但在现场未发现凶器。

（6）由于着火、爆炸、施救等原因，现场破坏严重，勘查困难。

（7）据发案现场楼下食杂店主反映：6 月3 日下午1 时许，卢某曾在该店购买了三瓶啤酒、一瓶白酒。卢单位同事讲卢当日没有上班。

（8）经初步调查，卢家社会关系较少，家庭经济条件一般，卢某除单位同事外，日常只是与少数几个单位的业务员往来。

（9）经查证，卢家原有一铁镢头不知去向。

结合本案，请回答以下问题：

（1）现场保护的重点是什么？

（2）现场保护的方法有哪些？

【知识要点】

一、室外现场的保护方法

室外现场，由于现场涉及的区域大，情况复杂或现场中心部位和外围部分不明显，因此，对室外现场而言，通常划界时，应注意宁大勿小，现场范围应划得大一些。

强调保护范围的划定应尽量大，不意味着可以不考虑现场所处的位置和环境条件。实践中，对于野外或过往人员不多的场所，现场保护的范围可以尽量划大一点；对处于人员活动频繁的市区或交通要道、居民区，则应考虑划界与维护人们正常的生活和工作秩序之间的平衡，在划界时应尽量在满足勘查需要的前提下，把现场范围划小一点，尽量不影响或少影响人们正常的生产、生活秩序。具体范围原则上应包括犯罪行为人实施侵害行为的地点和遗留有与侵害行为有关的一切场所。实践中通常的做法是先把范围划得略大一些，等勘查人员到达现场后再根据情况进行调整。

现场保护范围一旦划定以后，就应采取一切可行的措施布置警戒，将现场封锁起来，禁止一切无关的人员进入。

室外现场类型很多，现场的环境条件复杂，在具体保护室外现场时，应因地因案采取适当的保护方法：

（一）范围较小的现场

对于此类现场可以使用绳索，或用石灰等作为标志，划出明确的保护界，同时根据需要，在进出现场的必经道口，或可能进入现场的其他部位，设立固定哨位进行警戒。

（二）范围较大的现场

根据情况在通往现场的各个道口设置必要的路障和布置岗哨，禁止行人和车辆进入，在现场保护界外派专人警戒。设置岗哨时应注意，岗哨之间的距离应以能够照应为度。

（三）在交通道路上的现场

对于此类现场一般应临时中断交通，指挥行人或车辆绕道而行，但如果是处于铁路或公路干线的现场，车辆频繁，而且无岔道可行，侦查人员又不能及时赶到现场的，现场保护人员可对影响车辆通行的尸体、痕迹、物品等作出妥善保存处理后，允许车辆通行，避免造成大规模的交通堵塞。

（四）特殊情况下的现场

室外现场容易受到外界因素（如天气）的影响，所以当出现影响现场痕迹、物品情况的气候条件时，现场保护人员应对现场上易变的痕迹、物证采取适当的措施加以妥善保护，必要时可以妥善提取现场痕迹、物证。

（五）住户院内空地上的现场

对于此现场，保护人员可暂时将大门关闭，张贴布告，禁止无关人员入内，或明确划定禁止入内范围。如果院内住户较多，在封闭现场时应注意留出一定的通道，以免影响群众的正常生活和工作。

二、室内现场的保护方法

与室外现场相比，室内现场划定保护现场的范围和封锁保护范围要容易一些，因为房间的墙壁能明确地显示现场的中心部位。相应地，现场的外围也容易确定，只需考虑外围划界的大小。就室内现场而言，在划定保护范围时，首先应将墙壁以内的部分作为现场中心，划入保护范围，除此以外，重点是考虑墙壁以外，哪些部位是犯罪嫌疑人可能经过或可能留下潜在痕迹的部位。如相邻的房间，必经的楼道或大门等，将这些部位一并划入保护范围，就能满足保护和勘查的需要。在划定这些范围时，如果这些部位对同楼居住人员的生活、工作影响不大，其范围可以适当扩大；如果有一定影响，则应考虑缩小。如果必须封锁进出现场必经的要道、大门或楼道而又可能会影响人们的生活需要时，可在封锁范围内留置必要的通道。

实践中根据室内现场的不同，保护方法也不同，分类如下：

（一）独门独院的室内现场

对于此类现场可在房门、房间和院落围墙周围 3 ~ 5 米外的地方，划出一道现场警戒线，设岗看守，关闭大门。

（二）楼群内某个办公室或住户的室内现场

对于此类现场，可在案发房间的门、窗周围设置警戒。如果对现场周围群众的工作、生活影响不大，现场保护的范围可扩大到通往案发房间的楼梯以及周围房间和通道；如果影响较大，在封闭室内现场的同时，对上述地方可能遗留痕迹、物品的区域进行巡视检查，如有可疑，就地保护起来。

（三）其他范围较小的室内现场

对于这类现场可先将现场的门窗封闭。但应事先记明门窗的原始状况，包括门窗的开闭程度，玻璃、窗帘及门窗周围有无可疑痕迹、物品等。须注意的是现场保护人员在封闭现场时应避免接触可能留有犯罪痕迹、物品的地方，也不要把自己的指纹留在门窗上。

三、现场痕迹、物品的保护方法

对现场的痕迹、物品的保护，是现场保护的重要内容，现场保护不仅指有效地封锁现场，还包括如何尽力使现场上的痕迹、物品保持原始状态，不受变动和破坏。痕迹、物品的保护首先应遵循“无为”原则，即在封锁现场的前提下，只要没有特殊情况的出现，就不要去触碰或移动痕迹、物品。如出现特殊情况，可根据情况的不同分别采取以下措施：

（一）遮盖法

这主要适用于室外现场痕迹、物品的保护，即如果天气发生变化可能造成室外现场已经发现的痕迹、物品损坏或灭失的，则用干净、无异味、不透风的物品如器物、塑料布等将痕迹、物品遮盖起来，以防止现场痕迹物品被日晒雨淋或其他自然现象侵袭。需要注意的是，运用此种方法时应禁止用带有浓烈气味的器物遮盖，如果遇到下雨而且雨水较大时，应当在痕迹、物品周围挖一道排水沟排水，以免损坏痕迹、物品。

（二）标记法

指在犯罪痕迹、物品周围用粉笔圈画作标记，起到提醒作用。这主要适用于室外现场范围较大，痕迹、物品较分散的情况。这需要保护人员对于已经发现的痕迹、物品用粉笔画圈作出标记，或将专门的物证标示牌放于痕迹、物品旁，并编排序号以作标记。

（三）转移法

如果遇到一些紧急情况，如抢救伤员、扑灭火险时的痕迹、物品或处于特殊位置的痕迹、物品，保护人员应及时选择对痕迹、物品破坏最小的方式转移到安全地点，并详细记录转移前的原始状态。

（四）记录保护

对于特殊情况下必须变动现场物品位置时，保护人员都必须先行对痕迹、物品进行拍照、摄像，或用笔录方式将痕迹、物品的原始状态记录下来以达到保护的目的。

四、尸体、尸块的保护方法

根据尸体、尸块所处的环境不同，保护方法也不同，具体包括以下五种：

（一）暴露在室外空气中尸体、尸块的保护

对于这类尸体、尸块，为了防止自然因素如下雨、降雪、刮风等或动物、昆虫对尸体、尸块的损坏，防止其加速腐败或使尸体身上的附着物如血迹、毛发等散失或流失，应采用适当的遮盖物如竹席、塑料薄膜来遮盖。

（二）山林、旷野等处的尸体、尸块的保护

对于这类尸体、尸块的保护，除了上述要求外，还应布置专门人员加强值班看守，以防止尸体、尸块受到禽兽类等的侵袭破坏。

（三）水中尸体、尸块的保护

对于此类尸体、尸块，没有特殊情况发生的，一般应保存在水中，不必打捞上岸。因为尸体、尸块暴露在空气中较之浸泡在水中更容易腐败，而且打捞时很容易损伤尸体、尸块上的附着物。如果尸体、尸块有漂移的可能时，应采取措施固定，如无法固定，则应打捞上岸并对其进行遮盖保护。打捞时不能使用铁钩等硬物类，以免形成新的损伤而增加检验工作的难度。

（四）吊挂尸体的保护

对于有明显死亡征象的勒死或缢死的尸体，则不必急于将尸体卸下，对尸体不要做任何接触。如发现绳子可能崩断，应相应地对尸体进行支撑。对于尚未死亡且需急救的，可用剪刀将颈部未打结处的绳索剪断（切忌解绳），并将绳索完整地保存好。在摘卸吊挂者时应注意采用一定的方法，由一人或几人托住吊挂者，另一人将绳索剪断，然后将吊挂者轻放在适当的地点后再对其进行抢救或保护，以免吊挂者被摔伤而形成新的伤痕。

（五）火场中尸体、尸块的保护

对于此类尸体、尸块，如果现场火已被扑灭而且无损坏可能的，可就地保护，不要移动。如果火未扑灭，并且火势有蔓延的或者建筑物即将坍塌的，尸体有被烧毁或被倒塌的砖石覆盖的危险时，应设法将尸体、尸块移出火场保存。在移动搬运尸体、尸块时应尽可能使用担架、门板之类的工具，避免因搬动不当造成新的伤痕、沾染新的物质或导致原来附着物的脱落。对于搬运出的尸体、尸块，如无特殊原因，仍应按搬动前尸体的姿势存放，以便勘验。

五、重大、特大案件现场的特殊保护

对于一些重大、特大案件的现场保护，在上述保护方法的基础上，应当采取更为严密的保护措施。通常根据需要将现场分为几个层次，每个层次都有其保护方法。第一保护区一般是在现场周边。在该区域设立相应的检查点，限制通过现场的车辆和阻止无关群众进入现场。必要时可以设立新闻中心，以接待媒体；第二保护区设在现场核心保护区的外围，只有到达现场的相关领导、公安民警、参加现场急救的人员和警用车辆才允许进入。在该区域可以设立现场指挥部，负责协调指挥现场勘查的各项工作；第三保护区是现场保护的核心区域，必须严格控制，只有现场勘验人员才准许进入该区域。

六、现场保护应注意的问题

根据《公安机关刑事案件现场勘验检查规则》第 18 条至 23 条规定，现场保护人员在进行现场保护时应注意以下四个方面：

（1）负责保护现场的民警应当根据案件具体情况，划定保护范围，设置警戒线和告示牌，禁止无关人员进入现场；

（2）负责保护现场的民警除抢救伤员、保护物证等紧急情况外，不得进入现场，不得触碰现场上的痕迹、物品和尸体。处理紧急情况时，应当尽可能避免破坏现场上的痕迹、物品和尸体；

（3）负责保护现场的民警对可能受到自然、人为因素破坏的现场，应当对现场上的痕迹、物品和尸体等采取相应的保护措施；

（4）负责现场保护的民警应当将现场保护情况及时报告给现场勘验、检查指挥员。

【能力训练】室内现场的保护方法

1. 实训案例

某日某家属楼603室的张某（女）在住处被杀。现场室内有大量血迹，张某赤身裸体仰卧于卧室内床上，头南脚北，身上半盖一条绿色被子，尸体双腿微分，双手伸直平放在身体两侧；右上眼睑有损伤，左侧嘴角有流柱形血迹；尸体身下床单上臀部至腰部有一摊椭圆形水迹。室内有多处翻动；房间门口有两枚鞋印。现场房门无破坏性痕迹。

2. 实训目的

通过实训，使参训学生重点掌握室内现场的保护方法。

3. 实训条件设计

（1）实训时间为 3 学时。

（2）学生以 6 人为一组：现场保护组 4 名、知情人 2 名。

（3）实训场地：学生教室。

（4）现场保护器材准备：现场隔离胶带、绳索、路障、警示标志、路标、警车或是有明显标志的车辆、应急装备等。

4. 训练方法步骤

（1）指导教师设置模拟现场。

（2）将学生进行分组。

（3）保护组人员划定保护范围，设置警戒。

（4）制作报告。

制作实训报告。报告内容包括到达现场的时间、现场保护时的分工、现场保护的方法、发现提取痕迹、物证的情况等。

5. 注意事项

现场保护方法的采用，应根据现场具体情况，因时因地因案因情制宜，灵活运用。

6. 考核方法及标准

由教师按学生在训练中的表现考核。分为优秀、良好、及格、不及格四个等级。

单元四

现场勘查程序

项目一　现场勘查的组织与指挥

【知识目标】

1. 掌握现场勘查的组织分工形式和指挥内容

2. 理解和掌握现场勘查组织具体的职责

【能力目标】

1. 培养学生对现场勘查分工的认知能力

2. 培养学生对现场勘查指挥内容的认知能力

【案例导入】

某日，某派出所接到张某电话，称其就读于某中学15岁的儿子李某在某日晚21时晚自习结束后一直未回家中，当晚23点张某接到一男子从某地打来的电话，称李某在他手上，要求张某准备200万元赎金。案件发生后，市领导非常重视，指示市局迅速成立联合专案组，马上展开侦破工作。

结合本案，请回答以下问题：

（1）犯罪现场勘查组成与分工的内容是什么？

（2）犯罪现场勘查的指挥人员所应具备的条件是什么？

【知识要点】

一、现场勘查的管辖

现场勘查管辖是公安机关侦查部门在勘查犯罪现场方面的权限和分工。一般而言，案件由哪里管辖，现场勘查就由哪里的主管机关的主管部门负责。根据《公安机关刑事案件现场勘验检查规则》第二章的规定，具体管辖分工如下：

（1）县级公安机关负责辖区内全部刑事案件的现场勘验、检查。对于案情重大，现场复杂的案件，上级公安机关认为有必要时，可以直接组织领导现场勘验、检查。涉及两个县级以上地方公安机关的刑事案件现场勘验、检查，现场勘验、检查职责由有关地方公安机关协商，必要时由上级公安机关指定。上级公安机关对下级公安机关刑事案件现场勘验、检查提供技术支援。

（2）公安机关和军队、武装警察部队互涉刑事案件的现场勘验、检查，依照公安机关和军队互涉刑事案件管辖分工的有关规定确定现场勘验、检查职责。

（3）人民法院、人民检察院和国家安全机关、军队保卫部门、监狱等部门的自办案件，需要公安机关协助进行现场勘验、检查，并出具委托书的，有关公安机关应予以协助。

（4）新疆生产建设兵团和铁路、交通、民航、森林公安机关及海关缉私部门负责其管辖范围内的刑事案件的现场勘验、检查。

二、现场勘查组成与分工

（一）现场勘查的组成

随着社会的发展，刑事案件越来越复杂和多样化，所以在对现场进行勘查之前要对侦查人员进行分工，在进行分工时除了考虑案件情况，还要充分考虑参与现场勘查人员自身的专业性质、工作能力、技术特长、勘查经验以及身体状况。

一般情况下参与现场勘查的人员不宜过多，多了容易造成混乱，甚至会破坏现场。《公安机关办理刑事案件程序规定》第208条规定："侦查人员对于与犯罪有关的场所、物品、人身、尸体应当进行勘验或者检查，及时提取、采集与案件有关的痕迹、物证、生物样本等。在必要的时候，可以指派或者聘请具有专业知识的人，在侦查人员的主持下进行勘验、检查。"第209条规定："发案地派出所、巡警等部门应当妥善保护犯罪现场和证据，控制犯罪嫌疑人，并立即报告公安机关主管部门；执行勘查的侦查人员接到通知后，应当立即赶赴现场；勘查现场，应当持有刑事犯罪现场勘查证。"第210条规定："公安机关对案件现场进行勘查不得少于两人。勘查现场时，应当邀请与案件无关的公民作为见证人。"《公安机关刑事案件现场勘验检查规则》第39条规定："勘验、检查有尸体的现场，应当有法医参加。"根据上述规定可以看出，参加现场勘查的人员主要由侦查人员、具备专门知识的人和发案地的民警或单位保卫干部组成。当然，为了保证现场勘查的客观性，还必须邀请两名与案件无关的、为人公正的公民作为见证人到场见证。

（二）现场勘查的分工

为了有效全面、细致、及时勘查现场，尤其是勘查重大、特大案件现场，在实践中一般可将现场勘查分为以下四组：

（1）现场保护组。一般由派出所民警、治保人员和单位保卫干部等组成。主要职责是对现场周围进行警戒，负责维护现场秩序，管制交通和指挥来往行人和车辆，禁止无关人员和车辆进入现场，防止现场继续遭到自然或人为的破坏，防止意外情况发生，保证现场勘查工作顺利正常进行。

（2）现场访问组。主要以侦查人员为主，可吸纳派出所民警或保卫干部参加。主要职责是对被害人、事主、知情人和现场围观群众进行询问，了解一切与案件有关的情况，寻找、收集侦查线索，固定证人证言。

（3）实地勘验组。一般由侦查人员、刑事技术人员或指派、聘请的具有专门知识的人组成。主要职责是对与犯罪有关的场所、痕迹、物品、人身、尸体进行勘验、检查，发现提取现场的痕迹、物证，制作勘验、检查笔录，进行现场绘图、照相、录像等。

（4）机动组。主要由侦查人员、治安民警、警犬训练员及保卫人员组成。主要职责是通讯联络、现场搜索、追缉堵截、监视看管犯罪嫌疑人等。

三、现场勘查的指挥

现场勘查是一项比较复杂细致的工作，时间紧、任务重，尤其是一些重大特大案件，工作量大，人员多，如果没有统一的组织指挥，各项工作将很难协调一致。因此现场勘查的指挥工作应当坚持统一指挥的原则，周密组织，明确分工，协调行动，以便保证现场工作顺利进行，提高现场勘查的效率与质量。

（一）指挥人员的条件与职责

1. 指挥人员的条件

《公安机关刑事案件现场勘验检查规则》第25条规定："现场勘验、检查的指挥员由具有现场勘验、检查专业知识和组织指挥能力的人民警察担任。"所以作为现场勘查的指挥人员应当熟悉现场勘查的业务，能根据现场情况制定勘查对策，灵活机动、有条不紊地进行临场指挥。同时还应具备一定的指挥能力，能充分协调各方力量，调动大家的积极性，发挥每个侦查人员的主观能动性，果断作出侦查决策等。

2. 指挥人员职责

根据《公安机关刑事案件现场勘验检查规则》第26条规定，指挥人员依法履行以下职责：①决定和组织实施现场勘验、检查的紧急措施；②制定和实施现场勘验、检查的工作方案；③对参加现场勘验、检查人员进行分工；④指挥、协调现场勘验、检查工作；⑤确定现场勘验、检查的见证人；⑥审核现场勘验、检查工作记录；⑦组织现场分析；⑧决定对现场的处理。

（二）现场勘查的指挥

1. 对现场访问的指挥

根据现场情况，指挥人员应及时部署开展现场访问工作，向现场访问组的人员介绍案情、现场情况及证人情况，带领访问人员全面视察现场，使其了解现场情况。同时根据案件情况，有针对性地安排访问重点和访问顺序，制订访问计划，以保证现场访问的有序和目的的达成。抓住有利时机，及时开展现场访问。必要时，指挥员应对重点访问对象进行亲自询问。掌握最初访问或现场勘验中获取的重要信息，及时调整下一步访问的重点和方向，把握现场访问的进程。

2. 对现场实地勘验的指挥

对实地勘验的指挥是通过制订和实地勘验计划来实现的。对每一个现场进行实地勘验，现场勘查指挥人员都必须结合现场实际，精心策划和制订勘查计划。首先，指挥人员带领实地勘查人员巡视现场，明确勘验的范围、重点、顺序、方法以及进入现场的路线和方法等；其次，明确划定勘验范围和搜索范围；第三，根据现场实际情况和勘查需要，有针对性地灵活确定勘查顺序。同时结合案件合理调配警种和精力，以全面发现提取痕迹、物品为目标，指挥迅速开展实地勘验工作。把握最初勘验和调查访问中获取的重要信息，及时调整勘验的方向和重点，把握实地勘验的进程，协调各项勘验工作，保证勘验工作的动态平衡。

3. 对处置现场紧急情况指挥

在现场勘查过程中，经常会遇到一些紧急情况，需要指挥人员果断采取相应措施进行处置。指挥人员应审时度势，针对现场出现的紧急情况如现场有伤者需要抢救或存在爆炸隐患或火势蔓延等，应果断采取紧急措施，控制事态，排险救难。

4. 对现场分析的指挥

在实地勘验和现场访问等工作基本结束后，指挥人员应召集参加勘查的侦查人员进行现场分析，在分析前指挥人员要形成一个有顺序、重点的分析思路，并且初步提出所要研究的问题；其次，根据案情明确汇报情况的顺序，确保汇报全面、细致、客观，充分发扬民主，认真听取不同见解与意见，注意分析的全面性；第三，指挥人员在综合大家意见的基础上全面总结归纳并部署下一步的侦查工作。分析过程中发现不明问题应及时复验现场。

【能力训练】现场勘查的组织

1. 训练目的

掌握犯罪现场勘查人员组成与分工，熟悉各分工组织的职责，并能在实践工作中加以运用。

2. 训练要求

通过阅读训练案例，分析总结犯罪现场勘查人员的组成及各分工组织的职责。

3. 训练案例

某日下午2时在某建筑物对面的水沟内发现两具女尸，颈部都受到反复推压，均受到粗暴的性侵犯，在其中一具女尸阴道内发现精液，另一具尸体头部有明显钝器伤。有目击者称，在当日下午1时左右看到有男子在此处停留过。

同日下午6时在某路段绿化带内发现一具女性尸体，尸体严重腐烂，上身半裸，下身红色裙子及内裤翻转脱至左腿膝盖下部，头颅和尸体已分开。

项目二　现场勘查启动

【知识目标】

1. 熟悉现场勘查启动的形式
2. 理解和掌握现场勘查启动的内容

【能力目标】

1. 培养学生接受报案时的询问能力
2. 培养学生接受报案后的处置能力

【案例导入】

某日，一位老年男子报案：称在上午9时路过某大桥时听到呼叫，走近见一年轻女子赤身裸体，身上有伤，满身血迹。民警赶到现场，经询问受害人李某称：案发前一天，一个与自己丈夫认识的男青年和丈夫一同外出，深夜10点多那位男青年返回，以自己与其丈夫饮酒过量为由，将李某骗到大桥上，将其持刀威逼强奸后，用石块将其砸昏在地，李某苏醒后呼救遇到报案人。李某的丈夫下落不明。

结合本案，请回答以下问题：

(1) 在接到报案时应进行哪些工作？

（2）在接到报案后应进行哪些工作？

【知识要点】

现场勘查是一项程序性、技术性、法律性较强的工作，实施过程中必须严格依照法律规定的程序和要求开展，否则就会影响侦查工作甚至整个刑事诉讼程序的进行。

一、接受报案，赶赴现场

（一）接受报案的形式

《公安机关办理刑事案件程序规定》第166条规定：“公安机关对于公民扭送、报案、控告、举报或者犯罪嫌疑人自动投案的，都应当立即接受，问明情况，并制作笔录，经核对无误后，由扭送人、报案人、控告人、举报人、自动投案人签名、捺指印。必要时，应当录音或者录像。”由此可见，公安机关侦查部门接受报案的形式有口头和书面两种形式，包括通过110报警服务台向公安机关的报案。

（二）接受报案时询问的要点

在接受报案时，不管案件是否属于自己管辖范围，是否符合立案条件，都应当积极接待，立即接受，并问明以下问题：①报案人的基本情况；②何时何地发生或者发现了何事件，现场准确的位置；③事主、被害人情况；④犯罪嫌疑人的情况：包括犯罪嫌疑人的人数、姓名、性别、年龄、身高等；⑤案件概况和现场简况：包括案件起因、经过及结果，现场进出口等；⑥现场周围的情况及其他知情人，是否采取了处置措施，是否保护了现场等。

接受报案后发现不属于本部门管辖的案件，应先接受下来，再及时移送主管机关处理，并向报案人填发《移送案件通知书》。对于不属于本部门管辖而又必须采取紧急措施的案件，应当先采取紧急措施，以防止犯罪嫌疑人逃跑、自杀、行凶或毁灭罪证等情况发生，之后再及时移送主管机关处理。侦查部门应当采取相应措施切实保障报案人及其家属近亲的安全，如果报案人不愿公开自己的姓名和报案行为，应当为其保密。

二、接报案后的处理

（1）有明确犯罪现场的，应当立即报告主管领导。值班侦查人员在接到报案后，应根据案情大小和工作需要，立即向指挥人员报告，并酌情迅速向相关部门通报有关情况，及时沟通各方面信息。对于发生重大、特大案件的，应迅速逐级报告上级主管部门，如果情况紧急，也可以越级向上级部门报告，以快速采取措施。

（2）必要时向下属单位通报案情，布置任务，迅速开展工作。必要时，应迅速向车站、码头、机场、出入境口岸等部门发出通报，并及时联络犯罪嫌疑人可能逃往地区的相关部门请求协助，以便对犯罪嫌疑人及时进行控制。

（3）如果遇到现场有紧急情况，需要排险和抢救人命，应及时与有关部门取得联系，请求其派员迅速赶赴现场，采取相应措施，防止造成更严重的危害后果。

（4）快速确定勘验人员赶赴现场

接到报案后，在了解现场基本情况的前提下，指挥人员迅速确定勘验人员赶赴现场。参加勘验的人员应视案件的大小、性质、危害后果和紧急程度等实际情况而定。同时，侦查部门应保证勘查所用的器材齐全、交通通信等工具的性能和状态良好。

【能力训练】现场勘查的启动

1. 训练目的

了解现场勘查的启动方式，掌握公安机关接到报警后的工作内容并能在实践中加以应用。

2. 训练要求

通过阅读训练案例，分析公安机关接到报警后的工作内容。

3. 训练案例

某日110报警服务台接到电话报案，报案人称自己被抢。经询问，被害人刘某系摩托车司机，案发中午12点乘载两名乘客去往水泥厂，因见前面荒凉偏僻，刘某不肯继续往前开，遂停车向两名疑犯索要车费，其中一名疑犯携带一把弹簧刀威胁刘某，并抢走刘某身上现金500元，价值两千元的手机一部。

项目三　进入现场后的常规处置

【知识目标】

1. 理解现场处置的概念
2. 熟悉和掌握现场处置的内容

【能力目标】

1. 培养学生现场处理的能力
2. 培养学生对现场出现的紧急情况进行处置的能力

【案例导入】

有人打架，民警接到报案后，迅速赶到现场。现场位于某村菜市场东边，民警到达时发现徐某横躺在地上，张某手捂腰部坐在地上。村民刘某称：金某、张某、徐某等用扑克牌赌博，徐某因钱输光，遂向金某借200元，金某不同意，徐某拳打金某面部数下，后被人劝开。金某被打后产生报复心理，在回家的路上，趁徐某不备，拿出随身携带的杀猪刀向徐某背部猛刺一刀。徐某逃跑，金某穷追不舍，后又向徐某前胸连刺数刀，徐某倒地后金某恐其不死，又向徐某后背连刺数刀，致使徐某当场死亡。金某行凶时，张某劝阻制止，金某又对张某腰部连刺数刀，致使张某重伤。后金某逃走。

结合本案，请回答以下问题：

（1）现场处置有哪些内容？

（2）对现场进行紧急处置有哪些内容？

【知识要点】

一、现场处置的概念

现场处置是指侦查部门的勘查人员到达现场初期，在听取有关人员汇报和查看现场的基础上，对现场情况采取相应的措施。

二、现场处置的内容

（一）进行紧急处置

1. 救助受伤人员

现场如果有受伤的人或生命垂危的人，只要没有明显的死亡症状，不管是被害人还是犯罪嫌疑人，都必须立即组织人员进行现场紧急救助，及时送往就近医院抢救，并指定专人跟随。在医生的允许下，抓住一切机会从伤者口中了解案件有关情况，尤其是犯罪嫌疑人的情况。抢救受伤者时应注意不要过多变动现场。如果救助的伤者是犯罪嫌疑人，侦查人员则应提高警惕，注意安全，防止意外发生。

2. 排除危险隐患

如果现场有涉爆、涉枪、放火、中毒、放射性物质、传染性疾病等可能危及勘查、检查人员人身安全的，侦查人员应迅速采取抢救措施，及时通知有关部门进行必要的应急和防范准备，并迅速排除存在的危险隐患，以免造成更大的危害，进而保证在勘验、检查人员以及周围人员人身安全的前提下再进行勘查。

3. 制止犯罪，缉捕犯罪嫌疑人

到达现场后，发现犯罪嫌疑人仍在继续实施犯罪行为，或没来得及逃离现场、或被群众抓获等情况，要及时布置专人对其进行控制和看管，并提高警惕，防止其逃跑、行凶、自杀或毁灭罪证。如果犯罪嫌疑人虽已逃跑，但逃离时间不长，或逃跑方向、特征明确的，应采取紧急措施抓捕犯罪嫌疑人。如果发现犯罪嫌疑人有潜在危险，或实施了犯罪但已逃跑，有迹象表明可能继续犯罪的，应立即通知有关地区公安机关控制、防范，并立即部署力量在本地区对其进行围追堵截，迅速查明有关犯罪嫌疑人的情况，派专门力量对可能受到侵害的目标进行保护。

（二）检查现场保护情况

现场勘查人员到达现场后，在听取有关人员的汇报以及观察现场的前提下，应先检查现场保护情况。如果发现应当保护的未保护或保护措施不当，要立即进行保护或纠正，如果保护范围划定不当的，应及时调整保护的范围。

（三）邀请见证人

为了保证现场勘查工作的客观性、公正性和合法性，根据《公安机关刑事案件现场勘验检查规则》第28条第二款的规定，勘验、检查现场时，应当邀请一至两名与案件无关的公民作为见证人。侦查人员在正式开始勘查之前邀请见证人时，要告知其享有的权利和应尽的义务。见证人不是勘查人员，只是对勘查方法、程序、过程作见证。除了与案件有关的当事人、被害人及其近亲属外，在职公安、检察、审判人员或刑事技术鉴定人员，有犯罪嫌疑或因违法犯罪受过打击处理的人员，未成年人，精神上、生理上有缺陷，不能辨别是非、不能正确履行见证义务的人员，在本地临时居住的人员等都不宜作见证人。

（四）了解掌握现场情况

指挥人员到达现场后，首先要迅速了解案件和现场情况，弄清现场的处置和有关工作的进展，取得指挥主动权。了解掌握现场情况的途径有以下三种：

1. 听取汇报

指挥人员到达现场后，首先要听取先期到达现场的110巡警、派出所干警、内部保卫干部和治保、联防人员的汇报，了解关于案件发生、发现的状况，最先到达现场人的基本情况，紧急情况的处置以及现场保护的措施等情况。

2. 访问

在听取汇报后仍有不清楚的，指挥人员与勘查人员可以直接询问案件的发现人、报案人、被害人或事主，以进一步了解案件情况。

3. 巡视现场

这是了解现场情况的基本方法。因此，指挥人员应在保护人员的陪同下，亲自对现场进行巡视，以便更明确更直接地了解案情，为下一步工作奠定基础。

（五）聘请或指派专门技术人员

根据《公安机关办理刑事案件程序规定》第208条规定，侦查人员对于与犯罪有关的场所、物品、人身、尸体应当进行勘验或者检查，及时提取、采集与案件有关的痕迹、物证、生物样本等。在必要时候，可以指派或者聘请具有专门知识的人，在侦查人员的主持下进行勘验、检查。所以，如果在现场勘查中遇到科技性、工艺性或行业性很强的问题，而侦查人员解决不了的情况下可以聘请或指派具备专门知识的人进行勘验。

（六）其他准备工作

指挥人员根据现场情况及案件内容，对参加勘查的人员进行分工，做到职责分明，协调配合。赶赴现场后，应迅速开通以现场为中心的联系网，沟通现场与指挥中心、指挥人员与现场勘查人员相互之间通讯联络，互通情报，密切配合，协同作战。同时，还应做好现有器材、药品的准备，急需器材的补充以及水电等工作条件的准备等。

【能力训练】现场处置

1. 训练目的

掌握侦查人员到达现场后对现场进行处置的内容，并能在实践工作中予以运用。

2. 训练要求

通过阅读训练案例，掌握针对现场发生的紧急情况进行处置的方法和内容。

3. 训练案例

某派出所接到报案称，有一辆小汽车爆炸，随后民警迅速赶到现场。发现爆炸车辆系一台灰色QQ小轿车，位于某人行道上，头朝北尾向南。炸药的冲击波已将该车的玻璃全部炸碎，车身和底盘也被炸毁，车左门被炸开，该车驾驶员张某被卡在驾驶座上，方向盘顶在张某胸部，张某头部、双腿有大量血迹。

项目四　现场勘查实施

【知识目标】

1. 熟悉现场勘查的内容

2. 理解和掌握现场勘查实施的步骤

【能力目标】

1. 培养学生实施现场勘查的能力

2. 培养学生实施现场复验的能力

【案例导入】

公安机关接到报案，报案人称发现尸体。现场位于某区移动公司营业厅内，民警赶到后及时对现场进行了保护，并邀请了见证人。指挥人员立即组织人员进行现场勘验：死者系当班收银员乔某，23 岁，女，本地人，现场地面上有大片喷溅血迹，尸体头部有钝器伤口，衣着整齐，距离尸体北侧 5 米处有一把沾满血迹的锤子。现场某品牌手机共 10 部被窃。

同时，指挥人员组织了人员进行现场访问：据张某等几名营业员反映，案发前一天有两名形迹可疑的男青年进入营业厅，东张西望不像是来买手机的。一名男子身高 1.65 米左右，穿黑夹克，体态较胖；另一名男子身高 1.70 米左右，体态较瘦，穿灰色夹克。对周围群众沿途访问：一名群众反映，案发后看到两名男子从营业厅出来，向北面逃跑，指挥人员马上组织了人员进行现场勘查。

结合本案，请回答以下问题：

（1）侦查人员赶到现场后要进行哪些工作？

（2）现场勘查实施的步骤是什么？

【知识要点】

现场勘查应当在指挥人员的统一指挥下，从整体工作的需要出发，各部门相互配合，有条不紊地开展各项工作。现场勘查内容多、任务重的特点决定了指挥人员在做好赶赴现场准备工作的同时，要根据不同的实际情况，迅速布置现场勘查任务，合理组织人员，明确职责分工，保证现场勘查任务的完成。

一、现场访问

现场访问是现场勘查的重要环节，是侦查人员在现场勘查过程中，依法对被害人和证人等进行正面调查的一项侦查活动。现场访问是发现、收集现场线索和证据的有效途径，其工作主要由现场访问组的侦查人员来完成。首先，侦查人员在了解案情和观察现场的基础上，确定访问的范围和重点，即访问的人员范围和区域范围以及访问的内容；其次，根据个别询问、客观询问及保密原则，有顺序、有重点地进行访问；最后，按照法律规定制作书面和录音等证据材料。现场访问中得到的重要情况应及时报告指挥人员，如果访问情况有与现场勘验有关的，指挥人员应及时转达给现场勘验人员。

二、实地勘验

实地勘验是侦查人员依法对犯罪现场进行实地查寻和检验，以发现、收集犯罪证据和侦查线索的一项侦查活动。实地勘查是一项技术性很强的工作，其目的是要在现场发现、固定、提取与犯罪有关的痕迹、物品，为侦查破案提供线索和证据。实地勘验主要由实地勘查组的侦查人员及技术人员运用技术来完成。现场勘验工作应按照一定的步骤和顺序，由大到小，由粗到细，在巡视现场的基础上根据案情结合现场环境，划定勘验范围，确定勘验顺序和勘验重点，同时进行现场方位照相、摄像，绘制现场方位图，然后由指挥人员率领勘验人员沿着划定的临时通道进入现场，按照分工进行勘查。

三、现场搜索

现场搜索是指在现场勘查过程中，为了搜寻遗留在现场外围的有关犯罪证据和寻找犯罪嫌疑人，对现场周围以及相关的场所和人身等依法进行查缉的一项紧急侦查活动。有些案件中，勘验人员在案发现场没有发现有价值的痕迹、物品时，通过对现场周围进行搜索往往能收到意想不到的效果。在实施时应因案制宜，严格按照要求进行搜索，如在搜索中发现与犯罪有关的痕迹、物品，应予以固定、提取，并妥善保存。

四、现场复验与复查

现场复验与复查是指对已经勘验过的现场，依法根据需要再次进行补充或重新勘验、检查的一项侦查活动。它是现场勘查的延续和补充，能为查证核实现场的某些情况、弥补现场勘验的不足和纠正现场勘验的失误提供重要的参考依据。根据《公安机关刑事案件现场勘验检查规则》第 85 条规定，现场复验、复查发生的情形有以下四种：

（1）案情重大，现场情况复杂的。对于这类案件现场，侦查人员如果由于主客观原因，现场勘查中出现不同程度的错漏和失误，这时就需要启动复验与复查。

（2）侦查工作需要从现场进一步收集信息、获取证据的。在侦查实践中，当侦查工作陷入僵局无法进行时，侦查人员除了调整侦查方向和措施外，还需要更深入地进行现场复验与复查，从而在现场发现新的侦查线索和证据，为侦查破案服务。

（3）人民检察院审查案件时认为需要复验与复查的。《刑事诉讼法》第 132 条规定：“人民检察院审查案件的时候，对公安机关的勘查、检查，认为需要复验、复查时，可要求公安机关复验、复查，并且可以派检察人员参加。”

（4）当事人提出不同意见，公安机关认为有必要复验、复查的。案件侦查过程中甚至案件侦查终结后，如果案件当事人对案件现场勘查程序、侦查证据的合法性以及案件的定性等提出不同意见，多次要求公安机关重新审查并多次上访的，公安机关应当根据情况重新审查案件，包括现场复验与复查。

实践中对于案情重大、现场复杂的案件，一旦有符合法律规定的复验或复查情况，就必须按照法律规定进行复验或复查。

五、现场实验

《刑事诉讼法》第133条规定："为了查明案情，在必要的时候，经公安机关负责人批准，可以进行侦查实验。"现场实验是为了解决现场的某些问题，采用某种方法研究证实在某种条件下某种事实能否发生，或某种事实在什么条件下发生的一项侦查活动。

六、组织现场分析

组织现场分析是现场访问和实地勘查结束后，指挥人员应组织参与勘查的人员根据案件现场事实和现场访问、实地勘查等所获得的资料和有关犯罪信息，对现场和案件情况以及初步侦查方案等问题进行研究并作出判断的一项侦查活动。现场分析不仅是整个勘查活动的总结，也是后期侦查工作的起点和基础。现场分析是在汇集勘查资料的基础上，采用逻辑推理的方式对案情进行分析、判断、推理，为准确把握现场情况及侦查方向提供依据。

【能力训练】现场勘查实施的内容

1. 训练目的

理解和掌握现场勘查实施的内容及其步骤，并能在实践侦查工作中应用。

2. 训练要求

认真阅读训练案例，分析实践中针对发生的刑事案件，侦查人员应怎样进行现场勘查工作。

3. 训练案例

张某报案称自己的妻子吴某在家被杀。现场位于某小区综合楼一楼，系一室一厅结构。现场四周无血迹，客厅家具整齐，没有打斗痕迹。尸体位于客厅，头部有外伤，尸体周围并没有血迹，经法医鉴定死者系头部外伤致重型颅脑损伤而死亡。

项目五　现场勘查结束

【知识目标】

1. 熟悉现场勘查结束的条件
2. 理解和掌握现场勘查后的处置内容

【能力目标】

1. 培养学生结束勘查后对现场的处置能力
2. 培养学生结束勘查后对现场信息的处置能力

【案例导入】

现场位于河北区泗阳道淮安楼，中心现场在2号楼2栋501房间。房间系一室一厅结构，厕所西侧隔壁为厨房，厨房内的西南角有大量的暖瓶胆及玻璃瓶的碎屑，碎屑及地面上有血迹，墙角及通向南侧的阳台门口各倒放着一只暖瓶，屋内其他东西摆放较乱。卧室内，在距北墙0.8米、紧靠西墙的沙发上平躺着被害人张某的尸体，沙发旁边的组合柜上的第一个抽屉被拉开，里面有被翻动的迹象，一只盛放纪念币的绒面盒盖上有血滴，另在一只长20厘米、宽12厘米、高8厘米的纸盒内，有用白纸包裹的250元人民币，衣柜门被打开，里面盖衣物的毛巾被翻开，在距北墙2米、靠东墙的床头柜上面的盖单被掀开。经过现场勘查，侦查人员对与案件有关的痕迹、物品进行了统一编号，指定专人负责妥善包装、加封、运送和保管。对与案件有关的需要提取的物品，开具一式两份的清单，并由侦查人员、物主和见证人签名，一份交物主保存，一份附卷备查。之后对现场进行了相应的处理。

结合本案，请回答以下问题：

(1) 现场勘查结束的条件是什么？

(2) 现场勘查结束后要处置的工作有哪些？

【知识要点】

结束勘查是现场勘查的最后一个步骤。结束勘查前，勘查人员应按照结束勘查的条件，对现场勘查的全部活动进行全面的检查总结，并做好一些处理工作。

一、现场勘查结束的条件

只有同时具备了以下四个条件，勘查人员才能结束勘查：

(1) 现场主要情况已经查明和研究清楚。通过现场勘查掌握了被害人及证人的情况，并已进行了访问，现场与犯罪有关的痕迹、物品已经发现、固定和提取，其他有关的侦查线索、证据已经收集，各种矛盾已经基本澄清或得到正确解释，现场的主要情况已经查明和研究清楚。如果有些与案件联系不大的、次要的犯罪嫌疑情况仍未查清，也可以结束勘查。

(2) 侦查范围、重点和应采取的侦查措施已经确定。通过现场勘查收集的资料以及现场分析，在明确案件性质以及犯罪嫌疑人情况之后，确定了侦查方向、侦查范围及侦查重点，以及所要采用侦查措施的种类的前提下，可以结束现场勘查工作。否则应继续进行勘查。

(3) 痕迹、物品处理完毕。对于发现、收集到的各种与犯罪有关的痕迹、物品，侦查人员应认真处理，指定专人负责包装、运送和保管，不得损坏、丢失。

(4) 相关法律手续齐备。在结束勘查时，必须认真、细致、全面检查勘查活动中的勘验、检查、现场访问、实地勘查和采取的紧急措施等是否符合法律及有关规定，有无制作相应的法律文书。而且制作法律文书时必须按照法定格式进行，法定要求的签字人必须签字或盖章。

结束勘查前，勘查人员应按照以上四个条件对现场勘查活动进行全面的检查，发现不足之处，须及时补正。必要时还可以对现场进行复验、复查。

二、结束勘查后的善后处理

(一) 对现场的处理

现场勘查结束后，勘查人员应当根据案情及时做好善后处理工作。具体包括以下三项工作：

1. 痕迹、物品

（1）勘查人员要认真处理现场上发现、提取的痕迹、物品，将其统一编号，指定专人负责妥善包装、加封、运送和保管，防止损坏或遗失，以保全现场证据。

（2）对需要提取的物品，应按照规定开具清单，清单要求一式两份，并由侦查人员、物主和见证人签名，一份交物主保存，一份附卷备查。提取贵重物品或绝密文件，应当经县级以上公安机关负责人批准。

2. 对现场的处理

根据《公安机关刑事案件现场勘验检查规则》第 81 至 84 条规定，对现场的处理具体包括：结束勘查后，应撤离现场保护，对不需要保留的现场，应当及时通知有关单位和人员进行处理；对需要继续保留的现场，应根据需要确定整体保留还是局部保留，指定专人妥善保护，并及时通知有关单位和个人。遇有因死因未定、身份不明或者其他情况需要复验的尸体，应妥善保存，并向死者家属或其单位说明情况。对没有必要继续保存的尸体，经县级以上公安机关负责人批准，应当立即通知死者家属处理。对无法通知或通知后家属拒绝领回的，经县级以上公安机关负责人批准，可以按照有关规定处理。

对于没有必要继续保存的外国人尸体，经县级以上公安机关负责人批准，应当立即通知死者家属或者所属国驻华使、领馆的官员处理。对无法通知或者通知后外国人家属或者其所属国驻华使、领馆的官员拒绝领回的，经县级以上公安机关负责人批准，并书面通知外事部门后，可以按照有关规定处理。

需要注意的是侦查人员在现场勘查后要将现场上技术人员勘验时留下的印迹处理干净，这既是保守现场秘密的需要，也是遵守勘查纪律的需要。同时现场勘验、检查人员应当严格保守秘密，不得向无关人员泄露现场信息，不得擅自接受新闻媒体的采访。

3. 对当场抓获的犯罪行为人的处理

对于群众扭送或通过紧急措施抓获的现行人员，要依法对其进行人身和住宅搜查，办理拘留手续，呈请拘留，同时指派专人及时对其进行讯问，调查取证。

（二）对现场信息的处理

现场勘查信息及时、准确录入是现场善后处理工作的重要环节，尤其是在当前公安机关各种刑侦信息系统广泛使用的背景下更应做好此项工作。所以侦查人员必须将采集到的现场信息进行整理和分类，全面、客观、及时、准确地存储到相关的信息系统中，以便更好地使用这些信息。通过对个案现场信息情报资料性质的管理与查询，可以实现对串案、类案的串并分析，犯罪信息的综合性研究，以及对现场信息的高效检索比对等。

【能力训练】现场勘查的结束

1. 训练目的

理解和掌握现场勘查结束后针对现场及痕迹、物品等处理的内容，并能在实践中加以运用。

2. 训练要求

认真阅读训练案例，分析实践中现场勘查结束后处理工作的重要性。

3. 训练案例

公安机关接到报案称有人中毒之后立即赶赴现场。现场位于某小区四楼，系一室一厅结构。防盗门完好无损，门锁未遭破坏。侦查人员对中心现场——厨房进行了重点勘查。厨房门锁均完好无损，屋内日常生活用品堆放杂乱，沿着物品摆放的顺序，经仔细寻找，在饭桌西侧15厘米处地面上发现少许白色粉末状物质。厨房南侧的卧室门完好，在阳台发现呕吐物。客厅的桌子上摆放着碗筷，里面有剩菜剩饭。在勘查过程中，侦查人员用原物提取法提取了吃剩的饭菜、做饭用的材料及呕吐物，并放在密封塑料袋内，用扫取法提取了白色粉末状物质，注明时间、地点、案名并立即送化验室进行检验。

单元五
现场访问

项目一　现场访问的概念、意义和任务

【知识目标】

1. 了解现场访问的概念及意义
2. 熟悉并掌握现场访问的具体任务

【能力目标】

1. 培养学生对现场访问概念的认知能力
2. 培养学生对现场访问任务的实践能力

【案例导入】

某年1月2日晨7时50分，某省某市郊外，解放军某部干部科长王某发现政治部89幢楼北面地上放着氧气瓶、乙炔发生器。抬眼望去，只见二楼的兵器室窗户敞开，中间有两根铁栅向左右弯曲，顿觉情况异常，迅速去询问司务长刘某，刘某闻讯立即赶去查看，发现兵器室的门锁完好。随即使用钥匙开启挂锁和司必灵门锁，瞥见室内存放枪、弹的铁皮箱柜有几个大破口，经清点，发现缺失“五六”式冲锋枪1支和“五四”式手枪7支以及子弹540发。刘某见状大惊失色，遂赶紧报告政治部保卫科长。曾科长一面采取措施保护现场。一面报告部队首长和城区公安分局。某市公安局刑侦大队副大队长瞿某、区公安分局副局长高某接获报告后，一面向市局领导和省公安厅报告情况，一面迅速组织侦查人员率先赶赴现场。

随后，市局副局长韦某、金某、正副市长郭某、章某等都亲临现场直接参与决策指挥。当天下午前公安厅副厅长蔡某等也赶到现场参加勘查和研究。

同时，省厅、市局召开紧急电话会议通报情况部署查缉。省委常委、省公安厅长传达了省委书记的重要指示。第一集团军、某军区、总政治部也迅即指派得力干部相继赶到出事部队，军地干部紧密团结，协同作战。

经商定，由省公安厅、某集团军、总政保卫部、南京军区保卫部、某部三师、某市公安局等领导组成侦查指挥部。

上午9时，侦查人员开始对现场实施勘查。勘查中发现：

主体现场——兵器室位于政治部机关大院内89幢楼的二层楼中间走廊北侧2016室，其斜对面是财务室。兵器室的单扇包有铁皮的板门设在靠西壁0.72米处，0.9米×1.97米的门中间装有三箭牌铜质司必灵锁加合肥产大号铁质挂锁，经检验门和锁完好无损。门上方0.6

米×0.9米的气窗外侧安装的7根窗铁栅亦完好无损，气窗门呈关闭状态。内插销插入孔内。北墙中间的木框架双扇玻璃窗（1.12米宽×1.9米高，其中气窗高0.62米），离地0.85米，内侧的纱窗朝里敞开着。窗框上安有7根直径10厘米的窗铁栅，间距为12厘米，自西数第二、三两根铁栅呈“()”对应弯曲状态。弯曲点之间最宽处为22厘米。外侧两扇玻璃窗门朝外敞开着。西面玻璃窗下数第二块玻璃内侧有3厘米×20厘米的新鲜擦痕。木窗框横档上有三块沾有油污的白色擦枪布，布上有残缺模糊的解放鞋印痕。窗外的水泥窗台上使用静电吸附未发现鞋印。水泥窗台的外沿棱角上有细微的红、黑两色附着物质，窗台西直线距离1.3米处是0.55米宽的遮雨水泥板，经静电吸附发现有两个残缺的解放鞋印痕。

兵器室南北长4米，东西宽3米。室内东侧靠壁自南而北依次置放：1.12米×1.85米木柜一个；0.9米×1.77米铁皮柜一个，此柜离地0.5米处破裂的空洞呈“口”字状。其最宽处为24.16厘米。洞边缘有金属熔化痕迹和烟晕以及纱线手套印痕，柜内1、2、3层共有13支手枪，4、5层空着（据枪支保管责任人陈述，此处原存放“五六”式冲锋枪1支、“五四”式手枪7支）；0.8米×0.63米木箱一个，上标有“留守朝鲜带回物品”；箱上置放一台新“艺康”彩电及装该彩电的纸箱。盖在箱上的报纸布满灰尘；紧挨着又是一个0.8米×0.63米的木箱；箱上放有两只小皮箱，亦布满灰尘；紧挨两木箱放着一辆无锁的新永久牌自行车；室内西侧靠壁自北而南依次置放：0.8米×0.63米两只一垛铁皮文件箱五个，底部有0.4米高的木脚架，自北数第一垛，由上而下，分别标有秘书科，群联科字样，其中秘书科的文件箱正面割开的空洞呈“口”字状，最宽处为25厘米×15厘米。群联科的文件箱正面割开的空洞呈“口”字状，最宽处为11厘米×12厘米。洞边缘有金属熔化痕迹和烟晕以及纱线手套印痕。自北数第二垛分别标有宣传科、干部科字样的两只文件箱完好。自北数第三垛是组织科的文件箱，箱上插着钥匙、箱顶放有擦枪白布和擦枪油等物。

在距西墙1.2米南墙1.2米处的兵器室内水泥地板上，有清晰的解放鞋后跟印痕；距西墙1.2米南墙1.7米地面的一张便笺纸上，亦有一残缺的解放鞋后跟印痕；距西墙1.9米紧靠北墙处地上有“TK”牌打火机一只，其底部螺丝处有一丁点小纸片，摊平为1.5厘米×5.5厘米，上面有直行排列的铅字字样“一发票”。

兵器室北窗楼下地面，距北墙角0.6米处有一支火焰牌氧割枪，其头部系着4.4米长的细麻绳，尾部由两根胶皮管连接氧气瓶（位于距北墙4.3米处的柏树旁）和乙炔发生器，氧气瓶上标有“上口冯钢厂”字样，其工作气压和总气压均在零位。连接的红色细条纹胶皮管总长21米，使用三段衔接（6米与8.5米段的用旧紫铜管衔接，第三段6.6米用新的钢接头衔接），胶皮管上标有“氧锡三胶”字样。乙炔发生器放置在距北墙4.5米离氧气瓶东侧3.8米处，气压读数为0.5度，乙炔发生器筒体内除电石渣与水外，还可见卷心菜、大白菜、韭菜、胡萝卜、土豆等成形食物少许。连接乙炔发生器的胶皮管总长30.8米，也使用三段胶皮管衔接（红色胶皮管10米+黑色胶皮管13.45米+红色胶皮管7.35米），均使用新的钢接头衔接。乙炔发生器西南侧地上有一只白瓷脸盆，内有少量水，此地面有解放鞋后跟印痕以及皮鞋后跟印痕。89幢楼北面是政治部食堂，在其西侧通道上有成趟的解放鞋印（三枚），鞋尖朝南。食堂西南方的大院围墙有一扇铁皮门（1.77米×0.75米），门的上锁部位铁丝已熔断，四周有金属熔化痕迹及烟晕，距门内10厘米的地面上有一把大号铁质挂锁。围墙外有南北走向的3米宽的黄土路，路面有一组三道轮胎印痕，长度分别为52.46厘米和30厘米。

对现场外围进行勘查发现：

在政治部大院西面后地村东首小路南侧粪池边，发现一辆遗弃的旧三轮车，车号为9—778，该车距围墙西边铁皮门约360米，车头朝向环城公路，距离为12米。搜索中还发现后地村东首小路口31米，离地面1.4米的路基斜坡草丛中有空割嘴包装盒一只，纸盒体积为5.8厘米×5厘米×1.5厘米，上有“G01—30，环形割嘴，上海鄞南焊割工具厂”等字样。

在距部队大院围墙西边铁皮门偏西40米，黄泥岭村旁小路北侧6.7米处草地上有一个新的钢接头（经检测发现与主体现场上连接胶皮管用的钢接头同类）；在小路北侧12.6米处草地上有一把钢丝钳（红色塑料柄套上有“DIAMOND”字样，长20厘米，五成新）。在距西边铁皮门70米处小路边的水田里有一堆70厘米×75厘米的电石，离电石堆西面4.5米处的水田里有一柄剑鞘，长24.3厘米。

侦查人员在现场勘查的同时，实施了现场访问，访问中发现：

（1）遗弃于粪池边的三轮车车主是某市双龙乡里宅村的胡小金，胡于元旦晚上11时将此车上锁后停放在某市公交公司的门口。

（2）1月2日上午，某市城北汽车修配厂发现该厂放置在工棚内的氧气瓶、乙炔发生器、12.9米黑胶皮管和一支氧割枪以及一辆三轮车被盗。经勘查：城北汽车修配厂位于某市环城东路与通往新狮公路的交汇口西北侧，厂四周有2.2米高的围墙，大门朝东通向新狮公路，厂大门是双扇铁门，内侧使用的小号挂锁已不知去向，距大门北面两米处围墙内外均有泥土蹭擦痕迹。厂内西边简易工棚地面有凌乱的解放鞋印痕，有一趟三道轮胎印痕直至大门口。

（3）该厂被窃三轮车1月2日凌晨4时30分被人发现遗弃在某市长途汽车站附近。

结合本案，请回答以下问题：

（1）现场访问有什么意义？

（2）现场访问有哪些任务？

【知识要点】

一、现场访问的概念

现场访问，是指侦查人员在现场勘查过程中，对被害人、事主及现场周围有关人员等进行查访和询问，以发现收集侦查线索和犯罪证据的一种侦查活动。《公安机关刑事案件现场勘验检查规则》第68条规定：“现场勘验、检查人员应当向报案人、案件发现人，被害人及其亲属，其他知情人或者目击者了解、收集有关刑事案件现场的情况和线索。”由此看出，现场访问是现场勘查的重要内容之一，能为侦查人员判断案情提供客观依据。

现场上的犯罪线索和证据，是犯罪行为的物质属性所反映出来的行为信息。它不仅存在于特定的客体物中，以形象痕迹表征出来，也存在于了解案件情况人员的大脑中，以印象痕迹表征出来。现场访问就是以了解案件情况的人为对象，通过对案发地点及周围人员的查访、询问，发现、收集储存于其大脑中的与犯罪有关的信息。

二、现场访问的意义

现场访问作为现场勘查的一个组成部分，对于侦查来讲有很重要的意义，具体包括以下四个方面：

（一）为侦查人员采取紧急措施提供线索

侦查人员到达现场后，利用被害人和事主等对案情记忆犹新的有利时机，及时进行现场访问，迅速查明犯罪行为人的人数、体貌和衣着特征，逃跑的方向和路线，逃跑时携带的物品和乘用的交通工具或犯罪行为人可能隐藏的地点等情况，从而为实施追缉、堵截、搜索、控制赃物等紧急侦查措施提供重要的依据材料。

（二）为顺利地开展实地勘验提供必要条件

通过现场访问，可以及时了解到案件发生、发现的过程，以及犯罪行为人在现场活动的范围，为迅速、准确地划定勘验范围和确定勘验重点提供依据。同时现场访问中了解到的情况与现场勘验所获得的情况互相结合起来，相互补充，相互印证，以获得更多的线索和证据，为侦查破案服务。

（三）有助于正确判断实地勘验中所发现的痕迹、物品

现场勘验中所发现的痕迹、物品，是不是犯罪行为人留下来的，是怎样留下来的，这是现场勘验中经常遇到的问题。这些问题的正确分析和判断，有时凭技术手段和勘验人员的经验是可以解决的，但很多情况下往往通过对被害人、事主或知情人进行访问就可以判断所发现的痕迹、物品是否真实、可靠。

（四）为侦查人员分析研究案情提供依据

现场勘查所获得的案件材料，主要有现场勘验材料和现场访问材料。现场勘验中所获得的情况无疑是分析案情的依据，但仅依据于此尚不足以使案情全面明了。现场访问有时可以了解到现场勘验发现不了的一些新问题和现象，这些问题和现象有助于侦查人员正确地分析判断案情。

三、现场访问的任务

（一）查明案件发生、发现的情况

案件发生、发现的情况是现场基本情况的重要内容，往往能够反映犯罪行为发生的过程和现场最初状况，对于发现侦查线索和犯罪证据，分析判断案情有重要意义。通过对最初发现和接触现场以及现场周围群众的访问，不仅可以掌握案件发生、发现的情况，还可以分析事态的发展方向，为采取紧急措施提供决策依据。

（二）查明采取紧急措施所需要的情况

很多现场往往会出现一些紧急情况和险情，如急救伤者、犯罪行为人尚未逃跑或现场有火险、有毒和放射性物质扩散等，这就需要现场勘查人员对这些情况采取相应的措施，但前提条件是要迅速查明现场有无紧急情况或险情以及存在于何处，原因为何、程度如何等。这些情况现场勘查人员只有通过访问报案人、发现人、现场周围群众以及先期到达的现场保护人员、警务人员后才能掌握。所以，现场访问的任务之一是通过访问查明现场情况，以达到采取相应的紧急措施的目的。

（三）查明犯罪行为人的体貌特征、行踪去向

犯罪行为人的体貌特征以及行踪去向对于确定侦查方向和范围、采取紧急措施有

着重要作用。而报案人、目击者、被害人及其亲属、现场周围的群众等往往对于犯罪嫌疑人的体貌特征或行踪去向都会有所了解，所以勘查人员及时对他们进行访问就可能了解和查明犯罪嫌疑人体貌特征或行踪去向，为采取相应的措施提供依据。

（四）查明被侵害财物的情况

财物所有人、持有人、使用人或保管人等对于被侵害财物的特征及其数量等都非常了解，通过对其进行访问，勘查人员就可以掌握被侵害财物的情况，为判断财物的损失程度、确定案件性质以及查获赃物赃款、抓获犯罪嫌疑人提供判断依据。

（五）查明犯罪行为人遗留物的情况

犯罪行为人的遗留物是犯罪行为人在实施犯罪行为的过程中遗留在犯罪现场的物品和物质，具体包括现场哪些物品、物质是犯罪行为人遗留的，遗留物品、物质的种类、名称、特征和数量等，这些能反映犯罪行为人特征的遗留物往往并存在现场中，现场勘验人员可通过现场访问来甄别、排除现场原有物品和其他遗留物，进而确定和查明犯罪行为人遗留物的情况。

（六）查明被害人情况

被害人的基本情况往往是分析犯罪动机的重要依据，尤其是杀人、伤害、爆炸等人身侵害案件的现场，被害人及亲属、朋友、同事等对于被害人情况是比较了解的。所以现场勘验人员要想查明被害人基本状况以及相关背景资料就要及时对以上对象进行访问。

【能力训练】现场访问的任务

1. 训练目的

了解和掌握现场访问的概念以及任务，从而将其应用于实践工作中。

2. 训练要求

认真阅读训练案例，分析现场访问的任务。

3. 训练案例

某日刑警大队接到报案称某银行被盗。现场位于某市闹市区，银行营业室的内窗除2号窗有一扇玻璃窗打开外，其余窗户都关闭。在2号窗和窗外地面至银行外墙西南处有一趟明显足迹，银行营业室的门和挂锁均完好无损。初步访问得知：早晨金库保管员李某和朱某上班后开金库取款准备营业，金库右面的暗锁顺利打开，但左面的暗锁拧了半圈拧不动，后经过反复拧动才打开，当时两人以为暗锁出了毛病，但没有检查暗锁。金库打开后朱某从金库往营业室运钞时发现少了9捆钞票，经查确认丢失9万元。

项目二 现场访问的对象、内容和要求

【知识目标】

1. 掌握现场访问的对象以及内容
2. 理解和掌握现场访问的要求

【能力目标】

1. 培养学生对现场访问对象进行分析的能力
2. 培养学生对现场访问内容的操作能力

【案例导入】

某日某市区小南街199号楼2单元居民张某发现3楼3号房内有较大臭味，遂报告派出所，派出所民警从窗户跳入室内，发现房主叶某一家三口均死在室内。经勘查访问得到如下情况：

现场系单间结构，房门为铁皮门，门完好，无撬压破损。卧室位于东侧，西侧为厨房厕所，卧室内靠西墙并排放有两张双人床，叶某（男，39岁，沈阳水泥厂工人），尸体位于北侧床上，其南侧分别为小叶（叶某女儿，13岁）、李某（叶某妻子，36岁）的尸体，两具女尸上身衣物较完好，下身赤裸，颈部绕有电线，三具尸体上盖有大量衣物。尸体已高度腐败，尸体上及床上有大量蛆及蛆壳。

走廊间靠墙有一个水泥制水池，水池上有一个坏电炉，电炉电源线被剪掉。厨房灶台上有四个饭碗，其中有两个摞在一起，碗旁有四双筷子。三个被害人死因均系颈部受机械性外力作用（扼、勒）而造成机械性窒息死亡，案犯所用凶器仅为绕颈的电炉电源线。经尸检，从三个被害人体内检出苯巴比妥麻醉剂成分；经勘验，叶家箱、柜均被翻动。

据对面邻居朱某反映：叶家社会关系较为简单，经济条件差，很少与陌生人来往，但在案发前几天曾看到叶某的好朋友蒋某来找过叶某。被害人叶某平常身体不好，经常打针吃药。李某的母亲知道李某一家被杀后生病住院。

结合本案，请回答以下问题：

（1）现场访问的对象有哪些？

（2）现场访问的内容有哪些？

【知识要点】

一、现场访问的对象

根据我国《刑事诉讼法》规定，一切与案件有关或者了解案情的公民，都有向公安机关提供情况的义务。《公安机关刑事案件现场勘验检查规则》第68条规定：“现场勘验、检查人员应当向报案人、案件发现人，被害人以及亲属，其他知情人或者目击者了解、收集有关刑事案件现场的情况和线索。”由此看出，报案人、发现人、被害人以及亲属、目击者及其他知情人都属于现场访问的对象，具体分为以下四类：

（一）被害人及其亲属

被害人有广义和狭义之分。刑事侦查学中所说的被害人，是指受我国《刑法》保护的合法权益直接遭受犯罪行为侵犯的被害人，即刑事被害人（包括自然人、法人和其他组织），是狭义的被害人。由于被害人及其亲属是犯罪行为直接或间接受侵害人，能够提供有关犯罪行为发生的情况、案发前后犯罪现场的情况、重要的侦查线索和相关犯罪证据，所以当然属于现场访问的对象。

（二）发现人

即最早发现案件的人，多为被害人及其亲属、现场周围和途经现场的人、值班人员等。

（三）报案人

即直接向公安机关报告发现发生案件情况的人，报案人可能是案件的被害人、事主及其亲属或者是案件的知情人，也可能是其他人员。

（四）其他知情人

即指除上述人员以外，了解案发经过或案情的人，包括案件目击证人、犯罪嫌疑人的亲友、其他了解案情的人。由于这类访问对象不是案件当事人，他们可能不主动为公安机关提供案件的相关情况，往往需要侦查人员积极地寻找和发现。

二、现场访问的内容

《公安机关刑事案件现场勘验检查规则》第69条规定：“现场访问包括以下主要内容：①刑事案件发现和发生的时间、地点、详细经过，发现后采取的保护措施，现场所见情况，有无可疑人或者其他人在现场，现场有无反常情况，以及物品损失等情况；②现场可疑人或作案人数，作案人性别、年龄、口音、身高、体态、相貌、衣着打扮、携带物品及特征，来去方向、路线等；③与刑事案件现场、被害人有关的其他情况。”实践中根据不同的访问对象，具体访问的内容也不同，包括：

（一）对报案人和发现人的访问内容

（1）发现案件的具体时间、地点和详细经过。

（2）发现案件时现场的状况，现场有无变动。

（3）发现案件时现场上有无其他人在场，有无其他人进出过现场。

（4）发现案件后如何报案，是否采取保护措施。

（5）对案件的发生有何看法，依据是什么。

（二）对事主、被害人及其家属的访问内容

这类对象在案件中的角色不同，对犯罪行为认知的程度和范围也不同，访问时应有所侧重。对他们的访问内容一般有：

（1）案件发生、发现的详细过程。

（2）犯罪行为人的个人情况。包括人数、性别、年龄、体貌特征、衣着特征、语言特征、其他特殊标记等，以及作案工具、交通工具、逃跑方向等。

（3）被害人的受伤害情况。包括被伤害的部位、程度、致伤原因和工具等。

（4）财物损失情况。包括财物的种类、数量、价值、用途及新旧、大小、重量、特殊标记等特征。

（5）发案前现场的有关情况。包括窗口是否关闭、门是否上锁、钥匙保管是否妥当、财物存放的知情范围、发案前是否有可疑人在现场附近逗留等情况。

（6）事主、被害人的有关情况。包括姓名、年龄等基本情况，家庭成员、社会关系和经济状况、社会交往、生活习惯、个人爱好等情况，被害人的近期活动、个人恩怨等。

（三）对知情人的访问内容

（1）发案前后的有关情况。包括看到的可疑人、可疑事和听到的可疑声音。

（2）在现场周围有无发现或捡到过可疑物品。

（3）案发后有无可疑人员言行举止反常。

（4）有无人员处理过现场上损失的物品，有无人员散布过谣言、打听过与案件有关的情况。

（5）有关事主、被害人及家属的情况。包括生活作风、工作表现、社会交往、家庭成员之间的关系、经济状况、案发前后的表现等。

（6）案发地区的社会治安、人员流动情况。包括当地有前科的人、经常出入此地的人等。

（7）对案件的看法。包括知情人个人对案件的看法、依据和当地群众对案件的议论、反映及根据。

以上是对不同访问对象的一般内容，现场访问时还应根据不同的具体案件以及各案的重点问题来确定访问内容。

三、现场访问的要求

根据《公安机关刑事案件现场勘验检查规则》第70条的规定，现场访问的要求有：

（1）现场勘验、检查人员在询问被访问人前，应当了解被访问人与被害人、犯罪嫌疑人之间的关系，确定现场访问的任务和方法，保证访问工作合法、客观、准确；

（2）现场访问时，现场勘验、检查人员应当向被访问人出示证件，告知被访问人必须履行如实作证的义务和作伪证或者隐匿罪证应当承担的法律责任；

（3）现场勘验、检查人员询问被访问人应当个别进行，可以在现场外围或者被访问人所在单位、住所进行，必要时，可以通知被访问人到公安机关接受询问；

（4）现场勘验、检查人员不得向被访问人泄露案情，不得使用威胁或者引诱的方法对被访问人进行询问；

（5）访问未成年人，应当通知其监护人到场；

（6）询问被访问人应当制作询问笔录。询问笔录应当由询问人和被询问人签字，经被访问人同意可以录音。

侦查人员根据法律规定进行现场访问时还应当注意以下问题：①侦查人员在访问时应当注意自己的衣着和礼节。②侦查人员要注意访问用语和掌握谈话气氛。③侦查人员要善于帮助或推动访问对象回忆，同时还要注意防止谈话出现僵局。④侦查人员应当掌握访问时间。

【能力训练】现场访问的对象和内容

1. 实训案例

某日有人发现吉林省某市苇子沟白阳村李某（男，37 岁，聋哑人）、李文（男，30 岁，某市红光药厂二分厂工人）、李某之子小光（19 岁）在家中被害，且尸体被浇汽油焚烧。侦查人员经访问得知：死者李某智力发育不健全，早婚，负责其子小光的抚养。李某与前妻尚有来往，常因孩子的事情发生纠葛，本人以捡破烂为生。李文前妻也是聋哑人，他们之间也有来往。李文接触关系复杂，所接触的聋哑人涉及北京市、辽宁省、吉林省的延吉、长春、四平等市。

2. 实训目的

通过实训，使参训学生重点掌握现场访问的对象和内容。

3. 实训条件设计

（1）实训时间为 3 学时。

（2）学生以 11 人为一组：指挥人 1 名、现场保护组 2 名、见证人 2 名、现场访问组 4 名、被访问人 2 名。

（3）实训场地：学生教室。

（4）器材准备：现场勘查证、纸张、笔和录音设备。

4. 训练方法步骤

（1）指导教师设置模拟现场。

（2）指挥人员巡视现场，制订勘查方案。

（3）指挥人员对现场访问组进行组织分工。

（4）保护组人员划定保护范围，设置警戒。

（5）进行现场访问。

（6）制作现场访问笔录。制作访问笔录，并写出受训报告。

5. 注意事项

现场访问的对象和内容应根据具体的案件情况，因人因案因情制宜，灵活运用。

6. 考核方法及标准

由教师按学生在训练中的表现考核。分为优秀、良好、及格、不及格四个等级。

项目三　现场访问的步骤和方法

【知识目标】

1. 掌握现场访问的步骤以及方法
2. 理解和掌握现场访问的方法

【能力目标】

1. 培养学生对现场访问步骤的实践能力
2. 培养学生对现场访问方法的操作能力

【案例导入】

王某伙同他人预谋抢劫，准备了水果刀、绳子、胶带、手套等作案工具后，王某于7月20日早晨8时到陈某、张某夫妇经营的超市，持刀对张某进行威胁，张某反抗、喊叫，王某持刀猛刺张某左胸、颈等部位，张某当场死亡，陈某受伤。邻居朱某和陈某看到后及时报警。

结合本案，请回答以下问题：

（1）现场访问的步骤是什么？

（2）现场访问的方法有哪些？

【知识要点】

一、现场访问的步骤

（一）确定访问的范围和重点

访问的范围包括访问的地区范围、对象范围和内容范围。侦查人员在进行现场访问时，应结合已知案件情况、现场环境等，准确地确定访问范围。同时，对访问范围内的重点区域、重点对象和重点问题也必须确定。

（二）寻找和确定访问对象和访问顺序

主要是通过各种途径查访、寻找身份不确定的知情人，之后根据案件性质及需要查明问题的轻重缓急和被访问对象对案件的知情情况，确定访问顺序。访问的一般顺序是报案人、发现人、事主、被害人及其家属和其他知道案件情况的人。

（三）接触访问对象

现场访问是向了解案件情况的人进行的一种调查取证活动。在访问时侦查人员要讲究问话的方式、方法，给访问对象创造一个充分陈述的环境，保证访问对象在陈述中不受干扰，不打断其思路。

首先要稳定访问对象的情绪，然后提出问题让他们回答。可以不拘形式地谈一些无关紧要的、能调节气氛的话题，如家庭、生活、工作等情况，以消除相互间的陌生感和紧张情绪；通过简短的交谈后，要适当地将交谈内容转移到发生的案件上来，选择时机，提出问题让其回答。在访问中，如果认为受访者有谎报假案的可能，不要打断陈述，要不动声色，先耐心听其陈述案件发生发现的经过，让其充分表演、暴露意图，待其表演完毕，宣读记录并签字盖章后，再运用一定的策略，通过巧妙的发问去揭露矛盾，步步逼近，揭示实质。

（四）提出问题，让访问对象陈述

现场访问中，侦查人员与访问对象之间是通过语言交流来完成各自行为的，注意以下五点：

（1）应注意一人提问，一人记录。

（2）先进行广泛式提问，如：“关于某案你知道哪些情况”等，让其自由陈述。这时侦查人员应仔细倾听，在其陈述完之前不应插言制止或重新提问。

（3）对访问对象陈述中有不清楚或有疑问的地方，可采用质证提问或检查性提问，以便查清事件的来龙去脉，以及当时的具体情况。

（4）如果访问对象对某些细节回想不起来，侦查人员可用联想的方法启发他们，

帮助他们回忆。

（5）应针对不同的访问对象，采取相应的提问方法。

（五）制作笔录，结束访问

在访问的问题问完后，就应当及时结束访问。在结束访问时，侦查人员首先要核实访问对象是否还有补充内容，从问话上核实访问对象所陈述内容的真实性。然后再按照有关法律规定核对制作的访问笔录。

访问结束，证人、被害人请求自行书写证词的，侦查人员应当准许；必要时，侦查人员也可以要求证人、被害人亲笔书写证词。访问过程中，访问对象提供的其他证据，侦查人员应按照有关法律规定收取。对于那些如实陈述的访问对象，访问结束时，侦查人员应对其表示鼓励，以便建立良好的心理接触，为再次访问奠定良好的心理基础。对于要求保密的访问对象，应为其保守秘密，对于需要保密的访问内容也应当保密。

二、现场访问的方法

现场访问的对象是社会中形形色色、性格各异的人，这些人由于与案件、事主、被害人及犯罪行为人关系的不同，其心理状况千差万别；这些人由于性别、年龄、职业、生活阅历及工作、生活环境的不同，使得他们对待调查访问的态度也千差万别、极为复杂。同时，现场访问又是一项政策性、法律性、策略性及时机性很强的工作。因此，为了顺利进行现场访问，侦查人员必须依照法定程序，因人而异，采取适当的方法，才可能取得良好的访问效果。

（一）对发现人、知情人等的访问方法

1. 查明发现人、知情人等与案件的关系以及身份

发现人、知情人是了解案件情况的人，所以是现场访问的重要对象。在确定对其访问前首先应寻找知情人。实践中包括从现场围观的人群中发现访问对象；深入案发现场去发现访问对象；从途经现场的来往人员中发现访问对象；通过被害人的人际关系圈来发现访问对象。同时要调查了解发现人、知情人与被害人、犯罪嫌疑人有无利害关系以及访问对象的经历、职业等个人情况。

2. 创造适合访问的环境气氛

良好的谈话气氛是一种使访问对象感到轻松、安全，有助于其回忆和陈述的综合环境条件。是否有良好的谈话气氛是影响现场访问是否能达到目的的重要因素，所以为了取得访问的最佳效果，侦查人员必须利用合适的环境与被访问对象之间进行短暂的思想感情沟通和建立对话关系。这就决定了侦查人员必须积极地根据不同被访问对象的具体情况，创造适合谈话的环境气氛，以此消除其“紧张感”、“陌生感”，进而形成一个良好的访问环境。

3. 做好疏导转化工作，消除思想障碍

由于年龄、职业、文化程度、社会经历、思想状况等不同，决定了发现人、知情人的情况都非常复杂。进而使得其所持有的心理状态也不同。所以在进行访问之前，侦查人员应先通过侧面调查和接触交谈等，了解其态度以及心理状况，以便采取措施做好疏导转化工作，消除障碍。

（二）对被害人、事主的访问方法

被害人、事主是犯罪行为的直接或间接受害对象，其心理状况和态度比较复杂。

为了及时查清案情，对其的访问方法有：

1. 选择适当的访问地点

《公安机关办理刑事案件程序规定》第205条规定：“询问证人、被害人，可以在现场进行，也可以到证人、被害人所在单位、住处或者证人、被害人提出的地点进行。在必要的时候，可以通知证人、被害人到公安机关提供证言。询问证人、被害人应当个别进行。”所以，为了查明犯罪事实和方便被害人与事主进行陈述，侦查人员应根据实际情况和需要确定访问地点。

现场访问地点的选择和确定，要根据案件性质、犯罪危害后果、现场所处环境和被害人及事主人数及心理特点，以不影响现场勘查工作正常进行，不变动现场，不影响访问对象情绪和便于联络、保密为前提，选择适当的访问地，创造一个良好的陈述环境和气氛，使访问对象毫无顾虑、毫不保留、客观地陈述自己所知道的情况。同时，选择访问地点时应注意不宜离现场太远，以不妨碍现场勘验工作的正常进行和不影响访问对象的情绪为前提。

2. 访问前应做好安定情绪的工作

实践中被害人情绪往往是不平静的，尤其是遭受人身侵害的案件。这些对象具有激动、紧张、恐惧、悲愤等复杂心理，一时很难平静。为了保证现场访问的良好效果，侦查人员应根据案件发生的具体情况，通过与被害人、事主等接触交谈，摸清其心理状态和个性特征，采取切实可行的措施，做好安定情绪的工作。主要有三种方法：一是通过改变被害人处所的环境使其保持平静的心理；二是通过侦查人员的态度使其逐渐从紧张中松弛、冷静下来；三是通过侦查人员的决心使其感到安全进而保持平静。

3. 说明访问目的

侦查人员应根据不同的对象和不同情况，采取适当的方法告知被害人如实向侦查人员提供案件情况的义务，并选择恰当的时机将话题引到与访问有关的问题上。

4. 确定提问的内容

对于被害人和事主，侦查人员应迅速确定访问的相关问题，如犯罪嫌疑人人数、性别、面貌、衣着等个人特征，犯罪嫌疑人现场遗留的物品等以及与案件发生、发现等有关事项。

（三）对不同访问对象的访问方法

1. 对未成年人访问

《公安机关刑事案件现场勘验检查规则》第70条第五款规定：“访问未成年人，应当通知其监护人到场。”所以侦查人员在访问未成年证人、被害人时要注意：一是应尽量选择未成年人所熟悉的地点进行访问，访问时，侦查人员不宜过多，可以让其家长、老师在场；二是访问时侦查人员应使用对方所熟悉的语言，以免其难以理解提问或对提问作出随意理解而答非所问或难以回答；三是尽量让未成年人自由地主动陈述，不能使用暗示性或引诱性的语言；四是侦查人员态度要和蔼可亲，应尽量避免对同一问题进行反复的和进一步的追问提示；五是侦查人员听对方陈述时，不要随意打断其陈述或插话，要注意观察其表情；六是侦查人员在记录对方陈述的内容时，应有儿童语言的特色，不可按自己的理解记录，对手势表情也应做记录；另外，侦查人员应与未成年证人、被害人的家长、监护人或其他法定代理人进行思想上的沟通，让法定代理人配合侦查人员做好访问工作。

2. 对老年人的访问

在访问老年人时侦查人员应注意：一是要保持尊重的态度，以取得其合作；二是要放慢访问时间话的节奏，让其有足够的时间去回忆和陈述；三是提问应简单明了，以减少老年人过多的思考和顾虑；四是老年人陈述中出现错误或离题太远，侦查人员只需提醒，有些问题必须进行追问时，应当采取委婉的方式和平和的言词进行；五是访问老年人的时间不宜太长并注意让其休息。

3. 对女性的访问

访问女性时侦查人员应注意：一是提供良好的谈话环境，营造平和的谈话氛围，让对方感到安全、宁静、信赖；二是访问时，最好要有女侦查人员参加，如果一时无女侦查人员时，可邀请女干部或老年女同志陪同，这样容易建立信任关系，可以在一定程度上消除她们的顾虑，有助于访问的顺利进行。

4. 对聋哑人的访问

访问聋哑人时，侦查人员应注意：访问前，应了解其属于先天聋哑还是后天聋哑，对于受过教育的聋哑人可用笔谈的方式进行访问；对于未受过教育无法以文字表达意思的聋哑人则只能通过通晓手语的人与其通过手势交谈，可以聘请聋哑学校的教师做翻译；若聋哑人的手势只有其父母、近亲属和邻居等人知晓时，可请他们做翻译，但对访问结果要持慎重态度。访问时侦查人员的态度要诚恳、真诚，要表现出对聋哑人的尊重，要耐心听取其“陈述”，要仔细观察“陈述”的表情和动作，以便准确理解其所要表达的意思。

5. 对盲人的访问

侦查人员在访问盲人之前应了解其是先天失明还是后天失明，了解其智力发育状况以及听觉、触觉和嗅觉的灵敏程度，特别是要注意其有无习惯性感知误差。访问盲人时要特别注意语言和语气，要表现出诚恳的态度和对盲人的尊重，要努力打消对方心中的疑虑，取得其信任；要耐心听取其陈述，不要干扰其回忆过程，要注意发挥盲人的感知优势，对于其感知能力较强方面的情况可以要求其详细描述，对于其感知不清的情况不要反复追问，以免引起其反感或为了证明自己的能力而随口编造谎言。

【能力训练】现场访问的步骤和方法

1. 实训案例

某日下午2时许，王女士见租住在自己家里的潘某（女，22岁）很久未出房门，而且租住的房间不时飘出恶臭，便和丈夫李某趴在房间窗户上想看个究竟，结果看见潘某面部朝下趴在床上，头部盖着床单，房内飘出阵阵臭味。王女士立即报警。经勘查，潘某死亡多日，尸体已严重腐烂，头发脱落，颈后部缠绕的床单打着一个死结，经判断受害人系窒息性死亡。

2. 实训目的

通过实训，使参训学生重点掌握现场访问的步骤和方法。

3. 实训条件设计

（1）实训时间为2学时。

（2）学生以11人为一组：指挥人1名、现场保护组2名、见证人2名、现场访问组4名、被访问人2名。

（3）实训场地：学生教室。

（4）器材准备：现场勘查证、纸张、笔、录音设备。

4. 训练方法步骤

（1）指导教师设置模拟现场。

（2）指挥人员巡视现场，制定勘查方案。

（3）指挥人员对现场访问组进行组织分工。

（4）保护组人员划定保护范围，设置警戒。

（5）进行现场访问。

（6）制作现场访问笔录。制作访问笔录，并写出受训报告。

5. 注意事项

现场访问的步骤和方法应根据具体的案件情况，因人因案因情制宜，灵活运用。尤其是对一些比较特殊的被访问对象。

6. 考核方法及标准

由教师按学生在训练中的表现考核。分为优秀、良好、及格、不及格四个等级。

项目四　现场访问笔录的制作

【知识目标】

1. 掌握现场访问笔录的内容

2. 掌握现场访问笔录的制作

【能力目标】

1. 培养学生制作现场访问笔录的能力

2. 培养学生制作现场访问录音的能力

【知识要点】

现场访问笔录，是侦查人员在进行现场访问时，依法制作的如实记载侦查人员的提问和访问对象陈述的文字记录。笔录经调查核实后，不仅可以成为侦查破案的线索，而且可以成为刑事诉讼证据的一部分。

一、现场访问笔录的制作

现场访问笔录的形式有两种，即侦查人员根据访问对象的陈述所制作的笔录；访问对象在叙述完案件的有关情况后由本人申请自行书写或侦查人员要求访问对象亲笔书写的证词。

（一）现场访问笔录的内容格式

访问笔录由首部、正文和尾部三部分组成。

1. 首部

包括文书的名称，即首先印好文字的标题“现场访问笔录”，依次按规定写明访问开始和结束的具体时间（要具体到某时某分），访问地点，侦查员姓名，记录员姓名，访问对象姓名、性别、年龄、民族、工作单位、职业及现住址。另外还要写明访问对象与案件所涉及的某些特定的人或事件的关系（如系本案犯罪嫌疑人或被害人的亲属、邻居、同事或某事件的见证人等）。

2. 正文

正文是现场访问笔录的核心。一般采用问答的形式，根据侦查人员的访问和访问对象的回答，把访问的内容全面、准确、客观地记录下来。对访问对象陈述的每一个问题，都要记清楚人物、时间、地点、经过、结果，以及访问对象是如何得知上述情况的，还有无他人知道等。应当注意笔录要真实地反映整个访问的情况，绝不能主观臆断，随意取舍。证明犯罪嫌疑人有罪、罪重的证言要记录，证明犯罪嫌疑人无罪、罪轻的证言也要记录。对访问对象陈述的情况，要写明是亲眼所见，亲耳所闻的，还是自己猜测或听别人传说的。对访问对象提供的物证、书证等证据材料，在笔录中也要反映出来，并说明其来源和证明的问题。

3. 尾部

现场访问笔录经访问对象核对后，由访问对象写明对笔录的意见，并让其签名（盖章）、摁指印。如果访问对象拒绝签名（盖章）、摁指印的，记录员应当在笔录中注明。最后，侦查人员和翻译人员也应当在笔录上签名或盖章。以下是现场访问笔录的基本格式：

现场访问笔录

时间______年______月______日______时______分至______日______时______分

地点____________________________________

侦查员____________________ 记录员________________

访问对象__________性别__________年龄__________民族________

工作单位及职业______________________________

现住址__________________________________

问：____________________________________

____

答：____________________________________

____

（二）亲笔证词的内容格式

亲笔证词是在侦查办案过程中，应侦查人员的要求或证人的申请，由证人自行书写的有关案件情况的文字材料。

访问对象的亲笔证词经过查证属实后，是认定案件事实的证据之一。因此，亲笔证词应当包含一定的内容，符合一定的要求。

1. 亲笔证词的内容

亲笔证词包括首部、正文和尾部三部分。

（1）首部。包括文书名称，即“亲笔证词”，证人或被害人的基本情况，在何种情况下书写的，即写明是自行请求书写证词，还是应侦查人员的要求书写的。

（2）正文。是文书的主要部分。证人或者被害人应如实地写清时间、地点、人物及身份，事情的经过和结果，访问对象的感受、判断及其依据等。

(3) 尾部。证人或被害人应当在末页紧接最后一行证词下面签名（盖章）、摁指印，并写明时间。

2. 文书格式

于××××年××月××日收到

侦查员：

亲笔证词

我叫×××，汉族，××年××月××日出生，××省××市人，××文化程度，××公司职工，现住××市××路××号。应侦查人员要求（经我自行请求），我向公安机关提供如下情况（我的受害经过如下）：

（时间、地点、人物及其身份，事件的经过、结果）

____

____

____

____

以上情况是我亲眼所见（亲耳所闻）（以上情况我是听某某说的。某某，男，现住××市××区××路×号），请公安机关查证。

证人（被害人）：

二、制作笔录的要求

(1) 现场访问笔录一般要按问与答的形式来书写，同时要反映出问与答的语气、态度，必要时可以把问与答双方的动作和表情也记入笔录。

(2) 笔录记完后应当交给访问对象核对或向他宣读。如果有补充或修改，应当满足他们的要求，并让其摁指印。

(3) 笔录经访问对象核对无误后，应当由访问对象在笔录上签名（盖章）、摁指印，并在笔录上写明“以上笔录经我看过（或向我宣读过），和我说的相符”；拒绝签名（盖章）、摁指印的应当在笔录上注明。侦查人员、翻译人员亦应当在访问笔录上签名或盖章。

(4) 对访问对象陈述的每一个问题，都要记清楚人物、时间、地点、经过、结果以及访问对象是如何得知上述情况的，还有没有其他人知道等。

(5) 笔录要尽量做到准确、客观、全面，要真实地反映整个访问的情况，绝不能主观臆断，随意取舍。

(6) 对访问对象陈述的情况，要写明是亲眼所见，亲耳所闻的，还是自己猜测或听别人传说的。

(7) 对访问对象提供的物证、书证等证据材料，在笔录中也要反映出来，并说明其来源和证明的问题。

(8) 笔录不能用铅笔、圆珠笔书写，只能用钢笔、毛笔书写，字迹必须清晰、工整，凡有空的行、页处必须由侦查员画线填满。

三、现场访问录音

现场访问录音是记录访问对象陈述的一种形式，录音可以单独进行，也可以在制作笔录的同时进行。访问录音可以更加完善、全面地记录访问的全过程，有利于对访问对象所陈述的问题进行分析研究，有利于检查访问工作的质量，同时，它还是重要的刑事诉讼证据。录音可以将侦查员和访问对象所说的内容以及交谈的声音、语气等全部记录下来，保证了完整性、准确性和可靠性，便于分析判断访问对象陈述的可靠性以及陈述时的情感变化、心理状态等，便于集中精力从容地听取访问对象的谈话，必要时还可反复播放，不断研究，提高认识。

在录音时应选用体积小、性能好、便于携带或隐藏的录音机，录音要做到完整、准确、全面、清晰。访问结束后，须将录音磁带进行编号登记并妥善保存。

【能力训练】现场访问笔录的制作

1．实训案例

某日晚上 12 时许，小兰与丈夫张某因感情纠纷发生争吵并打架，张某欲用双手掐小兰的脖子，小兰呼喊救命，其父亲兰某闻声出来将张某拉开，张某又与兰某发生争吵并在家里的厨房发生扭打，双方跌倒在地。兰某从厨房门后边抓起一根木棍朝张某的头部连击数下致其当场死亡。小兰立即报案。

2．实训目的

通过实训，使学生掌握制作现场访问笔录的要求。

3．实训条件设计

（1）实训时间为 2 学时。

（2）学生以 11 人为一组：指挥人 1 名、现场保护组 2 名、见证人 2 名、现场访问组 4 名、被访问人 2 名。

（3）实训场地：学生教室。

（4）器材准备：现场勘查证、纸张、笔和录音设备。

4．训练方法步骤

（1）指导教师设置模拟现场。

（2）指挥人员巡视现场，制订勘查方案。

（3）指挥人员对现场访问组进行组织分工。

（4）保护组人员划定保护范围，设置警戒。

（5）进行现场访问。

（6）制作现场访问笔录。制作访问笔录，并写出受训报告。

5．注意事项

应根据具体的案件情况，按照要求制作访问笔录。

6．考核方法及标准

由教师按学生在训练中的表现考核。分为优秀、良好、及格、不及格四个等级。

单元六

实地勘验

项目一　实地勘验的概念和对象

【知识目标】

1. 理解实地勘验的概念

2. 掌握实地勘验的对象

【能力目标】

1. 培养学生对实地勘验对象的认知能力

2. 培养学生对实地勘验具体对象的确定能力

【案例导入】

有人报案称发现尸体，民警迅速赶到现场。现场位于某小区单元楼，系两室一厅结构。客厅的茶几上有一个茶壶，两个水杯。死者头东脚西呈仰卧于客厅中部，经尸检发现头部损伤3处，背、胸及腹部损伤10多处，两手损伤30多处，全身40多处伤口，致命伤不超过5处。距尸体北侧5米处有一把菜刀，尸体周围有大量血迹。现场门、窗和锁均完好无损。

结合本案，请回答以下问题：

(1) 侦查人员对现场进行勘验的内容有哪些?

(2) 侦查人员实地勘验的对象有哪些?

【知识要点】

一、实地勘验的概念

实地勘验是指侦查人员为了发现、收集侦查线索和犯罪证据，查明案件事实，揭露证实犯罪，借助感觉器官和科学技术方法，依法对与犯罪有关的场所、物品、人身、尸体等进行的观察、检查、记录和提取痕迹物证的活动。实地勘验是现场勘查的核心和中心任务，目的是通过收集的痕迹、物证来查明案件事实以及为查缉犯罪嫌疑人提供线索和依据。实地勘验是侦查阶段收集证据，特别是物证的重要手段，实地勘验质量的好坏，直接关系到能否收集到重要的犯罪信息、线索和证据，直接影响到侦查的进度和质量以及诉讼能否顺利进行。实地勘验的概念包含了以下四个方面的内容：

(1) 主体特定性。《刑事诉讼法》第126条规定：“侦查人员对于与犯罪有关的场所、物品、人身、尸体应当进行勘验或者检查。在必要的时候，可以指派或者聘请具有专门知识的人员，在侦查人员的主持下进行勘验、检查。”根据该规定，实地勘验必须是由侦查人员利用感觉器官以及科学技术发现和提取现场痕迹、物证。没有侦查人员，实地勘验就无法进行。为了解决技术问题，具有专门知识的人可以参与实地勘验，但必须在侦查人员的支持下进行。

（2）客体广泛性。实地勘验的对象是与犯罪有关的场所、物品、人身、尸体等。实践中包括作案的地点和留有痕迹、物证的有关场所，作案人遗留在现场及有关场所的各种痕迹，如手印、工具和枪弹痕迹，以及犯罪遗留物和被害人尸体或人身等。可见，只要是与犯罪有关的痕迹、物品都是实地勘查的对象。

（3）手段特殊性。实地勘验是侦查人员借助感觉器官和科学技术手段进行的，专业性很强，技术含量比较高，往往都是运用一些物理、化学、制模、法医、静电吸附等科学技术方法来对现场上的痕迹物证进行显现、固定、提取，相比其他侦查活动的手段来讲，这是实地勘验侦查活动的特殊之处，尤其是在高科技比较发达的社会，这些科技方法越发显得重要和特殊。

（4）程序法定性。实地勘验是侦查人员依照相关法律、法规进行的一项侦查活动。比如《公安机关刑事案件现场勘验检查规则》第35条和《刑事诉讼法》等相应条款都规定了侦查人员进行实地勘验所必须遵守的顺序，这就要求侦查人员进行实地勘验时必须严格按照规定依法进行。

二、实地勘验的对象

《刑事诉讼法》第126条规定：“侦查人员对于与犯罪有关的场所、物品、人身、尸体应当进行勘验或者检查。在必要的时候，可以指派或者聘请具有专门知识的人，在侦查人员的主持下进行勘验、检查。”因此，实地勘验的对象包括以下五个方面：

（一）与犯罪有关的场所

与犯罪有关的场所是指犯罪行为人实施犯罪活动所涉及的所有场所。具体包括预备犯罪的场所、实施犯罪的场所、隐藏和处理赃物、尸体和凶器等场所及逃跑路线等。

（1）犯罪行为人实施犯罪预备时遗留有与犯罪有关的痕迹物品的场所。包括犯罪行为人预谋犯罪、准备犯罪工具、选择作案目标、行动路线，实施犯罪前预付、守候、休息时在现场遗留的与自身有关的痕迹、物品如唾液、分泌物、烟头等，这些现场往往都是在现场中心部位周围或附近犯罪行为人活动过的场所。为了查明犯罪行为人自身情况等，这些场所当然属于实地勘验的对象。

（2）犯罪行为人实施具体犯罪行为的场所。这是实地勘验的重点，是犯罪行为人实施主要犯罪行为的主要场所，如杀人案件中杀人的场所，抢劫案件中实施抢劫的具体地点，投毒案件中实施具体投毒行为的场所，这些场所往往遗留有较多的痕迹、物品，是实地勘验的重点。但这类现场往往在最初勘查时并不能确定，只有勘验到了一定阶段才能确定。这就要求实地勘验人员在勘验过程中一定要仔细并尽可能寻找确定犯罪行为人实施犯罪行为的主要场所。

（3）实施犯罪后，为了逃避打击而毁灭罪证、处理赃物和藏身的场所，即犯罪行为人实施完犯罪后处理尸体或物品如犯罪后抛尸、埋尸、隐藏赃物、凶器和犯罪工具以及随身物品时遗留相关痕迹、物品的场所。

（4）犯罪行为人实施犯罪进出现场所必经的通道和有关场所。尤其是对于室内现场，犯罪行为人通过通道和相关场所进出现场时可能会遗留相关的痕迹、物品等，这些遗留痕迹、物品等的通道和场所也属于实地勘验的对象。

对与犯罪有关的场所进行实地勘验，其目的是查明犯罪现场所处的位置、数量以及环境；发现犯罪行为人在现场周围活动的过程以及来往路径；查明犯罪行为人进入现场的方式；查明犯罪地点与犯罪行为人的关系以及查明犯罪现场的性质等。

（二）与犯罪有关的痕迹

与犯罪有关的痕迹指与犯罪活动有关的，能证明案件真实情况的各种反映形象。如作案人实施犯罪行为时在现场遗留的手印、足迹、攀登、枪击以及在尸体或被害人身上遗留的勒、砍、切等各种伤痕。这些痕迹是实地勘验的重点，通过对这类痕迹的发现、提取、检验，就能为案件性质的判断，犯罪行为人犯罪的动机、目的的推测以及作案的时间、人数、手段、犯罪工具和犯罪行为人的个性特征的分析提供有力的依据。实践中主要包括：

（1）能反映作案人个体特征的痕迹。这主要是作案人在犯罪过程中，其身体的某一部分与现场某种客体接触后留下的痕迹，如手印、足印、牙印、指甲印、唇印、人体形成的坐、卧、跪等印痕以及能反映走路特征的步伐痕迹。

（2）能反映作案人所使用的凶器和破坏工具的痕迹。如能反映破坏工具特征的撬压、打击、擦划、剪切、刺切等痕迹；能反映交通工具的车轮、车体、车辆支架、车辆液体滴落、车辆行驶中喷溅的水迹和泥浆等痕迹；能反映犯罪凶器特点的刀痕、枪弹痕迹、弹孔等痕迹。

（3）其他痕迹。如整体分离痕迹、爆炸痕迹、燃烧痕迹、电击痕迹、玻璃破碎痕迹、牲畜蹄迹、腐蚀痕迹等。

通过对以上痕迹的实地勘验就可以发现犯罪痕迹，判断痕迹与犯罪是否有关；可以判断案件性质以及案件的构成要素；可以为判断出作案人的个体特征及职业特点提供信息；为判断作案工具种类提供条件以及为排除与犯罪无关人员的痕迹提供样本；为检验鉴定提供检材；为侦查破案提供线索和证据等。

（三）与犯罪有关的物品、物质

犯罪物品、物质是指与犯罪有关的能够证明案件真实情况的各种物品、物质。主要是指原来属于现场本身，遭到犯罪行为的破坏或被犯罪行为人触动、带离现场的物质、物品，以及犯罪行为人在犯罪过程中从现场外带入现场，并遗留、抛弃或黏附在现场上的各种物质、物品。主要包括：

（1）作案人遗留在现场的各种物品、物质：①各种凶器和破坏工具。如刀、枪、锤、棒、砖头、石块、毒品以及各种绳、带、螺丝刀、钳子、剪子、钻、锯、爆炸物等。②作案人的分泌物、排泄物、人体组织和体液。如精液、唾液、血液、尿液、粪便、毛发、气味等。③作案人的随身物品。如包、衣、裤、鞋、袜、香烟、单据、证件、车船票等。④作案人带入或带走的各种物质。如泥土、灰尘、油漆、金属粉末、树叶等。

这些遗留的物品、物质有的是与犯罪行为人生理特性有关的，有的是与犯罪行为人职业、生活有关的，有的是犯罪行为人疏忽大意遗留的，有的是犯罪行为人故意遗留的。这些在现场上客观存在的物品、物质与犯罪有密切关系，对于判明案件性质、分析判断侦查方向和范围有重要作用。

（2）作案人实施犯罪行为时触动、破坏的物质。在犯罪过程中，作案人不可避免地会触动、破坏一些物质，如被破坏的门锁、被搬动的障碍物、财物保管的箱柜、被踩踏的桌椅等。这些物品、物质上都会遗留有与犯罪行为人有关的痕迹、物品，这些痕迹、物品可以为分析犯罪行为人的基本情况及案件过程提供依据。

（3）犯罪行为引起或造成的各种形成物。这类物质往往是从某一个客体上分离下来的，或经化学反应形成的，如燃烧物、燃烧后的残留物、爆炸装置及残留物等。通过这些形成物可以分析出犯罪行为人实施犯罪行为的方式方法等内容。

（4）被害人遗留在现场上的各种物品、物质。主要有血迹、被害人衣物、呕吐物、毛发、手表、项链等，这些物品、物质可以为分析被害人情况提供依据。

通过对以上物品、物质的实地勘验可以为查明犯罪遗留物为何人所留、分析案情和作案人的个人特点等提供线索和依据。

（四）与犯罪有关或可能有关的尸体、尸块

在犯罪现场发现尸体、尸块的，首先要查明死因、确定尸源和提取有关痕迹、物证，对于在现场存在的明显与犯罪有关或死因不明的可能与犯罪有关的尸体、尸块，一经发现，应按照规定进行尸体外表检验。如果死因不明，应按规定，依法对尸体进行解剖检验，在勘查中应注意以下内容：

（1）尸体、尸块外表检验。简称尸表检验，包括死者衣着情况检验，尸体、尸块一般情况检验以及各部分情况检验和尸体、尸块外表伤检验等。

（2）尸体解剖检验。通过尸表检验，仍不能确定死亡原因或案件性质的，应进行尸体解剖检验。《刑事诉讼法》第 129 条规定：“对于死因不明的尸体，公安机关有权决定解剖，并且通知死者家属到场。”《公安机关刑事案件现场勘验检查规则》第 40 条规定：“为了确定死因，经县级以上公安机关负责人批准，可以解剖尸体。”第 41 条规定：“解剖尸体应当通知死者家属到场，并让死者家属在《解剖尸体通知书》上签名或者盖章。死者家属无正当理由拒不到场或者拒绝签名、盖章的，也可以解剖尸体，但是应当在《解剖尸体通知书》上注明。对于身份不明的尸体，无法通知死者家属的，应当在笔录中注明。解剖外国人尸体应当通知死者家属或者其所属国家驻华使、领馆有关官员到场，并请死者家属或者其所属国家驻华使、领馆有关官员在《解剖尸体通知书》上签名或者盖章。死者家属或者其所属国家驻华使、领馆有关官员无正当理由拒不到场或者拒绝签名、盖章的，也可以解剖尸体，但应当在《解剖尸体通知书》上注明。对于身份不明的外国人尸体，无法通知死者家属或者有关使、领馆的，应当在笔录中注明。”第 42 条规定：“移动现场尸体前，应当对尸体的原始状况及周围的痕迹、物品进行照相、录像，并提取有关痕迹、物证。”第 43 条规定：“解剖尸体应当在尸体解剖室进行。确因情况紧急，或者受条件限制，需要在现场附近解剖的，应当采取隔离、遮挡措施。”第 44 条规定：“检验、解剖尸体时，应当捺印尸体指纹和掌纹。必要时，提取血、尿、胃内容物和有关组织、器官等。”第 45 条规定：“检验、解剖尸体时，应当照相、录像。对尸体损伤痕迹和有关附着物等应当进行细目照相、录像。对无名尸体的面貌，生理、病理特征，以及衣着、携带物品和包裹尸体物品等，应当进行详细检查和记录，拍摄辨认照片。”

通过对尸体、尸块的勘验可以查明死者系正常死亡还是非正常死亡、死亡原因、死亡性质、死亡时间、致死的凶器和手段以及尸体来源等。

（五）与犯罪有关的人身

与犯罪有关的人身检查即为了确定犯罪嫌疑人、被害人的某些特征、受伤情况及生理状态而进行的人身检查。《公安机关刑事案件现场勘验检查规则》第38条规定："为了确定被害人、犯罪嫌疑人的个体特征、伤害情况或者生理状态等，可以进行人身检查，犯罪嫌疑人如果拒绝检查，侦查人员认为有必要的，经办案部门负责人批准，可以进行强制检查。检查妇女的身体，应当由女侦查人员或者医师进行，必要时，可以指派或者邀请法医参加。检查的情况应当制作笔录，由参加检查的侦查人员、检查人员和见证人签名或者盖章。"

（1）对被害人进行人身检查。在实地勘验中，为了确定被害人个体特征、伤害情况或者生理状态，可以进行人身检查，其中检查妇女的身体时，应当由女侦查人员或医师进行，必要时，可以指派或者邀请法医参加。

（2）对犯罪嫌疑人进行人身检查。为了确定犯罪嫌疑人个体特征、伤害情况或者生理状态，可以进行人身检查。犯罪嫌疑人如果拒绝检查，侦查人员认为有必要的，经办案部门负责人批准，可以进行强制检查。

对与犯罪有关的人身进行检查目的是为了确定被害人、犯罪嫌疑人的某些生理、病理特征，确定伤害情况、生理状态以及查明性犯罪的后果等。

【能力训练】实地勘验的对象

1. 训练目的

掌握侦查人员对现场进行实地勘验的对象有哪些，并能在具体的实践案件中加以运用。

2. 训练说明

结合训练案例内容，分析实地勘验的对象及具体内容。

3. 训练案例

某东环铁桥上发现一辆红色轿车，车左窗被砸碎，周围有玻璃碎片，车左侧有一块石头，在距车辆50米远的地方发现一具尸体，沿途有一长串滴落血迹，死者系一名男性，衣着整齐，头部有被打击的伤痕。在道路旁边的铁道上发现一些特别的鞋印。

项目二　实地勘验的原则和顺序

【知识目标】

1. 掌握划定勘验现场范围的标准
2. 理解和掌握勘验现场的顺序

【能力目标】

1. 培养学生划定勘验现场范围的分析能力
2. 培养学生对室内和室外现场静态勘验的操作能力

3. 培养学生对室内和室外现场动态勘验的操作能力

【案例导入】

某公安局刑警队接到谢某的电话报称：清晨7时后，谢某去石灰窑上班时看见江中有一个白色包裹，打捞上岸后发现是一具无头碎尸。公安机关迅速派人赶到现场。

现场位于某市西南方向20公里外某高速公路南侧的江河中，从发现碎尸处沿江上行500米是跨江的平安大桥。江水在某大桥下面150米分为南北两股支流，两支流间形成100米宽的沙石河脊，捆扎尸体的包裹是在北支流中发现的。该支流水面宽约50米，深40厘米左右，水流速度缓慢，江上游至平安大桥，有民工日夜放运、打捞木材。现场周围环境是：北面50米处是石灰窑，日夜都有工人上班。从石灰窑北行400米左右是银行、信用社等单位，再往北有一条马路通向某煤矿公司。捆扎尸体的包裹长110厘米、宽50厘米、厚40厘米，第一层是一块245厘米×120厘米的无色塑料薄膜，用一根长200厘米的20号细铁丝和两根宽窄不等的白布条捆绑。布条结扣上发现有长17~25厘米的毛发三根。第二层是一块200厘米×90厘米蓝白大方格的旧床单，用一根长7米的20号细铁丝捆扎。内外包装完好，无泥沙浸入。尸体浸泡迹象不明显，躯干赤裸，下段裹着一件男式的蓝白小方格旧衬衣，衬衣的肩部有一块白布补疤，下身穿着一条蓝色小方格松紧带收腰短裤，背部垫有大量草纸和一些报纸碎屑，拼合报纸碎片发现有同年9月15日的《参考消息》。

死者男性，无头，皮肤白皙、干净，发育正常，营养中等，头部从第六第七颈椎间切割，断面整齐，有创角10处。颈部创面用一条红色破烂内裤和一团新棉纱头填塞，双小腿在膝关节处被肢解，放置在腹部，肢解处无骨质损伤，两手掌无明显死茧，左手腕关节下4厘米处从拇指斜向手背有5.5厘米×0.5厘米的砍创一处，第一掌骨被砍断，断面整齐。右手内侧腕关节上1厘米处有5.5厘米×0.4厘米×0.1厘米的创口一处；在腕关节拇指掌骨根部有1.5厘米×0.3厘米的斜形陈旧伤痕一处；食指指甲尖端内侧有陈旧的损伤残迹；手背正中的皮肤上有五处点状陈旧疤痕；肘关节内侧窝内有一颗黑痣。胸、腹部开始出现腐败绿斑。双大腿至脚背汗毛浓密、粗黑，最长的有2.5厘米。两小腿前侧各有陈旧性小伤疤多处。赤脚，脚趾排列紧凑，大脚趾长于其他四趾，趾间有轻度脚气病，脚背有明显的穿凉鞋形成的印迹。小腿与躯干复位后测量长度为141厘米。

对尸体进行解剖，没有发现中毒和其他异常现象。提取胃内容物进行化验，有酒精反应。将胃内容物反复冲洗，高倍放大识别，发现有瘦肉、肝和类似芥菜、韭菜等食物。还有一粒黑芝麻。死者血型经化验为A型。

以发现碎尸的处所为中心，对公路和沿江两岸的农田等进行搜索勘查，未发现与犯罪有关的痕迹、物证。对现场周围数里以内的广大群众和案发前几天在江中放运、打捞木材民工初步走访，也未发现有价值的线索，死者头颅始终未找到，尸体亦无人认领。

结合本案，请回答以下问题：

（1）现场勘查的原则是什么？

（2）现场勘查的顺序是怎样的？

【知识要点】

一、实地勘验遵循的原则

（一）先静后动原则

勘查人员到达现场后，不要急于动手，应先用肉眼集中精力进行静态观察、静态勘验现场，无论是对现场进行整体勘验还是局部勘验都不能改变现场原始状态。对于发现的任何可疑痕迹物品不能随便触摸、拿取、移动，而是应先进行观察、记录、检验其位置、状态、特征，研究痕迹、物品的结构特征与形态变化，以及与其他客体、犯罪活动的关系，从而发现更多的痕迹、物品。对于模糊不清的物质，可借助放大镜观察。即便是在个体勘验阶段，在动态勘验之前一定要先进行静态勘验，而且在勘验前一定要戴手套，以免留下勘验人员的手印。勘验时注意不能改变勘验对象上的犯罪痕迹。静态勘验之后勘查人员可以移动、翻转痕迹、物品，进而对其进行观察、记录、检验其位置、状态、特征以及与其他客体、犯罪活动的关系。在进行动态勘验时勘查人员应选择边棱、边角等不容易留下接触印迹的部位。

（二）先固定后提取原则

勘查人员进行勘查时发现痕迹和物证时应先用现场记录方法，如照相、录像、笔录和绘图等，将犯罪现场情况、痕迹和物品所处的位置以及状态固定下来，然后再进行检查和提取。这样做不仅能反映痕迹物品之间的先后顺序，也可以反映痕迹物品与犯罪现场以及有关客体物之间的关系。固定了发现的痕迹、物品位置、状态和特征等之后，勘查人员再用正确的方法提取。所以，不论是何种犯罪现场和痕迹物品，勘查人员都必须先进行记录固定，之后才能进行提取检查。

（三）先表后里原则

即先对物体或人身的外部进行勘验，之后再对其内部进行勘查，即应按照犯罪活动的一般规律，寻找、发现、提取痕迹、物证，按照由外到里、由表面到内部的顺序进行，这主要是针对有空间的物体或人身、尸体进行的。如盗窃案件对保险箱进行勘验时，先对保险箱的外部进行勘验，后勘验内部等。

（四）先低后高原则

即勘验犯罪现场时首先从地面开始寻找、发现痕迹、物品，然后再逐渐由低向高勘查空间内的物体。因为犯罪时犯罪行为人接触地面留下足迹是必然的。而地面上的痕迹、物品又很容易遭到破坏，所以不论现场情况如何，勘验时都必须先勘验确定地面上是否有遗留的痕迹物证，即必须先观察后提取。

（五）先易变后稳定原则

现场痕迹、物品形成或出现后，其稳定性往往不同。有的痕迹、物品稳定性好，不容易消失；有的稳定性差，可能随着时间的推移由于自然条件的变化和作案工具、手段、方法不同以及人为的因素，而导致其消失或改变。所以对于稳定性差的痕迹、物品，如现场存在易挥发的气味、汽油、汗液、指纹等应优先处理，进行固定和提取，而对于稳定性较好的，则可以稍后进行勘验。

二、实地勘验的顺序

实地勘验顺序是对犯罪现场进行勘验检查的先后次序。实地勘验作为现场勘查的核心工作，面临的对象多、情况复杂、技术性强，而且其结果不仅事关侦查的进程，也事关整个诉讼是否能顺利进行，因而遵守必要的勘查顺序是完成勘查任务的保证。

由于每一个犯罪现场都有其特定性、多样性及复杂性，勘验顺序应按照法律规定，根据勘验需要，根据现场所处的位置、环境和现场痕迹、物品的分布状况综合确定。实践中，通常采用的勘验顺序主要有以下五种：

（一）由中心向外围进行勘验

即从现场的中心部位开始，逐步向外扩展到现场外围和边缘的勘验顺序。这种勘验的起点在现场中心，是一种常用的勘验顺序。主要适用于现场范围不大，现场中心部位比较明显，痕迹、物品相对集中的现场。如对于一般的室内现场，中心部位在室内且位置明确，就可以从中心现场开始勘验，逐步向四周扩展，直至勘验到室外犯罪行为人来往路线、隐匿藏身的处所等外围现场。对于室外现场，如果现场本身符合以上条件的，可先对痕迹、物品最为集中的部位进行勘验，然后逐步向四周辐射。如被害人能指明被害地点的室外抢劫或强奸的犯罪现场就可以采用此种顺序进行勘验。

（二）由外围向中心进行勘验

即从现场的外围部分开始，逐步向现场中心勘验的顺序。这种勘验的起点在现场外围。这种顺序主要适用于范围较大，现场中心部位不明显、不突出，痕迹、物品较分散的现场。如一些室外现场范围比较大，涉及面广，中心难以确定或现场中心在室内，但由于留在室外的痕迹、物品因自然或人为因素随时可能遭到破坏，或者走进现场中心可能使现场外围痕迹、物品遭到破坏的，都可以用这种顺序进行勘验。

（三）分片分段进行勘验

这种勘验顺序主要适用于现场范围过大、现场地处狭长地带以及现场范围涉及多个地点、多个楼层、多个场合，或者现场环境十分复杂，而且痕迹、物品微小、量少的犯罪现场。比如对于一些移尸、碎尸多处的案件现场，就可以采用此种顺序进行勘验。如对于范围较大，或者地处狭长地带，或者犯罪地点涉及几个楼层、几栋楼房的现场，应先把现场划分为若干片、若干段，每一个片和段都作为一个相对独立的部分，之后按照一定的先后顺序对每一部分进行勘验，或把勘验人员分为若干小组，对若干个独立部分同时展开勘验。

（四）沿着犯罪行为人的行走路线进行勘验

如果现场痕迹、物品能清晰明显指引出犯罪行为人在现场上的行走方向和路线，或者经过访问目击者、受害人等能查明犯罪行为人在现场的行走过程，或者虽然犯罪行为人在实施犯罪行为时没有形成痕迹、物证比较集中的部位，但可以观察到其行走路线，此时就可采用这种顺序来进行勘验。这种勘验顺序可以从发现主要痕迹的地点开始，然后沿着犯罪行为人遗留或其必经的道路，或犯罪遗留物散布的路段进行勘查，直到踪迹消失的地方为止。

（五）从现场的某个特定部位开始进行勘验

如果现场地处于交通要道，繁华场所，阻碍交通或无法封闭的；或者现场的某个部位存在潜在危险，为了采取紧急措施，需要迅速查明与采用紧急措施有关的现场情况的，以及现场出现某些痕迹、物品集中，犯罪动作、手段及意图明确的部位时都可以采用这种顺序进行勘验。

【能力训练】模拟室内现场实地勘验

1. 实训案例

某日某家属楼603室的张某（女）在住处被杀。现场室内有大量血迹，张某赤身裸体仰卧于卧室内床上，头南脚北，身上半盖一条绿色碎花被子，尸体双腿微微分开，双手伸直平放在身体两侧。右上眼睑有损伤，左侧嘴角有流柱状血迹。尸体身下床单上臀部至腰部有一摊椭圆形水迹。室内有多处翻动的迹象，房间门口有两个鞋印。现场房门无破坏性痕迹。

根据以上案情布置现场，并组织进行实地勘查。

2. 实训目的

通过实训，使参训学生重点掌握实地勘验的步骤和顺序。

3. 实训条件设计

（1）实训时间为3学时。

（2）学生以15人为一组：指挥1名、现场保护组2名、见证人2名、现场访问组2名、被访问人2名、实地勘验组3名、记录人3名。

（3）实训场地：学生教室。

（4）器材准备：现场勘查证、现场勘查箱、痕迹物品勘查箱、法医勘查箱、刑事照相器材、勘查灯、紫外线灯、刑事绘图器材。

4. 训练方法步骤

（1）指导教师设置模拟现场。

（2）指挥人员巡视现场，制订勘查方案。

（3）指挥人员对勘验人员进行组织分工。

（4）邀请参加现场勘验的专家和见证人。

（5）保护组人员划定保护范围，设置警戒。

（6）巡视现场划定勘验范围和顺序即现场勘验应遵循先静观后动手、先拍照后提取、先地面后高处、先外表后内部、先重点后一般、先易消失后稳定等原则。

（7）初步勘查、固定现场。

（8）详细勘验，发现提取痕迹、物证。在初步勘查的基础上对现场的各个部位和各种痕迹、物证一一仔细研究，想方设法进行提取。具体表现在仔细寻找痕迹、物证，认真研究痕迹、物证，记录提取痕迹、物证，绘制现场图。

（9）制作现场勘验卷。制作现场勘验卷，并写出受训报告。报告内容包括：接报案时间，到达现场的时间，勘查时的分工，勘查的基本方法、步骤、顺序，发现提取痕迹、物证的情况等。

5. 注意事项

现场勘查的步骤和顺序的采用，应根据现场的地理位置、周围环境、范围大小和难易程度，因时因地因人因案因情制宜，灵活运用。

6. 考核方法及其标准

由教师按学生在训练中的表现考核。分为优秀、良好、及格、不及格四个等级。

项目三　实地勘验的准备

【知识目标】

1. 理解实地勘验的准备工作

2. 掌握进行实地勘验的软件和硬件设施

【能力目标】

1. 培养学生实地勘验的日常准备能力

2. 培养学生实地勘验的临场准备能力

3. 培养学生实地勘验的出警准备能力

【案例导入】

公安机关接到入室抢劫的报案，迅速赶到现场。现场位于某高档小区内，系两层复式结构，上下总共有五个房间。现场有翻动痕迹，客厅地面有电棍、散落的胶带，还有几枚硬币。事主的项链、手表、现金等十几万的财物及两张银行卡被抢，车钥匙被拿走。现场门窗完好，锁没有被破坏痕迹。据事主反映：三个男人在当晚凌晨一点多用钥匙开锁进门，其中一名男子身高1.75米左右，戴着一副眼镜，皮肤白净；另一名男子身高1.65米左右，体态较瘦；第三名男子身材1.70米左右，东北口音。

结合本案，请回答以下问题：

（1）侦查人员进行实地勘验前应做哪些准备工作?

（2）侦查人员实地勘验的日常准备工作包括哪些?

【知识要点】

实地勘验是现场勘查的重要组成部分，也是收集痕迹、物证和犯罪线索的重要措施，实地勘验的质量直接决定了侦查的进程和方向，这不仅要求参加实地勘验的人员一定要做好足够的准备，还要求侦查部门也要做好日常的工作准备。具体包括以下三个方面：

一、日常准备

刑事案件决定了实地勘验一定要及时。为了保证接到报案后能迅速赶到现场，侦查机关在日常生活中一定要做好以下两个方面的准备：

（一）组织准备

各侦查部门要组建勘查小组，保证有足够的技术人员，同时要有配套的人员昼夜值班，听从值班调度室的指挥，随时待命，任何值班人员不得随意外出，严格值班制度和职责。同时要制订发生紧急情况的应急方案，以便应付突发性、暴力性案件。

（二）器材准备

（1）勘查器材准备。包括勘查检查器材、照明器材、照相、绘图、录像等所必需的器材，如潜在印痕收集装备、工具痕迹收集装备以及证据包装物和相关的表格等。这些器材设备在平时应有专人进行保管，并定期进行检查、维修、防潮等。

（2）通讯器材准备。包括对讲机、计算机、手机、传真机以及配有调制解调器的手提电脑等能够将痕迹、物证等传送到指挥中心的通讯器材。

(3) 交通工具准备。一般而言，交通工具是指专门为犯罪现场勘验工作准备的现场勘查车。包括警用专车专船等工具，交通工具一定要经常保养与维修，保持其性能良好，时刻处于戒备状态，一旦有案件发生就可以马上出发。

二、出警准备

侦查机关接到出警任务时，应首先了解案件发生的时间和具体位置，并弄清楚现场的路线和发案地点的明显标志，选择赶赴现场的最佳路线；其次，了解案件性质以及案件的简要情况，确定参加勘查的人员和配备相关的勘查器材；再次，根据需要邀请有关部门的人员参加；最后，对于一些重大特大案件，除了向上级领导报告之外，还应采取紧急措施。

三、临场准备

实地勘查人员到达现场后，应当在指挥人员的指挥下抓紧做好以下工作：①听取现场保护人员对现场保护工作的情况汇报，对存在的问题及时进行补救。②询问事主、发现人及报案人，了解案件发生时、发现后有无人员进入现场并接触过哪些物体等，以便勘查时心中有数。③对到达现场的侦查人员进行分工分组。④在基层公安、保卫组织的协助下，邀请两名与案件无关的、为人正直的公民作为实地勘验的见证人。

【能力训练】实地勘验的准备工作

1. 训练目的

掌握侦查人员进行实地勘验前应准备的工作，并能在具体实践中予以运用。

2. 训练说明

结合训练案例内容，分析侦查人员进行实地勘验前的准备工作。

3. 训练案例

某小区一栋集体宿舍五楼的过道在夜间十一点左右突然发生爆炸，过道的窗户右下角窗框弯曲变形，窗户无玻璃，左下角内外窗台都有缺损，四周墙上和距窗户 120 厘米处的铁门上有抛射物撞击的痕迹，窗户里外的地面上有玻璃碎片、碎纸等。

项目四　实地勘验的步骤和方法

【知识目标】

1. 熟悉和掌握实地勘验的步骤
2. 理解和掌握实地勘验各种方法的概念及应用

【能力目标】

1. 培养学生实地勘验观察方法的运用能力
2. 培养学生实地勘验比较方法的运用能力
3. 培养学生实地勘验技术检验法的运用能力

【案例导入】

某日上午11时20分公安分局接到叶某报案称其在某庙附近丛林拾柴时发现一具无名女尸。刑警队接到报案后迅速派人赶到现场。现场位于某村西北坡的半坡上，西距某庙200多米，西南150米处是某王宫旧址，东北50米处是某高速公路，沿着西北坡向上攀登15米是坡顶，上面有一圆柱形废弃水塔。整个山坡系封山育林区，到处是乔木、灌木，杂草丛生。从现场到公路有两条难以辨别的小道。尸体头东南、脚西北，向左侧卧于50度的斜坡上，头、胸部被折断的树枝覆盖，已严重腐烂，颈部有大量蛆虫蠕动。

经法医检验，死者系女性，身高156厘米，手上有很厚的茧，脚趾粗壮，发育正常。头部有两条短辫子，辫子长20厘米。左颞骨的创口已腐烂生蛆，最大的蛆虫长1.2厘米。剥开头皮可见面积为11厘米×6厘米的粉碎性骨折，后枕部右侧有一直径为2.2厘米的凹陷骨折。面部软组织大部分已腐烂脱落，下唇内侧有一把22号外科手术刀片，刀尖向内。牙齿为一级磨损，左上门牙已严重病损，看起来像缺牙。颈部仅存有6厘米宽的皮肤，颈动脉断裂，断口整齐。上身穿三件衣服：第一件系草绿色绒背心，肩部被大量血迹污染；第二件系苹果绿长袖衬衣，纽扣完好，后领上有血污；贴身穿一件白底兰花汗衫，上面印有“蚌埠针织厂，42支纱，90厘米”字样。下身有三条裤子：第一条系草绿色军用的确良男式长裤改制的女长裤，被脱下横放在两小腿上，上面系有军用草绿色对扣帆布裤袋，内侧蓝色方格印记上面有模糊不清的姓名字迹。左裤袋外翻，两个裤袋均有擦拭血迹。中层系一条棉纱衬裤，腰和脚匾有松紧带，右臀部内侧有一个用白帆布缝制的荷包，内有一百元面值的人民币十张；贴身穿一条红色内裤。上装卷至乳房，下装脱至大腿以下三分之一处，阴部、腹部外露。外阴部软组织已腐烂生蛆，解剖发现子宫颈有白色陈旧疤痕。右大腿前三分之一处的皮肤上有长7厘米的横行划痕一道。脚穿浅绿色尼龙袜。头部地面有36厘米×30厘米的一摊败血，呈淡红色，生有蛆虫。左脚颈下面压有一只右脚穿的白色“回力”牌运动鞋，长23厘米，鞋底已严重磨损。在距尸体右侧8米的坡下草丛中，发现一只与上述特征相同的左脚穿的运动鞋。

对尸体周围的地面进行勘查，发现尸体左侧的草有倒伏现象，靠近尸体脚部的草和树枝上遗留有喷溅血点。右侧120厘米处有60厘米×30厘米呈棕褐色的干涸血迹一摊，在这摊血迹附近的地面还发现有多处喷溅血点，并留有“大白兔”奶糖的糖果纸两张和一些半枯干的柑橘皮。

从女尸处往坡下沿着滴落血迹勘查，至11米处的地方又发现一具约4岁的男孩尸体。身长100厘米，呈俯卧状。尸体已严重腐烂，面部肌肉已大部分腐烂。左眉弓处有2.2厘米×3厘米的类似圆形的不完全骨折。右后顶部有5.5厘米×11厘米的椭圆形缺损一处，可见洞穿性骨折，骨质血斑明显可见。颈部动脉被切断，断面比较整齐。左大腿内侧有5厘米×4厘米的椭圆形组织缺损。阴囊有一从右向左斜的线条状创口，长5厘米，边缘整齐。死者外穿浅绿色半开口带拉链的紧袖翻领绒衣，上面有滑雪图案。第二件是白底绿叶花布童装，第三件是绿色背心，下身穿草绿色的确良开裆裤。右侧裤袋内有两张“大白兔”奶糖的糖果纸。赤足。尸体南侧2米处有黑色小皮鞋一双。

两具尸体的胃内容物均发现有未完全消化的柑橘瓣，除此之外别无其他食物。

经访问周围群众，得知该地是比较著名的游览区，每天人来人往，游客很多，没有发现什么可疑的人和事。侦查人员组织群众辨认两具尸体，均不认识死者，也没有听说当地最近有人失踪。

结合本案，请回答以下问题：

（1）实地勘验的步骤是什么？

（2）侦查人员勘验此现场所利用的方法有哪些？

【知识要点】

一、实地勘验的步骤

《公安机关刑事案件现场勘验检查规则》第35条规定：“现场勘验、检查按照以下工作步骤进行：①巡视现场，划定勘验、检查范围；②按照‘先静后动，先下后上；先重点后一般，先固定后提取’的原则，根据现场实际情况确定勘验、检查流程；③初步勘验、检查现场，固定和记录现场原始状况；④详细勘验、检查现场，发现、固定、记录和提取痕迹、物证；⑤记录现场勘验、检查情况。”

实地勘验是一项既复杂又细致的工作，必须有步骤有秩序地进行，实地勘验是从一般到具体再到个别步步深入的。它从整体开始，向局部和个体进展。通常实地勘验要经过先静态、后动态两个步骤。其中静态勘验又包括整体静态勘验、局部静态勘验和个体静态勘验三个步骤。实地勘验的步骤反映了勘查人员对现场物质环境和物质状况的认识过程，从某种意义上讲，它是一种有序的认识方法。

（一）静态勘验

静态勘验要求勘验人员不触动现场任何物品、不改变现场状态而对现场痕迹、物品进行观察、固定和记录。主要是为了查清现场上痕迹、物品、尸体的位置和状态以及互相之间的关系，确定勘验的重点部位，为下一步动态勘验奠定基础。具体包括以下三个步骤：

1. 整体静态勘验

整体静态勘验又称巡视现场，指勘验人员为了了解现场内外状态及周围环境，不进入现场内部，只在现场周围对犯罪行为人实施犯罪的地点及周围环境进行总的观察、巡视、固定、记录，这是实地勘验的第一步。在进行整体静态勘验的过程中，勘验人员可根据现场的环境和现场内部情况，确定计划、勘验起点、重点、勘验顺序和进入现场的路线等。整体勘验一般由实地勘验的指挥人员，带领实地勘验组的侦查人员、技术人员以及记录人员进行。

在巡视现场前，要听取现场保护人员对案件和现场情况的介绍，对犯罪现场有初步认识。巡视时除了紧急情况之外一般不能变动现场状态，要注意行走路线，注意不能接触任何犯罪痕迹、物品，同时要注意千万不能踩毁现场足迹、分泌物等与犯罪有关的痕迹、物品，以确保维持现场原始状态。通过巡视现场，侦查指挥人员应判明现场的方位、现场内部的状况和犯罪行为人进出现场的出入口等情况，以便对现场的全貌有比较完整的印象。然后根据现场的具体情况确定实地勘验的范围，明确勘验的重点，选择进入现场的路线以及确定勘验顺序。

（1）整体静态勘验要求。

在整体静态勘验时，勘验人员一定要遵守以下四点：

①整体静态勘验是用肉眼进行的、不触动式的观察，除非必要，现场上的任何痕迹、物品都不可以搬动，不能为了观察而改变现场的原始状态，如门、窗、灯的状态。如果必须要改变现场状态的，则必须用笔录、绘图或设定标志等办法记录、固定改变前的所有状态。

②整体静态勘验不是微观的搜索，应在一定距离外宏观巡视现场，将所接触现场部位控制到最小限度。整体静态勘验的要求是通过观察，迅速了解现场大致状况和形成有关现场情况及可能的痕迹问题，以便制订勘验计划。重点是查明现场的方向、位置、现场内部大体情况、犯罪行为人进出现场的位置和路线、现场中心部位等，而非集中精力观察和发现每一个具体的痕迹、物品。进行整体静态勘验时应在距现场一定距离外进行宏观观察。

③进行整体静态勘验时，行进过程中不能破坏原有的痕迹、物品，并应对观察路径进行标识，尽量避免无关行为，如挠头、抽烟、吐痰等，以免遗留新的痕迹、物品或污染现场痕迹、物品。

④做好固定和记录工作。勘验过程中对于观察到的现场环境、方位，提取的痕迹、物品，采取的紧急措施等采用照相、绘图、录像、笔录等方法进行固定记录。如在现场上发现的气味等可能迅速改变或消失的情况都应记录，为之后的勘验提供条件。

（2）整体静态勘验的实施。

整体静态勘验时由现场勘验指挥人员主持，参与整体静态勘验的人员不宜过多，一般由参与实地勘验组的人员组成。根据现场所处环境不同，整体静态勘验的实施分为室内现场整体静态勘验重点和室外整体勘验重点。

①室内现场整体静态勘验重点。室内现场勘验一般应按照从外到内的顺序，结合具体案件分层次进行。特定情况下，也可根据案情的具体情况由内向外巡视。

首先，对现场周围环境进行巡视。即观察现场的方位、环境，以及周围的各种状况，包括现场周围的道路、大门、围墙或栅栏、房顶、交通设施等。应观察和确定现场周边环境中的具体位置、方向，现场周围有无明显的地形、地物以及相互之间的关系，现场周围的安全防范情况等。

其次，对现场的外部状态进行巡视。首先巡视观察现场所在建筑物的结构、用途和走向，如建筑物是独门小院还是深宅大院；其次巡视现场所在房间在整个建筑物中的位置、现场所在房间的结构、用途，房屋是住宅还是办公室，或是仓库等；然后观察现场在整个房屋中的具体位置，即现场位于哪个楼层或哪间，房屋的结构、用途，其与相邻房间、走廊、楼梯、厕所、大门等的位置关系，并注意出入道路上是否留有可疑痕迹、物品。

最后，对现场内部进行巡视。重点是要初步查看和判明室内各种物品的位置、状况，特别是一些重要部位的状况，财物保管地，如门窗位置、结构、开闭状态，有无破坏，地面、墙壁、顶棚有无可疑痕迹，室内各种物品陈设位置的变动、变化情况等。如犯罪行为人在现场内部的撬压、翻动及其他破坏痕迹。尸体位置、姿势，尸体与血迹或其痕迹、物品的关系等。

②室外现场整体静态勘验的重点。对于室外现场应先观察现场中心部位的犯罪痕

迹、物品分布状态、位置关系。其次观察现场中心周围情况，犯罪行为人来去现场的道路或可能的来去道路，作案人作案前后可能预伏、藏身、隐蔽赃物的处所等。再次观察现场所处的地理位置、周围地形、交通状况、道路分布、走向、河流分布走向等。

（3）整体勘验的任务。

①确定勘验顺序。即确定实地勘验工作以何处为起点，沿着什么方向、依照什么次序进行等问题。经过宏观观察之后，勘验人员应根据现场的地理位置、周围环境、范围大小、痕迹、物品分布情况、勘验时间、气候以及侦查人员、技术人员的多少等因素，灵活确定勘验顺序。由于每一个犯罪现场都有其特定性、多样性及复杂性，确定实地勘验顺序应根据不同的现场和不同的情况进行，但都应该以最大限度保护现场痕迹、物证不受破坏为原则。

②选择进入现场路线。整体静态勘验后，无论采用何种方式、何种顺序，都必然会进入现场内部展开工作。选择进入现场的路线，应着眼于对现场痕迹、物品的保护，这不仅要求勘验人员对犯罪现场有正确的整体认识，还要求勘验人员具有丰富的现场勘验经验。在具体选择时根据现场环境状况，现场痕迹物品分布状况、被害人、事主、目击证人反映的情况和勘查的需要，寻找、选择一条进入现场的路线，作为后续人员进入现场进行勘验的路线。

③确定勘验的重点。在整体巡视时，指挥人员应对现场重点勘验、检查、搜查的部位、地段、客体等作出选择和决定。在确定勘验重点时应抓住对于查明案情，发现、收集侦查线索和犯罪证据有重要意义的部位、客体，组织较强的力量，投入较多的时间对其认真仔细勘验、检查。在确定重点的基础上对属于犯罪现场的全部范围都要勘验检查到位，以全面发现犯罪痕迹、物品，全面收集侦查线索和犯罪证据。

2. 局部静态勘验

局部静态勘验是指勘验人员在整体勘验的基础上，根据确定的勘验范围、重点和顺序，在不变动现场原始状态的情况下进入现场内部，有计划地把现场划分为若干部分，对其逐一顺次或分头同步进行观察、研究、记录的一种侦查活动。它是在整体静态勘验的基础上对现场进一步的勘验和检查。通过局部勘验，对现场各个局部系统、局部系统之间内在联系进行把握和认识，明确需要个体勘验的痕迹、物品，确定个体勘验的先后顺序。

（1）现场局部的划分。

既然是对现场进行局部勘验，那么勘验人员首先要对现场进行局部的划分，具体方法有以下四种：

①按照现场客观环境划分。即如果现场所处的物质环境是不同空间范围，则可以按照犯罪活动所涉及的不同房间、部位和地段进行划分，每一个房间、部位和地段都可以作为一个自然的局部进行观察。如果是室内现场，则室内为一个局部，室外为一个局部，或每一个房间为一个局部，每一层楼为一个局部。如果是室外现场，可根据道路、水渠、田埂等自然分界线划分不同局部。

②按现场上痕迹、物品相互之间的关系划分。如将杀人案件中被害人尸体及与该尸体相联系的血迹、凶器、搏斗痕迹等划成一个局部进行勘验，将财物保管的地方和在该地方所留下的撬压痕迹、遗留手印的地方作为一个局部进行勘验。

③按特定痕迹、物品的分布划分。如现场上成趟的足迹、同一种工具痕迹作为一

个独立的局部。

④按实施的犯罪行为划分。实施主要犯罪行为的地点为一个局部，预先潜伏、伺机作案的地方为一个局部，销赃、隐埋赃物的地方为一个局部。

通过对整个现场局部的划分，实质上是对勘验重点的进一步确定，这会使实地勘验更加有序有效地进行。

（2）局部静态勘验的实施。

①对各个局部进行记录和固定。按照现场局部划分情况，利用笔录、绘图、照相、录像等方法对各个局部的原始状态进行记录，包括痕迹、物品的分布、状态及相互之间的位置关系。

②在对现场进行局部划分的基础上，将局部勘验中的各种情况通过观察、分析，查明局部范围内有哪些明显可见的痕迹，哪些与案件有关系，哪些没有关系，哪些是现场原来就有的，哪些是原来现场新出现的，并根据被害人或目击者的陈述，判断现场有无伪装、变动情况。

③掌握犯罪现场的各种信息。通过对现场的局部勘验，观察分析各种痕迹、物品，勘验人员就可以把握与犯罪有关的各种信息，从而实现对犯罪活动、内容、过程和顺序的认识。如通过勘验现场各具体痕迹、物品的分布情况，可进一步判明这些痕迹、物品与整个犯罪现场的关系及其在整个犯罪活动中的地位和作用，便于分析犯罪活动的动机、内容、过程和顺序等。

3. 个体静态勘验

个体静态勘验是指在局部勘验的基础上，在不变动客体原来位置状况和存在条件的情况下，对所发现的痕迹、物品进行观察、记录和固定的活动。主要目的是保持其原始状态，防止客体本身遭到人为破坏，为进一步分析、判断其与犯罪的关系提供依据。

个体静态勘验应集中精力对现场的每一个物体进行分析判断，观察其有无痕迹、痕迹本身的具体位置、形态、物体与周围其他痕迹、物品和犯罪行为的关系等，为个体动态勘验提供对象，为分析、判断案情提供依据。

个体静态勘验具体包括：观察勘验对象的位置和状态；分析判断各勘验对象之间的关系；痕迹本身的具体位置、形态；与周围其他痕迹、物品的相互之间关系。对勘验的痕迹、物品进行照相、录像，用笔录等方法详细记录有关痕迹、物品的位置、状态、相互之间关系，并对有证据意义的痕迹、物品如血迹、手印、凶器、破坏工具、尸体等进行测量，为动态勘验提供对象，为分析、判断案件性质及案情提供依据，为甄别、获取证据提供支持。

（二）个体动态勘验

个体动态勘验是指在静态勘验的基础上，在可触动或翻转物体的情况下，借助各种技术手段和方法对物体进行系统观察、显现、提取、记录及检验等活动。其目的是要利用一切可利用的科学技术手段，对每一个痕迹的形成原因，物品的变化状态、特征进行研究，对痕迹物品与犯罪的关系进行判断，寻找和发现不易见的痕迹和微量物质，并将它们记录、提取、固定，供进一步的检验提供条件。

动态勘验侧重于对每一个具体的痕迹、物证的发现并进行研究和提取，其基本原则是不损坏痕迹、物品，不遗漏痕迹、物品，不遗留新的痕迹、物品。所以在进行个体动态勘验时，勘验人员必须做好以下六项工作：

（1）勘验人员应准备好与痕迹、物品收集、包装、保管的要求相一致的各种包装物和提取工具。

（2）勘查人员在勘验时应戴头套、手套及脚套，翻转物体时应用手捏着物体的边缘。千万不能触碰物体上的痕迹，而且触动物体时应从一般人不习惯或不常触摸的部位入手。

（3）勘验人员应充分发挥主观能动性，积极寻找被勘验的客体。对重点部位和重要痕迹、物品，应认真仔细勘验检查，对于非重点部位也应高度重视，对于当时未发现，而又可能存在于现场的各种潜在痕迹或微量物质，应在全面了解犯罪行为人在现场活动的各种情况下结合犯罪活动规律和现场各种情况，仔细寻找和发现。

（4）勘验人员寻找痕迹、物品时要全面细致，对于各种易见痕迹和发现不明显痕迹和微量物质的，应以配光观察为主，也可以利用各种科学技术方法进行显现和发现。

（5）收集痕迹、物品时要小心细致。勘验人员使用各种技术手段和方法对与犯罪有关的场所、物体或尸体等逐一进行详细勘验、检查。根据痕迹、物品的属性和存在方式，认真仔细确定收集的方法。

（6）对已经发现的各种痕迹、物品，除了认真提取、仔细包装和小心运输之外，还应结合现场访问的有关情况，对痕迹、物品是否与犯罪有关要进行认真甄别，必要时还可通过调查、辨认、技术鉴定、现场实验等方法进行验证。

个体动态勘验在做好以上工作的基础上，勘验人员对物体的具体位置进行变动，并按照由低及高，由外及内，由表及里的顺序，对被勘验客体物进行分层次的勘验、检查，以此解决以下问题：

（1）研究这些痕迹、物品形成的原因、形成方式及其与犯罪活动的关系即通过研究痕迹形成的时间、新旧程度、形成的部位和方向，确定痕迹是案发前还是案发后形成的，与犯罪有无关系，确定是否是犯罪行为人所留下的。

（2）显现、提取和保管有关痕迹、物品，以供进一步检验之用，并为分析案情以及通缉和证实犯罪嫌疑人提供线索和证据。

（3）准确认定现场变动的原因，找出变动的部位。勘验时注意现场是否遭到破坏，有无变动，一旦确定有破坏或变动，应仔细根据痕迹、物品分析变动、破坏的原因。

（4）进一步发现不易看见的痕迹或微量物证等。对于一些肉眼看不见或看不清的痕迹或微量物证如纤维、毛发、油脂等可借助于仪器发现和固定。

实地勘验是由静到动，从整体到局部，从局部到个体，从一般到个别的由浅入深的活动，具有普遍的适用性。四个步骤要依次进行，不能颠倒，但又紧密联系，不能截然分开。实地勘验人员要严格按照勘验步骤进行勘验，同时根据案件现场的特点又要灵活运用，具体问题具体分析，不同现场不同操作，这样不仅有利于勘验工作的有序化、系统化，而且还有利于对案情的分析判断，提高勘验的质量。

二、实地勘验的方法

实地勘验方法是指实地勘验人员对现场痕迹、物品进行勘验、检查时所采用的方式。实地勘验是勘验人员利用感觉器官和科学技术方法对现场痕迹、物品进行的勘验、检查活动。作为一项专门的侦查活动，有专门的、相对固定的勘验方法，具体包括以下四个方面：

（一）观察法

观察法是勘验人员为了查明案情，发现、收集侦查线索和犯罪证据，在不变动现场物质状态的条件下，运用感觉器官对现场及痕迹、物品进行感性认识的一种勘验方法。观察法是实地勘验最基本的方法，是其他各种勘验方法的基础。不仅适用于静态勘验，更适用于动态勘验，尤其是在静态勘验中，解决勘验问题主要依赖于观察。

在实践中观察法包括两种：第一种是宏观观察法，即对现场整体情况所进行的宏观的、初步的观察；第二种是微观观察法，即对犯罪现场上的每一个勘验客体所进行的全面、细致的观察，包括客体在现场的位置、表面状况及细微特征等。

利用观察法进行勘验主要是在发挥视觉作用的同时，利用其他感觉器官进行观察。现场勘验中通过视觉观察，对与犯罪有关的痕迹、物品、人身、场所等的细微结构、颜色特征、空间属性形成细致和全面的正确认识，为分析案情提供第一手材料。除此之外，还可以利用如听觉、触觉、嗅觉等感觉器官对痕迹、物品的声音、温度、硬度、气温等进行感知，更全面、深入、正确地认知勘验对象的特点和属性，如在对尸体的衣着、尸斑等进行观察时还可以利用嗅觉、触觉等感知尸体的气味、尸温、尸僵等。

利用感觉器官进行观察时可能会受到如天气等外界自然因素的影响，所以有时用观察法进行勘验时要借助一定的光线和光源，包括自然光观察法和人造光源观察法。在对现场进行勘验时，如果光线比较好就可以用自然光进行勘验，如果光线比较暗或者要对现场的痕迹、遗留物和伤痕等进行细致观察时，常常需要借助人造光源，特别是多波段光源等特殊光源，以此帮助勘验人员更好地发现肉眼所发现不了的痕迹和遗留物。

勘验人员利用观察法进行勘验时要有准备、明确目的。即要求勘验人员在掌握一定现场勘验知识、理论和技能的前提下，对观察对象有一定的预备知识，而且还要明确所要解决的问题。

（二）比较法

比较法是一种对不同勘验对象或同一勘验对象在不同阶段的物质表现加以对照，确定异同并分析其原因，以认识勘验对象本质的勘验方法。比较法在观察法的基础上，通过比较研究，将对勘验对象的本质有更深的认识和了解。

1. 将局部现场现象与整个现场现象之间进行比较

犯罪现场是犯罪行为人实施犯罪行为形成的，它所表现出来的各种状态都是犯罪活动的真实表现，而犯罪活动是一个完整的活动，由于犯罪活动所形成的犯罪现场都是密不可分的，所以为了认识犯罪现场，应将局部现场与整个现场的现象进行比较，发现两者基本属性的异同，以对犯罪现场作更深一步的认识。如杀人案件现场，可以将尸体所处的位置和现场血迹的分布情况与整个现场进行比较，如果尸体位置与血迹形态分布情况与整个现场的情况相一致，则反映出现场被伪装和变动的可能性较小；反之，如果尸体位置与血迹形态分布情况与整个现场的情况相互之间有矛盾，则反映出现场被伪装和变动的可能性较大。所以通过这两者的比较，再结合其他分析，相互验证加强分析结果的正确性。通过比较研究，可以把现场的局部与整体，相互验证，相互补充，有利于勘查人员全面、客观地查明现场各种现象之间的内在联系，防止因片面性而发生错误。

2. 单个痕迹、物品之间的比较

通过单个痕迹、物品之间的比较，可以判断出不同的单个痕迹、物品之间所反映的案件基本属性是否一致。将单个痕迹和现场上其他痕迹进行比较，分析其反映是否一致，有助于勘查人员对案情进行判断。如将门锁上的撬压痕迹和财务存放处的撬压痕迹进行比较，如果两者种类、形态具有很大的相似性或一致性，则有可能为同一人或不同的人用同一工具形成，如果两者种类形态没有相似性，差异很大，则说明犯罪行为人不止一人或同一犯罪行为人在现场上使用了不用种类的工具。通过不同痕迹之间的比较，同样可以相互印证，检查分析结论的正确性，并为进一步分析奠定基础。

3. 现场访问与现场现象之间比较

即将现场访问与现场的情况进行对照比较，或相互印证，或发现问题。通过现场情况与现场访问所得材料进行比较，往往能发现两者之间是否存在矛盾，以此进行更深入、细致的勘验和访问工作，查证、核实有关具体问题。如杀人案件中被害人家属声称死者是上吊自杀的，经过实地勘验尸体和现场环境，如没有外人侵入迹象、搏斗痕迹，尸体上又无可疑伤痕或中毒迹象，颈部只有马蹄形索沟，而且死者自身有能力完成，那么现场访问与现场现象之间有一致性，这种一致性可以帮助勘查人员初步作出死者是上吊自杀的结论，死者家属的陈述是真实可靠的。反之，如果尸体上有可疑的伤痕或中毒迹象等，则说明死者家属的陈述与现场现象有差异，这种差异说明死者家属陈述不可靠，勘查人员可以初步作出死者是他杀而非自杀的结论。

4. 现场勘查对象的状态与其产生、发展、变化的规律之间比较

任何事物自身都具有产生发展的规律，犯罪现场勘查对象也不例外，无论是犯罪场所，还是实施犯罪时遗留的痕迹、物品，或是尸体、人身等都有自身的固有规律，将勘验时对象所处的状态与其产生、发展和变化的规律进行比较，就可以发现勘验对象的状态是否符合规律，有无反常现象，进而推测现场有无伪装情况等。如经过勘验，初步判断盗口为未擦洗过的窗户，进一步勘验，发现窗户外的墙壁上有攀爬、擦拭的痕迹，室内存放贵重物品的柜子上有灰尘痕迹、手印、脚印，这与事物发展的规律是一致的，据此可初步判断窗户为盗口；反之，窗户上的现象与事物发展规律不一致，则说明该窗户非盗口，结合其他现场迹象，可进一步初步判断现场的真伪。

（三）实验法

实验法即为了解决现场的某些问题，侦查人员在实地勘验过程中参照案件原有条件采用重演或模拟的方法，研究证实在某种条件下某种事实能否发生，或某种事实在什么条件下能够发生的一项侦查活动。实验法对于分析、研究、证明某些犯罪手段、犯罪情节，审查和判明被害人、事主的陈述或犯罪嫌疑人供述和辩解是否符合客观实际、是否真实有很重要的意义。

（四）技术检验法

技术检验法是指勘验人员利用科学技术手段和方法，对现场的痕迹、物品等进行观察、比对，发现提取犯罪痕迹物品的勘验方法。随着犯罪行为人作案手段的多样性以及反侦查意识的增强，很多犯罪现场的痕迹很难利用观察、比对等方法发现，这时就要求勘验人员利用科学技术手段和方法对现场的痕迹、物品进行发现、固定、提取和检验，并对其属性进行定性或定量，从而为侦查破案提供更加科学和可靠的线索和证据。技术检验法在勘验中的运用主要集中在对各种痕迹、物证的发现、固定、采取

和初步检验等环节，多在对痕迹、物品、人身和尸体进行动态勘验时使用。如对尸体死亡原因、时间、手段的分析判断，对手印、指纹的发现、提取和固定，以及对利用数字信号进行网络犯罪等的勘验，这些都是必须利用科学技术手段才可以发现、提取或固定的。

【能力训练】勘验室内现场的步骤和方法

1．实训案例

某警察局接到报案称某办公室被盗。民警赶到现场发现现场室内面积 33 平方米，防盗门及户门均未发现明显破坏痕迹。室内摆放五台办公桌，桌上分别放置一部商用电脑，室内还摆放有一架保险柜，两组书架，一台饮水机，一部悬挂式空调，均未发现翻动或破坏痕迹。四台电脑机箱全部打开，其中三台没有硬盘，机箱没有明显破坏痕迹。侦查员在其中一台电脑机箱内提取出蓝色织物纤维一束，两枚手印。在办公室外楼道和办公室内地面提取各种形状鞋印十种，在机箱内外提取出指纹十五种，在墙上灯开关上提取新鲜指纹一种。现场访问得知，三部电脑硬盘总共价值 15000 元，丢失的技术资料商业价值至少在 500 万元以上。

根据以上案情布置现场，并利用相应的方法进行勘验。

2．实训目的

通过实训，使参训学生重点掌握实地勘验的方法。

3．实训条件设计

（1）实训时间为 3 学时。

（2）学生以 15 人为一组：指挥 1 名、现场保护组 2 名、见证人 2 名、现场访问组 2 名、被访问人 2 名、实地勘验组 3 名、记录人 3 名。

（3）实训场地：学生教室。

（4）器材准备。

现场勘查证、现场勘查箱、痕迹物品勘查箱、法医勘查箱、刑事照相器材、勘查灯、紫外线灯、刑事绘图器材。

4．训练方法步骤

（1）指导教师设置模拟现场。

（2）指挥人员巡视现场，制定勘查方案。

（3）指挥人员对勘验人员进行组织分工。

（4）邀请参加现场勘验的专家和见证人。

（5）保护组人员划定保护范围，设置警戒。

（6）初步勘查、固定现场。

（7）利用相应的方法勘验，在初步勘查的基础上对现场上的各个部位和各种痕迹、物证逐一进行仔细研究，想方设法进行提取。具体表现为寻找、提取痕迹、物证的方法。

（8）制作现场勘验卷。制作现场勘验卷，并写出受训报告。报告内容包括：接报案时间，到达现场的时间；勘查时的分工；勘查的基本方法、步骤、顺序；发现提取痕迹、物证的情况等。

5. 注意事项

现场勘查方法的采用，应根据现场的地理位置、周围环境、范围大小、难易程度，因时因地因人因案因情制宜，灵活运用。

6. 考核方法及其标准

由教师按学生在训练中的表现考核。分为优秀、良好、及格、不及格四个等级。

单元七
现场搜索

项目一　现场搜索的概念、要求和任务

【知识目标】

1. 掌握现场搜索的概念及要求
2. 理解和掌握现场搜索的任务

【能力目标】

培养学生的现场搜索实践的应用能力

【案例导入】

某日上午九时，某公安分局接到群众电话报案，称某液化气厂南侧港池内发现人体尸段。公安分局立即组织人员迅速赶赴现场。

尸段位于液化气港池码头处河中，呈漂浮状，白色，无衣物或包装物附着。技术人员通过对尸段检验，作出以下推断：

(1) 尸段上端至第4.5腰椎间，下端至膝盖以上，腿骨上有明显锯齿痕迹，碎尸工具应为锐器和锯子，凶手不懂生理结构，有可能是在尸僵形成后碎尸；

(2) 死者为女性，有妊娠纹，子宫内无节育环，宫体较大、宫壁较薄，估计死者在遇害前不久曾生产或做过引产手术；

(3) 尸段腹壁及双腿有多处皮下淤血，推断凶手对死者生前有暴力加害行为；

(4) 结合水中环境及浅、深部软组织腐烂程度差，推断死亡时间应为1个月左右；

(5) 综合对耻骨、股骨及骨盆结构的分析研究，判断死者年龄应在25~40岁之间，身高1.58米左右。

通过以上分析，能否查清死者身源、发现第一现场是成功侦破此类案件的关键。随后在指挥人员的指挥下，侦查人员迅速开展如下工作：

(1) 根据尸体确定的死者体态特征，立足城区，辐射周边，逐一排查近期失踪的符合条件的女性；

(2) 对辖区内的沟河、涵洞、垃圾场等处进行搜寻打捞，争取发现其他尸块、包裹物及可疑物品；

(3) 对辖区内的出租屋、空置房进行排查，检查是否有非正常洗涮现象，搜寻杀人第一现场；

(4) 对案发期间停靠在现场周围的水上船只进行排查；

（5）发布认尸公告，召开街道、居委会和村组会议，发动群众提供线索。

最终，侦查人员在排查过程中了解到，某派出所辖区内暂住户李某失踪多日，且体态特征与死者极为相似。经查，李某，女，32岁，身高1.60米，某乡人。李某来此打工已有数年，作风轻浮，先后与多人同居，失踪前不久还曾做过引产手术，案发前一个月外出后至今未回，亦未与家人联系。

根据这一发现，侦查人员围绕李某的社会关系展开工作。在走访中得知，在李某失踪前，一位姓张的男子曾在李某暂住处与李某发生激烈争吵，并扬言如果李某不与其结婚，他就要报复李某。经查，该男子真名是张某，35岁，渔场工人，家住本市，有居所，两年前开始与李某同居，但近期交往趋淡，根据张某同事反映，张某最近一段时间里经常做事走神，表现反常。

对张某实施留置盘问后，技术人员随即对其住宅进行重点勘查，在其卧室内床头靠背、房门边墙、贴脚线等处发现少量喷溅状红褐色斑迹。经检验，现场红褐色斑迹均为人血，且血型与死者一致。最后根据张某的交代，其与李某两年前认识并同居，后因发生矛盾，李某在外租房另住。案发当天晚上，李某到张某家中向其要几千元钱去做生意，两人为此发生争执，第二日凌晨，张某用锤子、老虎钳和水果刀等物将李某杀死，并在当晚伙同其母用菜刀、钢锯等物将李某肢解，分装在三只蛇皮袋后填入砖块，沉入其家南边的河里。

结合本案，请回答以下问题：

（1）侦查人员现场搜索有哪些任务？

（2）侦查人员进行现场搜索有哪些要求？

【知识要点】

一、现场搜索的概念

现场搜索是指在现场实地勘验的过程中，为了寻找、发现遗留于现场外围的与犯罪有关的痕迹、物品、尸体、尸块、赃物、作案工具及隐匿的犯罪嫌疑人而进行的一种查缉活动。现场搜索是侦查人员对现场周围公开搜查的一种形式，是现场实地勘验工作的一个重要组成部分，尤其是在有些案件通过实地勘验没有发现、收集到有价值的痕迹、物品时。侦查人员对现场外围进行现场搜索往往能发现意想不到的案件痕迹、物品，因为很多犯罪行为人往往注意力集中在主体现场，而忽略了外围现场，所以在外围现场一般都会遗留有与犯罪行为人实施犯罪行为有关的某些活动的痕迹和物品，这时现场搜索就显得更加重要了。

《公安机关刑事案件现场勘验检查规则》第71条规定："现场勘验、检查中，应当对现场周围和作案人的来去路线进行搜索和追踪。"由此可知，现场搜索主要是针对现场外围进行的，而现场的外围相对于主体现场而言范围一般都要大一些，单靠侦查人员的力量进行搜索是不够的，所以在实践中往往是在侦查人员的指挥、带领下发动保卫人员、群众、治安积极分子等进行的。

二、现场搜索的要求

现场搜索针对的是现场外围，往往空间范围比较大，搜索困难，甚至会遇到一些危险，所以参与搜索的人员必须按照要求来进行，具体包括以下三点要求：

（1）服从指挥。现场搜索是在侦查人员的指挥带领下，发动保卫人员、群众、治安积极分子进行的，为了保证有效完成搜索任务并兼顾自身安全，参加搜索的人员必须要听指挥人员的安排，认真负责地完成所分配的任务，切忌自行决定搜索范围或者擅自扩大或缩小范围。而且参与搜索的人员之间要密切配合，遇到疑难问题不得单独或者擅自进行搜索，应立即请示指挥人员。

（2）因地制宜。现场搜索虽然是对现场外围进行搜索的，但具体到每个案件，不同的现场外围要具体情况具体分析。有的案件根据目击者或被害人的陈述可能具备了搜索的条件，则应及时组织力量展开搜索，有的案件根据目击者或被害人的陈述，或者根据对主体现场痕迹、物品的表面分析不具备现场搜索的条件或者没有必要进行搜索的，则不必展开搜索。所以是否进行现场搜索要重点考虑到现场环境、搜索对象和案件性质，采取有针对性的搜索措施。

（3）认真仔细。现场搜索目的是搜索与犯罪有关的痕迹、物品，这就决定了现场搜索不是一件简单的工作。参与现场搜索的人员必须对自己负责的区域认真仔细，一丝不苟地进行搜索，不得马虎应付，不得遗漏重要的痕迹、物品，不放任何过蛛丝马迹，尤其是在搜捕犯罪嫌疑人时，应提高警惕，反应灵敏，防止犯罪嫌疑人行凶、自杀、逃跑或毁灭证据。

三、任务

《公安机关刑事案件现场勘验检查规则》第 72 条对现场搜索的任务作了明确规定，具体包括以下几个方面：①搜寻隐藏在现场周围或者尚未逃离的作案人；②寻找与犯罪有关的痕迹、物品等；③搜寻被害人尸体、人体生物检材、衣物等；④寻找隐藏、遗弃的赃款赃物等；⑤发现并排除可能发生危害安全的隐患；⑥确定作案人逃跑的方向和路线，追踪作案人。

【能力训练】现场搜索任务

1. 训练目的

理解和掌握现场搜索的要求和任务，并能在具体案件中加以运用。

2. 训练说明

结合训练案例，掌握现场搜索的任务。

3. 训练案例

在某公园湖内发现一具男尸，呈俯卧状，两腿蜷曲在水中，臂部和少许头发露出水面，侦查人员在对现场原始状况进行了固定方位拍照后，将尸体捞出，并对现场周围进行了仔细搜索。在尸体旁边发现一个男式背包，同时在紧靠现场的东墙墙角发现三个短细的纤维麻袋。经检查，背包主人名为张某，男，25 岁，为该市某公司员工，住在某小区。

项目二　现场搜索的范围、方法和步骤

【知识目标】

1. 掌握现场搜索范围及方法

2. 理解和掌握现场搜索的具体步骤

【能力目标】

培养学生对现场进行搜索的能力

【案例导入】

某日上午8时民警接到报案称住在某工厂后院的陈某家发生盗窃案。现场位于某鞋厂后院临街的平房内，该院主要用于存放鞋成品，陈某的宿舍在后院的南部，此后院只有陈某一家人住。据陈某陈述，其早晨下夜班7时半到家时发现房门被撬，家里被翻得乱七八糟，存放现金及存款单据的抽屉被撬，丢失现金2000元。现场没有发现陌生人指纹。

侦查人员对现场周围进行搜索。在后院临街墙下发现一张旧饭桌，桌上有4枚模糊的皮鞋印，在通往院墙的路上也发现2枚皮鞋印，工厂大门锁完好无损，在通往工厂大门的路上发现四枚皮鞋印以及四个短烟头。

结合本案，请回答以下问题：

（1）现场搜索的范围应有哪些？

（2）现场搜索有哪些方法？

【知识要点】

一、现场搜索的范围

现场搜索的范围一般应依据案件的性质、所确定的目标和现场的地理位置、地形地物、周围环境等，结合现场访问和现场勘验获得的材料和结果，以及犯罪行为人的一般心理特点等具体情况来确定。实践表明，一般情况下，犯罪痕迹、物品遗留最多的地方往往是主要犯罪行为的发生地、犯罪现场出入口和犯罪行为人所必经的路线，通常这些地方是现场实地勘验的中心和重点。根据现场发生的案件性质以及有关情况，分析犯罪行为人在前往现场和逃离现场过程中可能行走的路线，以及有可能抛弃或隐藏赃物、作案工具或其他物品等可能的场所，这些场所应是现场搜索的范围。如搜索某个未来得及逃远的犯罪嫌疑人，应根据具体情况确定搜索范围，如果是在城市里则应以中心现场附近的公园、车站、仓库、码头、垃圾箱等为搜索的重点，如果是在农村则应以中心现场附近的山林、庄稼地、山洞等为搜索的重点，如果有多个现场，还应当把连接这些犯罪现场的路线及区域纳入搜索的范围。同时，除了要依据搜索的具体目标、现场位置和环境外，还应当结合现场勘查所取得的材料以及犯罪行为人的心理活动情况来确定搜索范围。现场搜索的范围一般应把握宜大不宜小的原则，当然，也要根据具体案件情况来确定。搜索范围过小可能会遗漏某些痕迹、物品，如果范围过大，可能会造成不必要的浪费，尤其是在人力、物力比较紧缺的情况下，过大地划定搜索范围显然不切合实际。

二、现场搜索的方法

现场搜索的方法应当根据搜索的目标和范围、现场地形、天气情况以及参加搜索的人员的不同，采取不同的搜索形式。常见的搜索模式主要有以下七种：

（一）直线搜索法

直线搜索就是将犯罪现场划分为一系列的线形或条形区域，并将该区域划分成矩形，搜索小组成员以一定的间距排成直线，通常是一臂左右的距离，再沿着直线进行搜索的方法。这种方法适用于大面积区域的搜索。

实践中根据犯罪现场情况和搜索人员的人数将直线搜索分为单向推进搜索法和相向推进搜索法两种。

单向推进搜索法。按照划定的搜索范围，将参加搜索的人员按一定距离一字排开，同时从一端搜向另一端（图 7－2－1）。

图 7－2－1　单向推进搜索法

相向推进搜索法。按照划定的搜索范围，将参加搜索的人员分成两组从搜索范围的两端按照一定距离一字排开，同时从两端向中线相向搜索，直到两组人员汇合（图 7－2－2）。

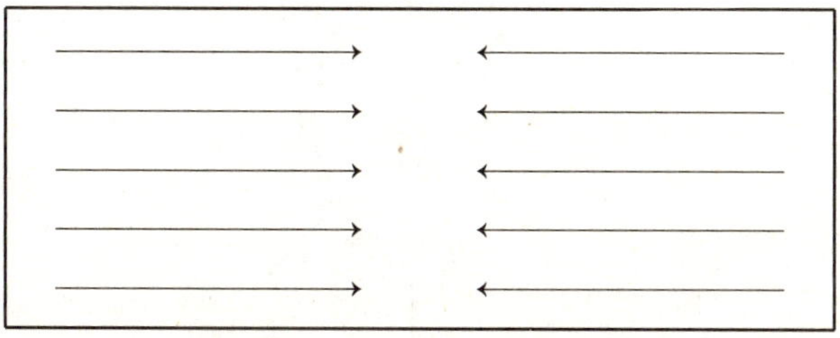

图 7－2－2　相向推进搜索法

（二）螺旋式搜索法

螺旋式搜索就是将现场视为一个圆形区域，以现场中心为起点，以一定距离宽度向现场外缘逐层铺开进行的搜索；反之，从现场外缘逐层向现场中心旋转收缩也可。这种搜索形式较适用于某些特殊的地形地貌。

（三）辐射式搜索法

辐射式搜索就是以搜索中心为起点，搜索线路呈放射状向四周延伸的搜索方式。这种搜索方式将搜索人员集结到搜索中心，然后分头向四周搜索出去，直接搜索范围的外沿（图 7－2－3）。

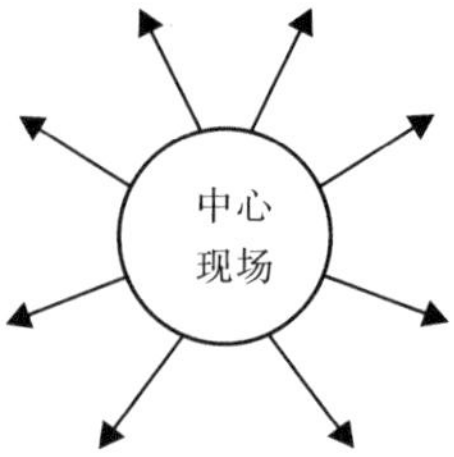

图 7-2-3　辐射式搜索法

（四）分片分段搜索法

分片分段搜索就是按照搜索区域的自然分界，从边缘开始，或者沿着犯罪行为人行走的路线，逐片、逐段进行搜索（图 7-2-4）。

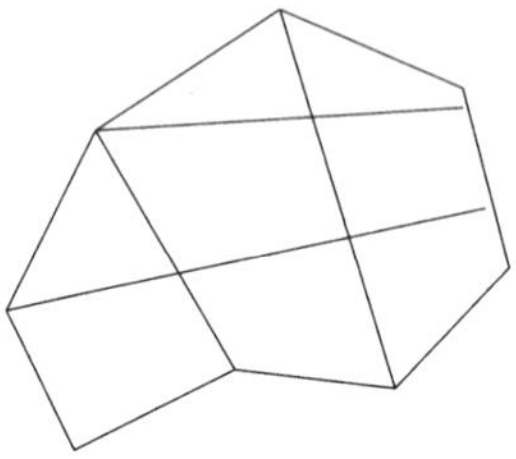

图 7-2-4　分片匀段搜索法

（五）包围式搜索法

包围式搜索就是搜索人员对范围不大的现场采取四周包围，步步向中心现场收缩，以发现搜索目标的方法（图 7-2-5）。

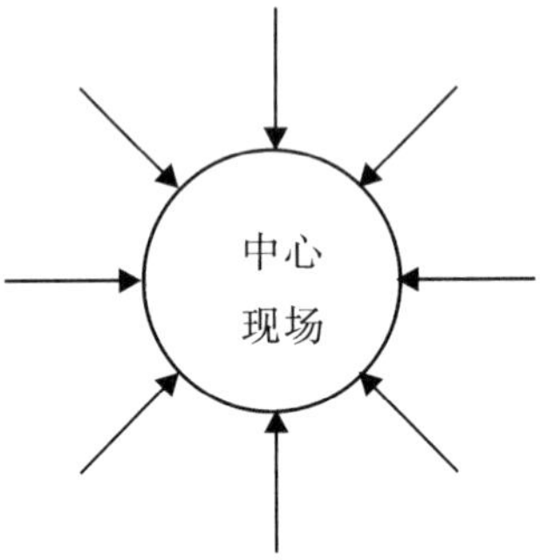

图 7-2-5　包围式搜索法

（六）格式搜索法

格式搜索就是将搜索范围纵横交错划分为若干格状地域，搜索人员可先按照横条进行搜索，再按照纵条进行搜索，直至将整个区域交叉搜索一遍的方法（图 7-2-6）。

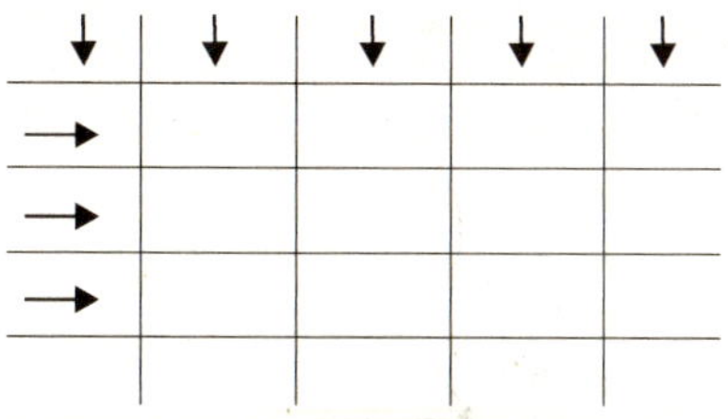

图 7－2－6 格式搜索法

（七）警犬搜索法

警犬搜索就是根据警犬对气味的鉴别能力，由警犬引路有方向地进行搜索。现场勘查中，在明确搜索目的和对象，确定搜索的范围和重点的基础上，熟悉搜索区域、场所的环境情况，利用警犬分别采用相应的方法进行搜索。

三、现场搜索的步骤

现场搜索成功与否直接关系到整个现场勘查工作的进行，充分周密的准备工作是顺利完成现场搜索的重要保证。一次完整的现场搜索工作应包括以下三个方面：

（一）准备工作

1. 明确现场搜索的目的。根据案件情况不同，现场搜索的目的也不同。有的是搜索与犯罪有关的痕迹、物品，有的是搜索可能隐匿在周边的犯罪嫌疑人，有的可能是搜索尸体、尸块等，所以在进行搜索之前一定要明确搜索的目的，做到心中有数。

2. 确定搜索对象的有关特征和情况。根据现场勘验和侦查破案的需要，确定现场搜索中被搜索对象的有关特征和情况。如对犯罪嫌疑人进行搜索，首先要明确犯罪嫌疑人的性别、年龄、身高、体态、衣着、人数是否受伤等特征和情况，这样才能确定正确的搜索方法，做到有的放矢。

3. 确定参加搜索的人员。现场搜索应当由侦查人员负责进行，如果搜索范围比较大，现有的警力不足，可以调动其他公安民警、保卫干部、武警战士等协助侦查人员进行搜索。现场搜索根据搜索目的、区域大小和复杂程度来确定参加人员。分配时一定要优化参加人员的结构，从年龄、经验、专业等方面进行合理搭配，尽可能选择具有搜索经验的或者经过专门训练的人员参加。与案件有利害关系的人员不得参与搜索，以防止其破坏、毁灭证据。

4. 确定搜索范围和重点。现场搜索的范围和重点一般应根据搜索对象和现场的地理位置、地形地物、周围环境等为依据来确定。作为参与搜索的人员必须要明确搜索范围的大小以及搜索的重点，做到有的放矢。

5. 准备搜索所需的器材。搜索必须有一定的物资设备才能保证成功，尤其是对于一些痕迹、物品的搜索，所以现场搜索应根据具体的搜索目标和环境，准备必要的武器、器材和设备。一般情况下，需要的器材有照明工具、通讯工具、照相摄像器材、探测工具、打捞工具、攀登工具、枪支器械、交通工具等，若是在较大范围的密林和深山进行搜索时，应准备指南针、地图、帐篷、药品、食品等。

（二）实施搜索

根据各自的分工，搜索人员按照恰当的方法及时开展搜索。如果搜索的目标或范围不够明确，搜索人员应当采取相应的搜索方法如辐射式或螺旋式从现场中心向外围扩展推进，寻找踪迹。如果搜索过程中发现可疑情况，应立即停止搜索并进行处理，或是报告指挥人员，等待下达命令后再作处理。

（三）结束搜索

是否结束搜索，由指挥人员或现场勘验负责人根据现场搜索的时间和结果来决定。结束工作首先是汇总情况，即各搜索人员将自己搜索的结果或在搜索过程中发现的情况如发现的痕迹、物品等向指挥人员进行汇报，指挥人员记录、汇总情况并进行处理；其次是提取并保存搜索中所发现的痕迹、物品。

【能力训练】现场搜索范围的确定以及方法的选择

1. 训练目的

理解和掌握现场搜索的范围及方法，并能在具体的案例中加以运用。

2. 训练要求

结合训练案例，分析确定现场搜索范围的依据及搜索方法。

3. 训练案例

有村民报案称有人受伤，民警迅速赶到现场。现场位于某村马路上，现场有一台12马力的拖拉机，车灯玻璃上有裂纹，下面有撞击点，车头前部有大量血迹，车厢里有3根檩条，中间的檩条上血量比较大，形成血泊，檩条下仰卧着一具尸体，男性，25岁左右。拖拉机旁边有一辆自行车，后轮严重毁损，车旁边发现有一个带血的手动摇把。现场周围并没发现遗留的痕迹、物证。经法医鉴定，死者头后部有一个伤口，系钝形物体打击形成。经村民辨认，死者系村民张某。

侦查人员沿着死者张某家到案发现场一路搜索，在距现场200米的路边10米深的沟底又发现一具尸体。死者男性，伤口位于头部，共有18处，手腕上有一块手表，表盘已破碎，指针指在8点20分。死者身上有特殊类型的创口，类圆形形状，两边间断，经分析系现场手动摇把打击所致。脖子上勒着一条黄色围巾，周边的草呈倒伏状，在现场发现两个鞋印，在周边进行搜索，发现在距该尸体10米远的草丛中有一双男式毛毡鞋。侦查人员将现场足迹制成模型，分析犯罪嫌疑人年龄在20~25岁之间，身高在1.60~1.65米之间，体态较瘦。

项目三　现场搜索中的追踪、盘查和缉捕

【知识目标】

1. 理解和掌握现场搜索中追踪的方法
2. 理解和掌握现场搜索中盘查和缉捕的方法

【能力目标】

1. 培养学生进行现场搜索的追踪能力
2. 培养学生进行现场搜索的盘查能力
3. 培养学生进行现场搜索的缉捕能力

【案例导入】

警方接到有人报案称发现一辆被烧毁的出租车，刑警支队立即组织民警赶赴现场。现场位于某公园入口处，被烧毁的车辆头北尾南，正对公园入口。车头距大门40米，左前门敞开，右前、右后门紧闭，车身颜色无法辨认，无明显碰撞痕迹，车牌号为“E—XXXX”，车厢内没有发现对侦查有价值的东西。车辆周围未发现搏斗痕迹以及其他物证。据一名目击者称：案发当时看到有一名穿着运动服的男性在现场停留了几分钟，之后跑向公园里面。办案人员立即组织人员循迹追踪。同时侦查人员利用车号很快查明：被烧毁车辆车主是朱某（男，35岁，家住某小区），案发前一天出车离家后失踪。案发后据一位男士反映，案发前一天下午，他曾在某陵园后门山路上见过此辆车。

陵园后门与公园相距5公里，办案人员决定围绕陵园与公园寻找失踪人朱某。办案人员在警犬驯导员的协助下，利用警犬对陵园进行搜索，在半山小路上发现一摊血迹与带血石块，离血迹30米左右的山坡上有一个垃圾场。搜索垃圾场，在入口处发现一堆松土，警犬对松土反应特别兴奋。勘查人员到达现场后，挖掘垃圾场入口处的松土，发现了一具男尸，经辨认认定死者就是朱某。经法医鉴定，死者头部被钝器打击形成开放性颅脑损伤，从颅骨的损伤形态判断凶器具有圆形打击面，直径25厘米，可能是锄头之类的工具。手足皮肤划伤，呈细条状，排列不整齐，符合现场植物叶片损伤特征。痕迹勘验人员还发现埋尸坑壁上的挖坑痕迹的宽度是14厘米。死者头发、衣裤上粘有许多植物种子。

结合本案，请回答以下问题：

（1）现场搜索中追踪有哪些方式？

（2）现场搜索中警犬追踪需要注意哪些事项？

【知识要点】

一、追踪

（一）追踪的步骤

通过追踪可以发现犯罪嫌疑人的来去方向或犯罪后的遗留的痕迹、物证，为侦查破案提供线索或证据。追踪一般根据以下步骤进行：

1. 确定原踪

原踪又称底踪，即犯罪嫌疑人遗留在现场的脚印和步法痕迹。确定原踪是追踪工作的基础。正确地确定原踪是追踪成功的首要环节。

2. 认定特征

认定特征即指在确定原踪的基础上，对现场的犯罪脚印特征和步法痕迹特征进行全面观察、测量和分析研究，以认定原踪的特征。具体表现为认定脚印特征，根据现场成趟脚印测量出步长、步宽及步角的大小，确定步幅类型，准确判定起、落、碾三个阶段出现的步态痕迹特征，特别要注意认定有无扫痕、划痕、擦痕等，并确定特征的位置、大小及相互关系。

3. 寻迹追踪

寻迹追踪就是寻找踪迹，向现场之外或向前追缉犯罪行为人。常用的方法有：第一，根据现场犯罪行为人遗留的脚印和步法痕迹特征，到现场外围去寻找与现场具有相同特征的脚印和步法痕迹，如果寻找到相同的，便可据此接上踪，继续向外追缉犯罪行为人；第二，如果现场脚印被破坏，可根据犯罪行为人所使用的交通工具留下的痕迹发现和认定犯罪行为人的脚迹，确定特征；第三，根据脚印和步法痕迹特征，刻画犯罪行为人的形象，沿途访问群众向前追缉；第四，根据承痕体被踩踏变动的迹象接踪，如可以根据杂草的倒伏方向来分析踪迹。

（二）追踪的种类

一般情况下，将搜索中的追踪分为循迹追踪和警犬追踪。

1. 循迹追踪

循迹追踪是指在现场搜索中，对人的足迹、动物蹄迹和交通工具痕迹以及拖拉、滴落等痕迹的追踪，其中最常见的就是对人的足迹和交通工具痕迹的追踪。

对痕迹进行追踪前应当首先明确痕迹是否与案件有关，是否是犯罪行为人所留。其次应对痕迹的特征进行观察分析，了解特征后再对其进行循迹追踪。一般情况下循迹追踪采用徒步方式，如果范围较大，也可以采用徒步与交通工具相结合的方式进行追踪。

2. 警犬追踪

警犬追踪即利用警犬发达的嗅觉能力对发现的痕迹、物品进行追踪。警犬是公安机关选择的良好犬种，经过训练，用于侦查破案和安全保卫的工作犬，警犬具有发达的神经系统和高级神经活动机能，有敏感的嗅、视、听等分析器官，有较强的分辨能力。

警犬的工作对象是气味，所以首先要保证嗅源准确、有效，这是使用警犬的物质条件。在正常条件下，气味一般可以保留 24 个小时，但在风、雨、雪天气条件下，气味消失得很快，有时只能保留几个小时，所以对于搜索人员来讲首先应抓住时机在第一时间及时使用警犬。

在使用警犬追踪前需要做好以下五个方面的工作：

（1）认真勘查现场，发现和确定嗅源。每个人都会因其新陈代谢的强度、生活习惯、饮食嗜好、社会职业等不同而形成各自不同的气味，即每个人的人体气味具有个体性，所以在现场勘查中首先应发现犯罪行为人遗留在现场的气味。一般情况下应根据犯罪行为人遗留在现场的各种遗留物、排泄物、分泌物、体液、人体分离物以及犯罪行为人在作案时因接触现场物体而遗留的各种痕迹来发现犯罪行为人的气味。

（2）准确掌握追踪的起点。追踪的起点是指确定嗅源后警犬驯导员指令警犬开始进行追踪的地点，它直接关系到追踪的正确性。确定嗅源后，警犬驯导员指令警犬反复充分感受嗅源的气味，辨别异味，然后让警犬寻找踪迹。

（3）保持警犬正常的兴奋性。警犬的兴奋性是否正常对搜索结果有很大影响，兴奋性偏高或偏低对搜索都不利。要想让警犬保持正常的兴奋性，首先在嗅闻嗅源之前应让警犬停止其他活动，不使其接触任何人员和物品的气味，然后让其自然地嗅闻嗅源，充分感受嗅源的气味，产生高度兴奋，再进行追踪、鉴别、搜索，并始终保持警犬兴奋的正常状态。

(4) 密切掌握途中追踪动向。警犬追踪时，训导员要细心观察周围环境、地形地物和警犬表现，随时注意分析警犬追踪的方向是否正确，有无异常反应和表现。训导员在利用足迹和车辆痕迹进行追踪时一定要准确分析这些痕迹的明显特征，以便在追踪过程中进行辨认或接踪。当追踪方向正确或发现新的痕迹、物证时，应及时给予警犬适当的“奖励”，以保持或激发警犬在追踪中的兴奋性。

(5) 追踪终点的处理。警犬直接追踪到犯罪嫌疑人后，要注意寻找犯罪嫌疑人可能隐埋的罪证。如果没有新的发现，追踪到此结束。警犬追到赃物、赃款或其他罪证后，如果不能继续追下去可以到此为止。警犬追进村庄或院内、楼内，不能继续追下去的，也可以到此为止。不论何种情况，一旦终止就要及时报告指挥人员，经过分析，作出追踪结论，做好追踪记录。

二、盘查

般查是在现场搜索中对于某些可疑人员或特定区域的人员，通过盘问和检查，以确定其是否是犯罪嫌疑人的一项侦查措施。

(一) 盘查对象

案件类型和性质的不同决定了盘查的对象也不同，具体包括：

(1) 在搜索范围内滞留的人。

(2) 身份可疑的人。不提供真实姓名的，住址、身份不明的，身份证与本人不符的，持有多个身份证或身份证明的人等。

(3) 体貌可疑的人。体貌与被害人或事主所提供的犯罪嫌疑人的体貌特征相似，有意遮掩面部或进行化妆改变原来面目、体态可疑的人，面带疲劳或惊恐的人，身上有外伤或身染血迹、污痕的人等。

(4) 行为举止可疑的人。偷窥居民区、商场或银行的人，见到警察就躲闪，表情惊慌、快步离开或突然逃跑的人等。

(5) 携带可疑物品的人。携带看似作案工具的人，携带大量现金或贵重金银首饰或有价证券的人，带着包裹遮遮掩掩、怕动怕碰的人，携带有某种管制刀具和枪支武器的人等。

(6) 其他可疑人员。活动时间、活动地点可疑的人，驾驶可疑车辆的人等。

(二) 盘查的步骤和方法

(1) 告知。当搜索过程中发现可疑人员时，搜索人员应公开警察身份，让其停下站住。

(2) 人、物分离。发现携带包裹的可疑人员，必须首先把可疑人员与其携带的包裹分开，防止可疑人员趁机使用装在包内的武器行凶顽抗。

(3) 有针对性的盘问。对可疑人员盘问时要从现场和案件情况入手，紧紧围绕盘查对象的身份、活动情况、随身物品等情况来进行。

(4) 仔细检查携带物品。通过问话发现有可疑之处的，应进一步仔细检查其携带的物品，要时刻保持警惕性，防止可疑人员进行人身攻击。

(5) 盘查后的处理。完成盘查后，对于经过盘查与案件无关的人员应立即放行，如经过盘查发现其与案件有关或者就是犯罪嫌疑人的，应当场扣留。

三、缉捕

缉捕是在现场搜索中发现犯罪行为人或犯罪嫌疑人时对其进行抓捕的行为。在缉捕过程中随时会出现被缉捕的人反抗、行凶或自杀的情况，所以参加缉捕的人员一般应是侦查人员和武警人员。由于缉捕的地点不同，所以具体分为以下两种：

（一）闹市区的缉捕

如果在环境复杂，人群稠密，车辆行人来往频繁的闹市区进行搜索发现犯罪嫌疑人时，应采取以下方法进行缉捕：

（1）引诱缉捕。采用示形用诈的方法，根据犯罪嫌疑人的性格特征、需求以及现场实际情况采用相应的引诱方法将被缉捕对象引诱到布置好的地点再将其捕获。

（2）夹击缉捕。缉捕人员利用便衣伪装，分别处于被缉捕对象的前后位置，近距离实施前后夹击。

（二）野外的缉捕

如果在荒野、山区、丛林等人烟稀少、视野开阔、道路复杂的野外追踪时发现可疑人员，应采取以下方法进行缉捕：

（1）张网守候。在被缉捕对象所处的地点或有其可能进入的区域布置警力，设下埋伏，待其进入后伺机将其抓捕。

（2）伪装跟踪。在野外环境追捕中如果可以确认被缉捕对象的，可采取化妆尾随跟进的方式，伺机接近并将其抓获。

【能力训练】现场搜索的方式

1. 训练目的

理解和掌握现场搜索的方式，并注意在具体案件中现场搜索方式的选择。

2. 训练要求

阅读训练案例，掌握现场搜索的方式及重要性。

3. 训练案例

居住在某村的黄某接到一名男子的电话，问黄某是否有房出租，想看看房子。黄某答应后打电话回家让妻子张某下楼带人看房子，十分钟后黄某接到邻居陈某电话称张某可能出事了。黄某打妻子电话无人接听后立即跑到村治安办叫了两名保安回家看个究竟，两名保安走在前面，黄某跟在后面。三人刚上楼就遇到两名持刀歹徒，遂双方展开搏斗，两名歹徒向两名保安腹部等部位刺了多刀后夺路下楼逃跑了。黄某立即下楼将两名保安及倒在二楼房内的妻子送往医院，三人均因抢救无效死亡。

通过深入走访群众，一名拉客的摩托车驾驶员反映当天下午6时左右在某地载了一名上身赤裸，右手掌有白布包扎的男青年在甲地下车，该名男子的情况和特征与现场勘查获取的情况吻合。

现场分析这是一起有预谋、有准备的入室抢劫杀人案件。作案人数两名，均为男性，年龄25岁左右，一名身高1.70米左右，体态较瘦；另一名身高1.65米左右，肤色较黑。作案人行凶时可能受伤，并且逃离现场不远。

指挥人员根据其中一名作案人员逃跑时上身没有穿衣服、天色已黑，可能尚未跑远的情况，决定在整个村子通往各地的大小路口设卡进行堵截。同时动员甲地的村民配合公安机关对其进行追捕。根据作案人受伤情况调派警犬对案发现场周围、案犯逃跑路线以及某些通往外界的路口进行追踪搜索，最终将案犯抓获归案。

单元八
现场痕迹物品的发现和提取

项目一　犯罪痕迹、物品的概述

【知识目标】

1. 掌握犯罪现场痕迹、物品的概念及意义

2. 理解和掌握犯罪现场痕迹、物品的种类

【能力目标】

1. 培养学生对现场痕迹种类的辨别能力

2. 培养学生对现场物品种类的辨别能力

【案例导入】

公安机关接到电话报案：叶某报警称自己的男朋友张某失踪，并发现张某的住处情况可疑。接警后民警赶赴现场，现场位于某小区5号楼401室。现场系一室一厅一厨一卫结构，卧室床头柜及床褥染有血迹，墙壁上有刮裂和新粉刷痕迹，情况可疑。据叶某陈述，其在案发前一天打电话给张某，但手机一直关机，张某工作单位同事说张某没有上班，也没有请假。第二天叶某来到张某住处敲门，张某没有回应。之后叶某觉得很可疑，便利用之前张某给自己的钥匙开门进入张某的住处，没有见到张某，但看到有可疑情况便报警了。

经过分析，专案组认为可能是凶杀案，遂分别组织人员进行侦查。首先对现场进行了细致的勘查勘验，现场门、窗、锁完好，未被破坏，无撬压或攀爬痕迹，卧室保险柜的门是开着的，里面空无一物。卧室床头柜及床褥染的血迹经过检验是A型，卧室、厨房无痕迹和血迹，卫生间蹲厕缝隙有血迹，经鉴定和床头柜及床褥上的血迹血型相同。第二，对现场周围展开深入调查访问，得知张某系某公司的会计，为人老实本分，人缘很好。案发当天邻居没有听到任何可疑声音。同时据张某家人称，前一天张某去银行取了3000元，准备第二天交给家人。对张某的存折进行清查发现张某的确在案发前一天到银行取过3000元钱。第三，对张某的社会关系进行调查。在播放安装的监控录像时发现案发前一天和当天均有一名年轻男子多次进出401室，并且随身携带包裹、行李箱等物品，神态、形迹可疑。警方组织张某的亲人朋友对该可疑男子进行辨认，发现该可疑男子系张某的朋友蒋某。专案组马上对蒋某进行严密布控。同时接到某分局报告称发现烧焦尸块。通过对尸块进行鉴定，确定该尸块与失踪的张某年龄符合。经过侦查和审讯，蒋某交代了抢劫杀害张某的犯罪事实：案发当天下午3时

蒋某和女朋友小马一起到张某住处看影碟，晚上6时小马离开张某住处上班，蒋某一个人继续看碟，张某此时在卧室睡觉。蒋某之前听张某对自己说取了3000元的事情，便产生抢劫张某的念头，于是去厨房取了一把菜刀，用刀顶住张某的颈部进行抢劫，威逼张某讲出保险柜的密码，张讲出密码后进行反抗，蒋某用菜刀猛砍张某胸部一刀，将张某杀害，抢走保险柜内的3000元人民币和手机一部。之后为了毁尸灭迹，蒋某把张某尸体拖到卫生间碎尸，用菜刀将张某头部、四肢、躯干共碎成十块，因担心张某的容貌被认出，蒋某将张某头部放进微波炉烤烘毁容。分别在某河段抛下头部及手臂尸块，将张某的衣物和其他尸块抛到某公园附近，用五瓶天那水焚尸，并将手机抛到山边。之后专案组在以上地方找到了尸块和手机等。

结合本案，请回答以下问题：

（1）现场痕迹有哪些种类？

（2）现场物品有哪些种类？

【知识要点】

一、现场痕迹物品的概念

一般意义而言，任何事物运动都会留下相应的印象或迹象，这些印象和迹象我们称为痕迹。有犯罪行为发生的刑事案件现场必然存在与犯罪有关的痕迹、物品。现场勘查是获取这些痕迹、物品的重要方法。对现场痕迹、物品发现、提取，既是实地勘验的主要工作内容，更是侦查工作得以顺利进行的重要保证。

（一）痕迹的概念

由于犯罪痕迹所反映的对象不同，用以解决的问题不同以及解决问题的方法手段不同等原因，犯罪痕迹分为广义和狭义两种。本章所要讲的是狭义的痕迹，指与犯罪有关的能证明案件真实情况的各种反映形象，一般是由于人与人、人与物或物体与物体之间相互作用产生的。

（二）物品的概念

物品是指与犯罪有关的能够证明案件真实情况的各种实物。与犯罪有关的物品是客观存在的事物，是与案件存在某种联系的事物，并且是对证明案件有实际意义的客观事物。这些物品一经收集保全，就可以在很长时间内保持其原有形态，成为证明案件事实的有力证据。

二、现场痕迹、物品的分类

（一）现场痕迹的分类

1. 按痕迹的表现形式将痕迹分为平面痕迹与立体痕迹，静态痕迹与动态痕迹以及潜在痕迹与显见痕迹。

（1）平面痕迹与立体痕迹。

平面痕迹是承受客体受到造型客体作用时表面不发生塑性形变，仅导致接触面发生介质转移而形成的痕迹，如水杯上的无色手印；立体痕迹是指承受客体受到造型客体作用时表面发生塑性形变，形成的三维状态痕迹，如橡胶泥上有立体感的手印。

（2）静态痕迹与动态痕迹。

静态痕迹是造型客体与承受客体接触部位不发生相对位移而形成的痕迹；如印压作用形成的痕迹。动态痕迹是造型客体与承受客体相互作用，是接触部位发生相对位移（滑动）状态下形成的痕迹，如使用工具时因擦划作用与客体形成的痕迹。

（3）潜在痕迹与显见痕迹。

潜在痕迹是指在通常条件下，仅凭肉眼无法观察到，必须利用仪器或某种特殊显现方法才能观察到的痕迹，如遗留在纸张上的汗液、手印等；显见痕迹是指在通常条件下，用肉眼就能直接观察到的痕迹，如血手印等。

2. 按痕迹特征所反映的内涵将痕迹分为形象痕迹、整体分离痕迹和动作习惯痕迹。

（1）形象痕迹。

形象痕迹指两个客体相互接触时造型客体的外表形态在承受客体上造成的反映形象，如鞋印所反映的鞋底大小、形状、磨损等特征。

（2）整体分离痕迹。

整体分离痕迹是指完整客体被分离后，在分离边缘上所保留的相互吻合的形态，如一张纸被撕开后，分离边缘所呈现的形态。

（3）动作习惯痕迹。

动作习惯痕迹是指反映人或动物在运动中习惯动作特点的痕迹，如足迹中反映出人的步法特征、动物的蹄迹特征。

3. 按造痕客体的种类，现场痕迹可分为人体痕迹、动物痕迹和物体痕迹。

（1）人体痕迹。

人体痕迹指人身体的某部位作用在承受客体上反映出人体接触部位形态结构特征的痕迹，如牙齿痕迹、手印等。

（2）动物痕迹。

动物痕迹指动物身体的某部位作用在承受客体上，反映出动物身体接触部位形态结构特征的痕迹，如动物的爪印、齿痕印等。

（3）物体痕迹。

物体痕迹指物体如工具、枪械等的某些部位作用在承受客体上，反映出造型客体接触部位形态结构特征的痕迹，如枪弹痕迹、车辆轮胎痕迹等。

（二）现场物品的分类

（1）一般物品。是指以其外部形态特征、字迹特征或者物质属性、存在状况等来证明与案件有关事实的客观存在的物体，如作案工具、凶器等。

（2）书面材料。指以记载的内容和表现的思想证明案件真实情况的书面材料或其他物质材料，如发票、数字、符号等，现场有些物体同属于书面材料和一般物品。如在现场发现一份合同，从其内容的证明作用来看属于书面材料，从合同上签名的字迹特征所起的作用来看又属于一般物品。

（3）视听资料。指以录音、录像、电子计算机或其他高科技设备所储存的信息来证明案件真实情况的资料，如案发现场上安装的视频监控录像等。

（4）微量物质。指能证明案件真实情况的各种细微物质，如金属碎屑、毛发、木屑等。

三、现场痕迹、物品在侦查中的作用

（一）作为鉴别书面证据的可靠依据

有些被害人或证人由于生理、心理原因或客观环境以及社会因素等影响，可能会在作被害人陈述或证人证言的过程中，作出一些与案件事实不符的虚假陈述或伪证。为了鉴别这些书面资料是否真实，可将在现场收集到的犯罪痕迹、物品与之比较审查，确定两者之间是否有矛盾或是否协调一致，从而验证书面资料的真实性和可靠性。所以，现场痕迹、物品是鉴别书面资料的可靠依据。

（二）是现场分析的依据

为了确定侦查的方向以及范围，侦查人员在现场勘查结束后往往会对案件进行分析，分析的依据是犯罪现场上的各种痕迹、物品。其原因是现场上的痕迹、物品本身蕴涵着与犯罪事实有关的信息，所以，侦查人员通过对现场的痕迹、物品所提供的信息进行分析就可以确定案件的性质、作案方式、作案过程等案件事实内容。

（三）是刑事证据的重要组成部分

《刑事诉讼法》第 48 条规定："可以用于证明案件事实的材料，都是证据。"其中规定证据有八种，包括了书证、物证和视听资料等，其中物证就是指能够对案件起证明作用的各种物品和痕迹，所以经过收集并查证的痕迹、物品是刑事证据的重要内容。

【能力训练】现场痕迹、物品种类辨别

1. 训练目的

掌握现场痕迹、物品的概念及种类，并能在实践中加以运用。

2. 训练要求

阅读训练案例，分析现场上痕迹、物品的种类。

3. 训练案例

某职业学院语音室音像器材被盗。作案人剪断窗户栏杆的焊条后撬开铝合金栏杆，翻窗入室，在窗户边沿发现有攀爬痕迹。语音室四周铺有地毯，中间地面为花岗岩，正中央有三排桌子，上方 200 厘米处的投影仪被盗，有一个电源插座，房屋一角有一个调音台，旁边有一张移动过的木扶手布艺沙发，在木扶手上发现几枚手印。

项目二　现场痕迹的发现和提取

【知识目标】

1. 理解和掌握现场痕迹的范围
2. 熟悉和掌握各种现场痕迹的提取方法

【能力目标】

1. 培养学生发现、提取手印的能力
2. 培养学生发现、提取足迹的能力
3. 培养学生发现、提取工具痕迹的能力

4. 培养学生发现、提取枪弹痕迹、交通工具等痕迹的能力

【案例导入】

民警接到报案后，立即赶到现场，发现在某高速路段桥下的涵洞有一具被焚烧的尸体，铁丝捆着脚腕，只剩下脚部能看清楚，其他部分已经烧黑，人已死亡。尸体是被淋上汽油点燃的，民警赶到现场时躯干部分已被焚毁，除头部、右手和左右脚踝关节以下有一些组织残留外，其他部分已被碳化、塌陷及粉碎。经鉴定，死者为男性，1.75 米左右，年龄 18 ~25 岁之间。尸体检验头部至少有 7 处钝器敲打伤口，颅骨整体变形，粉碎性骨折，颅脑重型损伤，分析系斧锤之类的钝器连续击头部致死。在尸体旁边没有发现大量血迹，尸体被棉布包裹，铁丝捆绑并有明显的人为处理痕迹。尸体上侧发现一把钥匙，上面有“固力”字样，尸体臀部下侧发现一把钥匙，上面有“保德安”字样，死者衣服上的多数金属纽扣没有被烧毁，上面有几个英文标志，纽扣外侧正面有“JAKEJONSE”字样，套在死者头上的黑色塑料袋印有白色的“环保降解”和“中国环境保护”字样，死者脚上皮肤较为光滑、干净，脚趾甲剪得很整齐，无任何茧，据分析应该不是从事体力劳动的人。为了搜集更多的痕迹、物品，指挥人员组织人员对现场周围进行搜索，在距尸体现场北侧 100 米的地方发现有水泥砖被用 14 号铁丝串联在一起，距尸体现场西侧 100 米的地方发现有 6 块草坪砖被用 14 号铁丝连在一起，铁丝与死者身上的铁丝型号相同。

经过鉴定，死者死亡的时间不长，大概是警方接到报案当晚的七八点钟，尸体燃烧的时间是在第二天凌晨四五点钟，死亡时间和焚尸时间相差 9 个小时，而且根据现场分析焚烧尸体的现场不是案发第一现场。

民警通过高速公路收费站的视频了解到，案发当时为了整顿交通秩序，每个进出口都有交警夜查到凌晨一两点。根据推测，犯罪行为人有可能是在夜查之后才上高速公路的，即凌晨一两点后上高速，四五点钟将尸体焚烧。根据在高速公路行驶三四个小时到现场进行焚烧的情况可以推测出嫌疑人可能所处的地方。尸体有可能是从其他地方运到现场焚烧的。死者身上的一把钥匙是用来开启防盗门的，另外一把是用来开启楼道门的。警方通过纽扣找到服装专卖店，店员辨认出是牛仔裤上的纽扣，此裤子只有大型商场有，而且价格高，从而分析出被害人可能是生前住楼房，经济条件好的城里人。

经过几天以车找人的侦查方式，终于在高速进出口的视频录像上发现了可疑车辆，最终找到了犯罪嫌疑人张某。张某，男性，33 岁，东北人，有个 3 岁女儿，在某市租房打工。警方在其出租房卫生间墙上发现一处血迹，与死者的血型相符。现场已经被清洗过。死者身上的钥匙可以打开楼道门和单元门。经审讯得知，死者胡某，29 岁，东北人，无业人员，因两人认识，所以和张某一起住在出租房里。案发当时因胡某向张某借钱，张某不借，两个人发生争执，胡某拿刀威胁张某，张某左手擒住胡某，右手拿锤子敲打胡某头部，胡某死后张某驾车运送尸体到现场后焚烧。

结合本案，请回答以下问题：

（1）犯罪痕迹的概念及种类是什么？

（2）现场各种犯罪痕迹的发现和提取方法是什么？

【知识要点】

一、手印的发现和提取

现场手印是指遗留在犯罪现场的犯罪嫌疑人的指印和掌印。手印的发现和提取是现场勘验的重要内容之一，是案件在现场最有价值的线索之一，通过对手印进行勘验有可能会确定出本案的真正的犯罪行为人。寻找发现现场手印应严格按照现场勘验程序全面细致地进行，防止遗漏和破坏现场手印。一般情况下，首先通过现场访问和现场保护情况了解发案前后现场物体、物品的陈述及变动情况，案后是否有触摸物品和触摸部位。其次根据现场巡视情况，查看各种痕迹及其分布，初步判断作案人的犯罪过程，结合现场情况寻找手印的重点部位。最后固定现场后提取现场痕迹。

一般根据现场及案情来确定发现手印遗留的部位，每个案件发现和寻找的重点部位都各不相同。

（一）发现手印的重点部位

1. 从现场中心发现手印

现场中心是犯罪行为人实施侵害行为的所在地，也是遗留犯罪痕迹、物品最多的场所。为了达到目的，犯罪行为人在实施主要犯罪行为的场所中，不可避免地要接触现场中的有关物体，在这些物体上就有可能留下其手印。如盗窃案件中，财物存放的柜门上、杀人案件的尸体上等。

2. 从现场出入口发现手印

犯罪现场出入口是犯罪行为人进出现场的必经之路，一般情况下，犯罪行为人进出现场的方式不同于常人，所以在现场出入口可能会破坏、移动或排除妨碍其进出现场的障碍物，在这些物体上常常会留下犯罪行为人的手印，如门窗框、门板、把手、插销等。

3. 从犯罪行为人遗留在现场的物品上发现手印

犯罪行为人实施犯罪行为后，因急于逃离现场，往往将携带的作案工具、凶器或随身物品遗留在现场，如打火机、刀子、纸张、烟头等，在这些物品上极有可能发现手印。

4. 从犯罪行为人伺机作案藏身的地方发现手印

犯罪行为人进入现场时，有时会找个藏身地方以观察现场的动静，在这些地方，犯罪行为人为了避免被人发现，一般和周围物体靠得比较近，有时会不自觉地用手抓住周围物体，从而留下手印。

5. 从在犯罪现场被犯罪行为人变动过的物体及周围发现手印

犯罪现场的物体，如果经过现场访问等经被害人或事主辨认，位置发生了变化或变动的，就可能是因为犯罪行为人到过该处并接触、移动过这些物体，那么该物体及其周围就可能遗留有犯罪行为人的手印。

（二）发现手印的方法

犯罪行为人遗留在现场的手印，由于承受客体的性状和种类不同，发现的方法也不同。

现场手印一般分为三种，一种是立体手印即手接触可塑性较强的客体时所形成的有明显立体感的手印；一种是平面可见手印，即手接触客体时手上的异物如灰尘、墨水、血液等在客体表面留下的用肉眼就能看到的手印；一种是潜在手印，即手在接触客体时在客体表面形成的肉眼看不到或通过某种方法才可以看见或辨别的手印，这种手印只有经过显现后才能见到。

对于立体手印和平面可见手印，因这两种手印具有立体感和色彩，一般在自然光下用肉眼就可以发现。潜在手印，需根据客体表面不同的性状选择相应的方法才能发现。具体可采用以下四种方法：

（1）反射光照射法。此方法适用于表面有光泽的非透明体的潜在手印，即从正面某一个角度投射光，从反射光方向即可发现手印，如一些玻璃器皿、陶瓷、电镀金属、光面塑料等客体。具体操作时将人工光线置于被检验客体的正面一侧，在0°～90°之间交换照射角度，然后从正面与人工光线相对应的另一侧进行观察。可以调整客体表面的倾斜度，也可以上下左右移动光线。利用反射光照射时一定要使用功率较大的人造光源，使人造光强度远大于环境光强度，必要时可以关灯或拉上窗帘。

（2）透射光照射法。此方法适用于发现玻璃、灯泡等透明物体上的手印。观察时在被检客体背面设置光源和深色背景，将人工光线在0°～90°之间变换照射角度并透过被检验客体物，然后从被检验客体物正面进行观察。当然为了看清手印，也可以将被检验客体上下左右移动。

（3）哈气法。此方法主要适用于发现透明或光滑物体表面潜在的手印。其方法是用嘴对着疑有手印的部位哈气，使该部位附着一层细小的水珠，由于手印纹线和客体表面吸附的水气量不同，这些地方反射光线的程度也就不同，从而呈现出手印所在部位，待水气蒸发后，再用物理或化学方法进行显现。

（4）特种光源观察法。在现场可以利用强光光源、多波段光源、蓝光光源、紫外光源、激光光源等照射客体，仔细观察也可以发现上面的灰尘、油垢或汗垢手印。

在现场勘查时常借助现场勘验灯、强光手电等各种强光光源寻找发现手印，使用时要注意光源与手印的距离，不要将手印或承痕体烤坏。

多波段光源发现手印是目前常用的勘查光源，适用于现场勘查及物证检验，除用于发现现场手印外，还可用于现场足迹、血迹、精斑、体液及纤维等微量物证的发现及检验。使用此方法时需要根据客体表面情况及现场手印情况，调整滤色片选择不同波段直接寻找手印，也可以在客体上刷涂荧光粉末，佩戴专用滤色眼镜观察荧光手印。

使用蓝光光源可以直接发现遗留在透明、光滑客体上的汗渍手印，如茶色玻璃、普通玻璃器皿等，蓝色光照射时手印呈银白色纹线。

使用紫外光源发现手印主要是通过观察一些物质在紫外光下的荧光效果或手印物质与客体表面对紫外光吸收、反射的差异来进行的。使用这种方法要注意做好防护工作，防止紫外线直接对皮肤、眼睛照射产生伤害。

对于没有光泽的非透明客体表面如普通纸张、本色木、纺织品等上的潜在手印，用调整光线和视线角度的方法是难以发现的，实践中一般用物理或化学显色方法去发现。

（三）显现手印的方法

1. 汗液手印的显现

人体汗液通常是无色液体，呈弱酸至碱性，在紫外线下能发出微白色或浅蓝色荧光。对于显现汗液手印的具体方法有以下六种：

（1）粉末显现法。利用形成手印的汗垢和油脂的吸附力，使有色粉末附着其上而显出手印纹线。一般适用于显现遗留时间较短的新鲜手印。可作此用途的有铝粉、青铜粉、荧光粉和磁性粉。

铝粉又称银粉，呈银灰色，属于金属粉末。其吸附力强，黏性较大，易受潮成团。主要适用于显现在玻璃、陶瓷、搪瓷、油漆、塑料等硬质光滑客体上的手印。如果手印承载客体表面受潮，一定要将其干燥处理后再用铝粉显现。

青铜粉又称金粉，呈金黄色。由铜、锌、锡等金属粉末混合而成，附着力强，适用范围与铝粉相同。

荧光粉附着力较弱，适用于彩色书画报、彩色瓷器、彩色玻璃、证券、单据、纸币等客体。

磁性粉附着力较强，对显现表面较细腻客体上的新鲜汗手印均有效。

在使用粉末显现手印时，应根据承受客体的条件和粉末的特性等采用不同的方法显现。常见的有三种：一是毛刷刷显法，用软性毛刷附着少许指纹粉末，在手印上方弹击毛刷手柄使粉末散落于手印上，再用毛刷头部轻轻扫动粉末，显出手印后毛刷顺纹线流向反复轻刷，以除去多余粉末；二是撒粉抖显法，将少量粉末直接倒于客体表面，再来回轻轻抖动、摇筛，让粉末滑过疑有手印的地方，手印显现出来后用手轻轻弹击物体背面或侧面，使得多余粉末脱落，这适用于纸张、塑料、布匹等轻薄物品和竹木器上的手印；三是磁性刷刷显法，这只适用于磁性粉末。将磁性刷蘸上磁性粉末，在疑有手印的部位，轻轻来回刷动，待手印逐渐显出后，去掉刷上的磁性粉末，再用干净的磁性刷顺着手印纹线刷去多余粉末，手印即可显现出来，但这种方法不适用于含有铁材料的客体。

（2）茚三酮显现法。茚三酮又称宁西特林，呈白色粉末状，可以与汗液中的微量有机物氨基酸起化学反应，产生一种紫化合物，使汗液纹线呈紫色而被显出，适用于浅色渗透性客体表面上的汗液、血液、饮料等手印以及各种浅色纸张和本色木制品上的陈旧汗液手印。这种方法具体操作是：先把茚三酮配制成2%～5%的丙酮溶液，用毛笔或棉球涂在客体表面，在室温下经四至六个小时即可显现出清晰手印。紧急情况下可用加热加湿的方法，如用沸水蒸气加湿加热十几分钟就可显现出，也可以用电熨斗在正面（可垫一两层纸）或背面加热几秒钟就可显现出。但必须控制好温度，以免烫坏客体。

（3）硝酸银显现法。这种方法是利用硝酸银与汗液中的无机物氯化钠起反应，生成氯化银沉淀和硝酸钠，氯化银在光的作用下分解出银粒子，随着反应的进行，银粒子逐渐增多，银粒子也由棕色逐渐变成黑色，从而显现出手印。因硝酸银具有很强的氧化性，所以应当保存在棕色玻璃瓶中。这种方法适用于显现浅色纸张、本色木等渗透性客体上的新鲜汗液手印和油光纸、牛皮纸上的汗液手印。具体操作方法是：用毛笔或棉球蘸取硝酸银溶液并点涂于客体表面，将涂过硝酸银溶液的客体置于避光处晾干，然后将其移于日光或紫外光灯下。当显现出清晰手印纹线后应立即停止曝光，拍照固定。拍照后将其存放于黑纸袋中保存。除了用照相固定外，还可以将显出的手印立即侵入定影液中浸泡，使纸张表面的硝酸银溶解后，取出挥干，可以防止背景吸附的硝酸银继续氧化变黑而干扰手印的显出。

（4）DFO荧光显现法。DFO是一种黄色粉末，能与汗潜手印中的氨基酸反应生成一种淡紫色物质，在蓝绿光源的激发照射下可产生强烈橙红色荧光，显出率是茚三酮的两到四倍，适用于渗透性表面上新鲜或陈旧的汗潜手印及血潜手印，不适用于荧光表面和非渗透性客体表面。具体操作方法是：将客体浸于配制好的DFO显现液中不超过5秒，或用毛刷将显现液涂在客体疑有手印的地方，将客体平放在干净干燥的厚纸或一叠吸水纸上完全干燥，然后将其放在恒温箱中100℃加热20分钟，不能加湿，之后先在白光下观察显现效果，再用多波段光源蓝绿波段激发，戴橙色观察眼镜观察显现效果，最后在相机镜头前加装滤镜进行照相提取。

（5）502显现法。502是以α—氰基丙烯酸乙酯为主体的黏合剂。用502显现潜在手印时，其发挥出的α—氰基丙烯酸乙酯气体遇到手印中的水和氨基酸，形成白色固体聚合物，从而显出手印纹线。这主要适用于显现塑料、金属、玻璃、瓷器等大部分非渗透性客体上的新鲜汗手印和动植物油脂手印。具体操作方法有两个：一是冷熏法：将疑有手印的客体悬挂在一容器内，在客体下方的蒸发器皿内滴几滴502，然后密封容器口，约2~5个小时后即可显出清晰的手印纹线；二是热熏法：与冷熏法基本相同，所不同的是需给蒸发器皿加热，约20分钟即可显出手印；如果情况紧急的，为了加速502的挥发速度和显现手印的速度，可使用20瓦电烙铁触及滴有502的铝片，数秒钟内，502即呈白烟迅速挥发，10分钟内即可完成全部操作显现出手印。也可以将502滴在用氢氧化钾溶液处理过的脱脂棉上，同样也能加速502的挥发速度。

（6）碘熏显现法。碘在常温下可以直接由固体变为气体，利用这一特性根据手印物质中的油脂吸附碘蒸汽的方法显现手印，这适用于渗透和非渗透性非金属客体表面上的新鲜富脂汗手印和动植物油手印。具体操作方法为：一是热熏法，将干净的玻璃片或留有手印的物体面盖在盛有碘的烧杯上，用酒精灯对烧杯加热，使碘迅速升华，并附着在手印纹线上；二是冷熏法，将疑有手印的客体悬挂在盛有碘的容器内（物面不得与碘接触），利用碘在常温下自然升华产生的碘蒸汽显现手印。因碘在常温下很容易升华，用碘熏出的手印必须立即拍照或用氯化钯溶液加以固定。

2. 潜血手印的显现

（1）四甲基联苯胺（TMB）显现法。陈旧的血手印，由于血液中的过氧化物酶失去活性，不能参与反应，但在血红蛋白分子内卟啉环中的铁离子可使过氧化氢释放出初生态氧，将无色的四甲基联苯胺氧化成四甲基联苯胺蓝，显出蓝绿色的血手印，这种方法适用于渗透性和非渗透性客体上的潜血手印。这种方法的优点是灵敏度较高，对吸湿性表面潜血手印显现效果佳。具体操作方法有三种：一是翻转显现法，将四甲基联苯胺双氧水混合溶液涂在卡片纸上，待无积液反光时盖于血手印上，加压几秒后取下观察手印呈蓝色或蓝绿色；二是涂液显现法，用无水乙醇或甲醇反复固定血印痕，松香烟熏并用毛刷刷掉过多的烟黑，再用棉球蘸取少许显现液擦涂在血印痕上立即呈蓝绿色，并及时拍照；三是喷雾显现法，用喷瓶将显现液喷在已固定的血印痕上，血印痕呈蓝绿色。

（2）氨基黑染色显现法。适用于显现各种渗透性及非渗透性客体上的血手印及精液、阴道分泌物手印。具体操作程序是：将客体浸泡在染显液中约30分钟，保持染显液的温度为70℃，取出后用1∶10的冰乙酸乙醇混合液彻底漂洗。

（3）茚三酮显现法。茚三酮可以同时和氨基酸、蛋白质反应显现血汗混合手印或单一血手印。相对于汗手印，显现血手印时应当提高茚三酮溶液的浓度，涂液前为防止血手印扩散，应首先将客体浸入乙醇中充分固定。实际中应用茚三酮显现吸湿性表面潜血手印特别是血汗混合手印取得的效果会比较好。

（4）EOS 蛋白染色显现法。EOS 是一种分子量较大的弱酸性红色染料，于黑色表面呈现浅黄色，具有较强的橙红色荧光。EOS 染料与蛋白质结合使血痕显色，从而使血痕表面吸附了一层红色染料而被显现。该方法适用于非吸湿和吸湿性表面上加层和减层血手印，吸湿性表面仅限于有背景干扰的纸张、纺织品等。

（四）提取手印的方法

现场手印显现之后，应采取相应措施及时固定提取。提取时不仅要提取清晰、完整的手印，还应提取模糊和残缺的手印。具体提取的方法有以下四种：

（1）照相提取法。对手印进行拍照是固定和提取手印最稳定和简便的方法，能如实记载手印形态、位置及其与周围客体的关系，在采取其他提取方法之前都应对手印进行拍照，以保持其原始状态。但拍照时要保持手印清晰、完整和不变形，对单个手印宜用原大（1∶1）照相，对掌印、连指手印应按比例照相。

（2）原物提取法。对于遗留在体积比较小的客体上的手印或者在现场上无法提取的手印，在不损坏原物的前提下，征得有关方面的同意后，可提取留有手印的原物。在提取原物时要妥善包装，应把原物放入稍大的木箱或其他容器中，并使包装材料不与承受客体表面接触，以免破坏手印。

（3）胶带提取法。对于粉末、烟熏出来的手印，除了照相提取外，最有效的方法是用指纹胶带提取。常用于固定、提取手印的透明胶带有不同宽度，宽的多用于提取掌印和联指印，窄的用于单手印提取。具体操作是：揭开胶带并将胶带的一端贴在距手印 2～3 厘米的一侧，再用手指从此端向另一端擀压，擀压时应保证胶带与客体均匀充分接触，避免出现褶皱或气泡，造成纹线中断或变形，然后慢慢将胶带从一端揭起。该方法适用于与粉末反差最大的衬纸置于胶带下，重复上一个擀压过程，令胶带黏附在衬纸上。

（4）制模提取法。这是用于固定提取立体手印的，在使用制模法提取前，应先拍照。此方法常用的材料是石膏粉和硅橡胶等。具体过程是：先在手印周围用硅橡胶筑起一道约 2 厘米高的“围墙”，然后用往“围墙”内浇铸石膏水溶液，待其干后即制成手印模型。对灰尘立体手印进行制模时，应先在手印上喷撒一层固定剂，然后石膏制模。

现场手印提取后，对于用胶带提取的手印应放入干净的纸袋或盒子中。对于采用制模法提取的手印模型应装在硬纸箱或木盒内，并用棉花、纱头等柔软物进行充塞固定。在每一个包装袋、盒子、箱子上专门的地方注明案件类别、提取物的名称、时间、地点、部位和提取方法。

二、足迹的发现与提取

足迹是犯罪行为人在实施犯罪活动过程中，足部与地表接触时留下的痕迹，是作为造痕客体的赤足或鞋、袜与地面等各种承痕客体的表面相接触，在人体自身重力和肌力的作用下，使承痕客体表面形态发生改变或在两者之间发生介质转移的过程。它反映了犯罪行为人足的长宽、大小等外形特点，还储存着行为人的性别、身高、年龄、体态、行走特点、行走习惯等信息，是分析案件性质、提供侦查线索、确定侦查方向、缩小范围的重要依据。

（一）发现足迹的重点部位

寻找和发现犯罪现场上的足迹，应对现场及周围环境和条件进行初步观察，访问有关案件知情人，判断作案地点，来往道路和出入口等确定犯罪行为人可能遗留足迹的重点场所，一般应从以下六个方面寻找：

（1）犯罪现场出入口。这是犯罪行为人进出现场的必经之路，很容易留下犯罪行为人的足迹，如房前屋后、窗台内外阳台、门窗周围的地面等。

（2）现场的中心部位。不同性质的案件，犯罪行为人活动的中心场所也不同，如杀人案件中是杀人的场所或尸体周围、盗窃案件中被盗财物的保管地方等，这些中心场所是犯罪行为人必会遗留足迹的地方。

（3）犯罪行为人活动的外围现场。犯罪行为人在进入现场前可能在外围现场逗留、徘徊、窥视、隐藏等，这些地方必然也会遗留足迹。

（4）现场上被变动物体及周围。犯罪行为人在作案活动中往往会翻动、破坏现场上的有关物品，这些物品所在的地方及周围可能会留下犯罪行为人的足迹，如盗窃案件被破坏的门窗、强奸案件的床单等。

（5）隐埋尸体、隐匿赃物、罪证的地方。

（6）犯罪行为人来去的路线上。犯罪行为人前往现场作案或作案后逃离现场或隐埋尸体、隐藏赃物都有来去路线，这是发现足迹的重要场所。

（二）发现足迹的方法

一般来讲，在犯罪现场立体足迹和有色平面足迹因反差较强，在普通光线下容易用肉眼发现，但在现场常常会有一些反差微弱、潜在的足迹如硬地面上的足迹等是用肉眼发现不了的，对于这些足迹常常用以下三种方法发现：

（1）自然光观察法。对于室内现场的足迹，如果光线比较好的话可将室内其他散射光挡住，留下一侧光线进行观察，并注意改变亮度、角度和方向以及调整视线位置进行观察。对于室外现场，通常是站在逆光、侧光的位置进行俯视或侧视，并不断调整位置和角度。

（2）配光观察法。夜间无条件利用自然光或者为了排除自然光或杂物反光的干扰时，可以配人造光进行观察，如电灯光、手电光、现场勘查灯等垂直照射地面并平行移动光源进行观察。

（3）静电复印法。静电复印器是发现、提取平面足迹的专用工具。适用于水泥地、水磨石、大理石、塑料地板等各种承受客体上粉尘足迹的发现。

（三）提取足迹的方法

足迹一旦被发现，根据情况应采用相应的方法进行提取固定，对足迹提取常用的方法有以下四种：

（1）照相法。对于单个足迹拍照时应使相机镜头光轴与足迹平面垂直，取景范围应包括足迹的起落脚特征。拍立体足迹时要注意阴影对足迹凹凸面的负反映，拍照使用的比例尺应放置在足弓内侧外边缘处。对于成趟足迹一般采取直线连续比例拍照法，即在成趟足迹两侧各放一相互平行的皮尺，将相机固定在一定高度后，采用相同的曝光参数分段连续拍照。

（2）提取原物法。在犯罪现场足迹遗留在体积小、重量轻的承受客体上时，凡是有条件提取的，可连同原物一并提取，在提取时应征得相关人员的同意，妥善包装，防止损坏。

（3）静电吸附法。这是利用静电具有吸附灰尘的特点显现一些客体上遗留的粉尘足迹，主要适用于提取水泥、砖石、木板、毛巾、地毯等客体上的足迹。包括两种方法：一是高压静电吸附法，操作方法是先把塑料软片（聚氯乙烯塑料）放在可能遗留足迹的部位，一手按压在软片上，然后摁动开关推压提取器，由上至下进行滚动，结束后关掉开关，揭起软片，观察提取效果。如果软片上沾的灰尘比较多，用嘴或吹风机将灰尘吹掉；二是摩擦静电吸附法，提取工具是一块聚氯乙烯塑料软片和硬塑料板，分为摩擦直接吸附和摩擦间接吸附。前者是把塑料软片覆盖在被显现客体表面，然后用毛巾或皮毛物在塑料软片上反复摩擦，摩擦速度是4次/秒，大约摩擦30秒左右即可，摩擦完后把塑料软片取下即可看见足迹，这适用于硬质客体，后者是先用毛巾等物品在硬塑料板的一面进行反复摩擦，次数和时间与直接吸附法相同，把经过摩擦后已产生静电的塑料板立即按压在被显现客体上，30秒后取下塑料板即可完成，这适用于一些在软质平面客体物上的足迹。

（4）石膏制模法。这是用石膏提取松软地、雪地、泥水地面上以及沙地或其他软性物质上的立体足迹的有效方法。在制模前应用镊子仔细将落入脚印的草叶、树叶等杂物取出，如果有积水的话应先用洗耳球将水吸尽，但不得损坏足迹的任何特征。具体分为：一是提取泥土足迹，即先在足迹周围垒起高3～4厘米的围墙，足迹周边距围墙不少于3厘米，之后将石膏与水按照5∶3的比例调制，调制时应将石膏粉慢慢洒入水中，并用木棍缓缓搅动，调制好后将石膏液从足迹最低处缓慢倒入，待1厘米厚时放上骨架、标签、绳套，再续灌1厘米厚的石膏液。灌注半个小时后，用指头按压模型表面，不渗水时即可除掉围墙，用双手取出模型，翻过后进行晾晒，模型稍干后可用清水冲洗，切忌用刷子刷洗，更不能用指甲或其他硬物刮洗，冲洗后将模型放在通风处晾干。二是提取雪地足迹，制作雪地足迹模型时主要考虑溶液的温度、对松软地足迹的加固处理和石膏液的比例等。雪地融化不能用常温水调制石膏，应将水温调在0℃左右，再调石膏，降低水温的方法可以在水中放入干净的雪，或是在水中加入5%～10%的氨水，或是加入10%～20%的酒精。三是提取粉尘足迹，由于粉尘或沙地等物质容易游离松散，易被石膏液冲走，损坏足迹特征，因而需要加固处理。可用喷雾器装入5%～10%的松香酒精溶液或糖水，喷嘴朝上，将雾状溶液慢慢降落在地面上，使表面形成加固层，喷后待足迹表层硬结后再灌注调好的稍稀的石膏液。

三、工具痕迹的发现和提取

工具痕迹是犯罪行为人使用工具，破坏或移动障碍物和某些目的物时所形成的痕迹，是现场实地勘验中应重点寻找和提取的痕迹。

（一）发现工具痕迹的重点部位

1. 在现场进出口障碍物和封闭设置上寻找

犯罪行为人进入室内现场时，除了预伏外一般都要破坏进出口的障碍物如门窗、锁扣、锁及墙壁、通风管道、排气扇等才能进入现场，因此这些物体上常常会留下大量破坏工具的痕迹。

2. 在犯罪现场中心被破坏的客体上寻找

犯罪行为人在现场实施犯罪行为时往往会破坏现场的客体，在这些客体上破坏的部位可能留有工具痕迹，如盗窃案件现场中心存放财物的箱子、柜子、抽屉等。寻找的同时还应注意在被破坏客体或痕迹附近地面上搜查有无工具断裂的碎片或残渣，这些碎片和残渣往往可以确定犯罪工具的种类。

3. 现场遗留物、藏赃和埋尸地

如遗留在现场的捆绑被害人的绳索头部可能发现剪切痕迹，犯罪行为人藏赃和埋尸地的周围可能留有使用过的铁锹、锄头等工具。

4. 在犯罪嫌疑人住所及隐蔽部位寻找

在发现确定犯罪嫌疑人后，可依照法律程序，对犯罪嫌疑人家中、工作单位、可能隐匿与犯罪有关物证的地方，进行秘密或公开搜查，寻找作案工具及其遗留的自然样本痕迹。

（二）发现工具痕迹的方法

勘查现场时，由于现场工具痕迹大多具有立体性，所以发现工具痕迹并不困难。实践中可运用自然光或人工光源，从不同角度、方向打光观察，必要时可使用不同波段的色光照射，以增加反差，使痕迹明显可见。

（三）提取工具痕迹的方法

1. 原物提取法

这是提取工具痕迹最佳方法。对体积小、重量轻、便于携带的物体和一些可拆卸、分割的物体可进行原物提取，提取时应注意保存条件，避免损坏、锈蚀工具痕迹，提贵重物品应征得事主同意并经领导批准后方可提取。

2. 制模法

因为现场工具痕迹大多为立体痕迹，所以在不能提取原物的情况下，结合具体情况可制作模型提取。一般分为以下五种方法：

（1）硬塑料制模法。又称打样膏，此法适用于提取较深且面积较大的工具痕迹。使用时先在工具痕迹表面上涂抹一层甘油，然后取适量硬塑料放入水温中，用手揉捏成团，取出，去掉上面的水珠，在光滑的物面上将其一面压平，将压平的一面直接压入工具痕迹中，用手指均匀地压实，待硬塑料冷却定型后取出即可。

（2）软塑料制模法。又称橡皮泥，适用于提取较浅而光滑的工具痕迹。使用时先在工具痕迹表面均匀地涂上一层甘油作润滑剂，然后把软塑料揉成一团，在玻璃板上压出一个适当大小的平面，把该平面压入痕迹中，使软塑料完全与工具痕迹接触后垂直取出。

（3）硅橡胶制模法。这种方法制模成型准确，塑型细腻，能反映工具痕迹的细微特征。制模时，为了便于脱模，可在痕迹表面先涂上少许甘油，然后根据痕迹的大小，用小型调墨刀取一定量的硅橡胶，放在一块干净的玻璃板上，然后向硅橡胶上加几滴（约硅橡胶的3% ~5%）正硅酸乙酯（交连剂，白色易挥发液体，作用是加速凝固），再加上几滴（约硅橡胶的1% ~3%）月桂酸二丁基锡（触媒剂，淡黄色液体，作用是使交连剂与硅橡胶充分均匀混合，并加强交连剂的凝固效果），用调墨刀拌匀后，轻轻灌注于工具痕迹中，大约一个小时左右，凝固定型后从硅橡胶的边缘轻轻将模型掀起，避免重拉，以防止断裂。

（4）醋酸纤维素薄膜提取法

又名 AC 纸，此方法提取的痕迹细腻，不变形、不变质、能长期保存，是提取金属等制品上线型痕迹的最好方法。具体有两种方法：一是直接提取法。按照痕迹面积大小取 AC 纸一块，在痕迹表面涂上一层丙酮，然后迅速将 AC 纸从一侧到另一侧盖在痕迹上，用手按压平整，待干燥后即可取下；二是间接提取法。按痕迹面积大小取 AC 纸两块，将其中一块放在丙酮中，迅速一蘸，取出从一侧到另一侧盖在痕迹上，再将另一块 AC 纸覆在第一块之上，用手指压平，待干燥后取下。

（5）易熔合金制模法

该方法适用于采取金属客体表面上的工具痕迹。这种方法是将铋（52%）、锡（18%）和铅（30%）三种金属混合，在酒精灯等热源上加热熔化，除去表面杂质后，慢慢注入涂有甘油的工具痕迹中，冷却后即可取出，工具痕迹便可得到清晰反映。

四、枪弹痕迹的发现和提取

枪弹痕迹是指子弹在射击过程中，枪支有关部件在弹头、弹壳上遗留的反映形象。它包括弹头、弹壳上的痕迹，被射物上的痕迹和射击残留物痕迹。在涉枪案件中，通过对弹头弹壳上的痕迹检验，认定发射的枪种和枪支；对被射物上的痕迹和射击残留物的痕迹进行分析，为侦查提供侦查线索，缩小侦查范围。

（一）发现枪弹痕迹的重点部位

实践中枪弹痕迹的发现主要是通过发现枪支、弹头、弹壳来实现的。

1. 发现枪支的重点部位

枪击案件中，自杀、伪装自杀的现场，枪支往往都是遗留在现场的。其他案件中尤其是凶杀现场犯罪行为人实施完犯罪行为之后常常将枪支带走、丢弃或隐藏。因此，结合具体情况可在有关现场进行寻找，必要和有条件时可借助于金属探测器寻找。

2. 发现射击弹头的重点部位

寻找发现射击弹头痕迹必须立足于对现场整体的全面认识，结合具体情况进行具体分析。弹头飞出枪口后，按照一定弹道飞行，碰到目的物或障碍物，有的可将客体击穿，有的嵌入客体内，有的发生反弹或碰落在地下，所以寻找时应先观察弹孔，分析弹道，然后在弹着点重点寻找。如射在墙壁或泥地上，应观察分析有无跳弹的可能；如弹头射入墙壁或泥地中，应顺着弹道方向进行挖掘，也可用磁铁或探雷针进行寻找；如弹头击穿这些障碍物，但不知射往何处，则需要利用弹孔和射击附带痕迹，先确定出入口，以及飞行的方向、角度，然后再跟踪寻找。

3. 发现射击弹壳的重点部位

不同种类的枪支，抛壳的方向和距离不同，但一般情况下抛壳的距离不超过 5 米，因此寻找射击弹壳应当以确定射击位置或推断射击的位置为圆心，在半径 5 ~ 10 米左右的范围内寻找。同时根据案件射击者的位置及枪支排壳方向，在犯罪嫌疑人衣兜、室内现场的墙壁上及可能遗留有弹壳的杂物堆内寻找。

4. 发现射击残留物的重点部位

对于近距离射击，应该在射入口周围、寻找射击残留物射出弹道的内壁、弹着点附近、根据案情也可以在犯罪嫌疑人衣着上、中弹者各层衣服弹孔的纤维上寻找。寻找时可使用放大镜、显微镜、紫外线灯、滤色灯光、红外线或软 X 射线等。

（二）枪弹痕迹的提取方法

1. 提取射击弹头、弹壳的方法

发现弹头弹壳后，在提取之前先要进行拍照，并详细记录弹头、弹壳的数量、位置、形状、颜色、材质。提取时要戴手套或用非金属的镊子，挖抠时不能直接接触弹头弹壳表面，以免破坏阳线痕迹。提取弹头弹壳时应用棉花、软纸等分别包装，存入小盒子，并进行加封，以备检验。如果发现多个弹头、弹壳，应分别提取包装。按顺序进行编号，并将弹头、弹壳的位置、附加痕迹等加以记录。提取时如果发现表面上有污物的不能随意冲洗或刮剥。

2. 提取枪支的方法

提取前应拍照，并详细记录枪支的位置、方向、枪支的状态等。提取时应注意防止意外的发生。同时，提取前应首先检查枪支上面是否有指印、血迹，子弹是否上膛，如果有的话应进行必要的处理，再进行拍照固定，提取时要退出膛内子弹，闭锁枪机，放下击锤，卸下弹匣，对退出的子弹、弹匣、枪支应分别包装。枪口和其他缝隙应用脱脂棉堵塞，提取时还应注意拿取的部位，以免破坏枪支上可能潜在的痕迹。将提取的枪支放入清洁的大号自封塑料袋，注明时间、地点、案别等相关内容，如果枪支过大，无法放入自封塑料袋时，应用洁净软性物质包裹放入柔软物衬垫的箱、盒内。同时要妥善保管，防止污染，而且要有专人保管，防止遗失或发生意外。

3. 提取射击残留物的方法

提取射击残留物可以用以下四种方法：一是先将双面胶纸固定在扫描电镜样品台上，提取时用此胶带粘取射击残留物；二是用特制微型吸尘器，将射击残留物吸取，黏附于双面胶纸上；三是用切片石蜡粘取射击残留物的重点部位；四是对于较小的客体或孔洞周围的纤维可采用提取原物的方法。

五、现场车辆痕迹的发现和提取

车辆痕迹是指车辆在停放或行驶过程中留下的轮胎和其他部位的印痕。

（一）发现车辆痕迹的重点部位

对车辆痕迹发现的重点应放在现场外围、犯罪行为人来去现场的路线，以及车辆碾扎过的物体和发生碰撞处等地方。

（二）发现车辆痕迹的方法

车辆痕迹多为立体痕迹和粉尘痕迹，一般处于室外现场，白天可以借助自然光采用逆光观察，晚上可以借助现场勘查灯或强光聚光灯进行观察。

（三）提取车辆痕迹的方法

1. 轮胎痕迹的提取

地面轮胎痕迹无论是平面还是立体的，最直接方法就是用照相固定拍摄。如果是立体轮胎痕迹，在拍照后可以用石膏制模的方法提取；对于长度较大的，应先分段分别灌注石膏液进行提取，并按顺序编写序号，待完全硬化后将其取下，再进行拼接；如果是平面轮胎痕迹，除了提取遗留痕迹的物体外还可以用静电吸附的方法对干燥、平整、洁净路面上的灰尘轮胎痕迹进行提取，即使用提取足迹静电吸附提取器进行提取，应当选择软质的连续成片静电吸附膜。

2. 车体痕迹的提取

车体痕迹主要分布在现场车辆和嫌疑车辆的车身、底盘等部位，一般只要认真观察就不难发现。对于这类痕迹一般采用照相法和实物提取法（一般使用小物体或易携带物体）。

3. 路面损伤痕迹的提取

路面损伤痕迹主要出现在出事地点的各种地面上，一般采用照相方法，如果是立体痕迹，可以灌注石膏或用硅橡胶提取。

六、整体分离痕迹的发现和提取

整体分离痕迹是指整体物因受外力作用，被分离成若干部分而在分离部位形成的痕迹，是刑事犯罪现场较为常见的痕迹之一。被分离的整体物可能是犯罪行为人破坏的障碍物或侵犯的目的物，也可能是犯罪工具或凶器，也可能是犯罪行为人或被害人的物品。

（一）发现整体分离痕迹的重点部位

在很多案件中经常会出现被分离的物体，分离体通常都具有一定的体积和形状，比较容易发现，但对于一些分离体很小，或进入客体内部而不易发现的物体，需仔细观察，认真寻找才能发现。

1. 现场出入口

有些案件犯罪行为人进入现场往往会破坏现场入口处的障碍物，这时就有可能因为使用工具导致工具产生局部断裂而分离。

2. 犯罪行为人侵害的物体或被破坏物体

犯罪行为人使用工具侵害物体或破坏物体时，可能会导致物体被分离，由于物体种类不同，分离痕迹的大小、形状和出现部位也不同。

3. 现场遗留物

犯罪行为人实施犯罪行为时使用的工具、凶器或其他物体，在逃离现场时由于紧急可能会将其遗留在现场，或使用的物品被破坏后其局部被遗留在现场，这些遗留在现场的物体也是发现分离痕迹的部位。

（二）发现分离痕迹的方法

发现整体分离痕迹后，根据分离物的不同，发现的方法也不同。对于一些量小、形细的整体分离痕迹可借助于放大镜、现场勘查灯、紫外灯进行发现，如用现场勘查灯寻找细小的碎裂物、绳头、纽扣、衣裤碎片等，用紫外灯寻找各种纤维或沾有特殊物质的纸片、织物。当然必要时也可以利用有探雷针来发现分离物。

（三）提取分离痕迹的方法

分离痕迹通常出现在被破坏或被拆卸的物体上，所以提取往往是以提取分离体为主。对于一些不易提取实物的分离物，如分离物体积较大，较重，可以采用石膏制模法提取，对于提取的分离痕迹，应立刻进行按比例照相，记录分离痕迹的原始状态。

在提取被分离物体时，务必设法保持原有形态，特别要保护好分离面、分离缘或断口等的形象特征，以防止变形或掉渣，如有机玻璃表面硬度低，应注意防止擦伤或划伤，防止其因吸附灰尘而被污染。对于固定、提取分离物的方法依分离物不同而采用不同方法，如对被分离的纸张可用玻璃片夹住；对被分离的绳索断头可用细线捆扎或胶纸固定；对纽扣、弹头、弹壳等较牢固断离物应放在盛有碎纸屑或棉花的盒子里；对棍棒、刀柄等质地疏松的木质断裂物应用硬纸板捆扎固定；对极细小的分离物，可放入清洁的小盒子、瓶罐之中；对于易腐烂的分离体，应经过防腐处理后，装入容器中保存或进行冷冻保存；对含有水分较多的新鲜植物采取措施防止脱水等。总之，对分离体要根据具体条件采用适当的用具和方法妥善保护，同时在运送过程中要注意不要使分离面、分离缘与周围擦碰，避免出现新的分离痕迹。

【能力训练】现场手印及足迹的发现和提取方法

1. 实训案例

某马路旁边的井内发现一具男尸，尸体头下脚上，俯卧于井内，井边有滴落状和擦拭的血迹，在非机动车与人行道隔离带边上有明显的轮胎摩擦痕迹。经法医鉴定，死者系遭到打击后因机械性窒息而溺水死亡。死者 30 岁左右，穿着较为讲究、得体，裤子口袋内有 1000 元人民币，无任何身份证明。

2. 实训目的

通过实训，使参训学生掌握现场各种痕迹的发现和提取的方法。

3. 实训条件设计

（1）实训时间为 3 学时。

（2）学生以 7 人为一组：实地勘验组人员 3 名、记录人 2 名、见证人 2 名。

（3）实训场地：学生教室。

（4）器材准备：现场勘查证、现场勘查箱、痕迹物品勘查箱、法医勘查箱、刑事照相器材、勘查灯、紫外线灯、刑事绘图器材。

4. 训练方法步骤

（1）指导教师设置模拟现场。

（2）邀请参加现场勘验的专家和见证人。

（3）巡视现场划定勘验范围和顺序。现场勘验应遵循先静观后动手，先拍照后提取，先地面后高处，先外表后内部，现重点后一般，先易消失后稳定等原则。

（4）初步勘查、固定现场。

（5）详细勘验，发现提取痕迹。利用准确的方法发现现场上的各种痕迹，并对其进行仔细的研究，想方设法进行提取。

（6）制作现场勘验卷并写出受训报告。报告内容包括勘查时的分工，勘查的基本方法、步骤和顺序，发现提取痕迹的情况等。

5. 注意事项

根据现场不同痕迹的特点，利用不同的方法进行发现和提取。

6. 考核方法及其标准

由教师按学生在训练中的表现考核。分为优秀、良好、及格和不及格四个等级。

项目三　现场物品的发现和提取

【知识目标】

1. 熟悉和掌握现场物品的范围
2. 理解和掌握现场物品发现和提取的方法

【能力目标】

1. 培养学生发现、提取犯罪遗留物的能力
2. 培养学生发现、提取血迹的能力
3. 培养学生发现、提取文书等能力

【案例导入】

派出所接到群众报案，称在某大道路边发现一包人体碎尸。民警迅速赶到现场。此大道为东西向主干道，路中央有一条绿化带将大道分成南北两半，各有三条单向行驶的车道。尸块位于此大道北侧西行车道北绿化带一维修工地的隔离墙前。尸块被装在一个带拉链的蛇皮袋内。经法医检验，此尸块为一段女性人体躯干，上至第二颈椎，下至第五尾椎，脂肪较厚。尸体身上有一件红色无袖衬衣，下身穿一条带蕾丝边的三角裤。该蛇皮袋上有红蓝白三色条纹，较陈旧，底部有一个长15厘米的陈旧裂口，裂口上用带绝缘层的小号电源线缝补，并用一个用于夹票据的小铁夹夹住。在某湖中发现三包可疑物，此湖系面积约1000平方米的人工湖。三个塑料袋中有两个袋内装有尸块，一个袋内装有一张带血的棉被，尸块分别为被离断的四肢、臀部等。在湖边的岸上发现一堆报纸，为24日至29日的某报，在成堆的报纸中夹有一把包裹在报纸中的斧头。

经分析，尸体上的离断面均为锋利锐器砍切形成。现场遗留的斧头表面干净，刃口也未发现明显缺口和翻刃现象。对斧头拆卸检验，发现血迹，DNA检测与尸体相同。检验棉被，发现该棉被印有红色玫瑰花图案，档低质劣，市场上都有销售，价值在40~50元之间。死者为女性，年龄30岁左右，身高1.60米左右，皮肤白皙，体态肥胖，未发现明显职业特征，尸体未见中毒反应，分析死因为失血性休克。死者衣物样式虽然较为时髦，但质量低劣，分析死者社会层次可能较低。死亡时间为12小时以内，大概是晚上8点到12点。

专案组围绕尸源进行调查，据张某介绍，租住自己房子的谢小姐一天前外出一直未归，平时穿一件紫色无袖衬衣。民警遂赶到死者住处，死者谢某，广西人，住处为一间卧室带厨房、卫生间结构，门锁完好，在卫生间和卫生间门外的墙上、门框、桌椅等多个位置发现有多处血迹，血迹和死者的血型相符。卫生间地面瓷砖上有多处砍痕。经张某介绍，死者可能是卖淫小姐，每天白天在家，晚上出去上班，近半年经常有一个个子矮小的男子来找死者，两人关系密切。经查，该男子姓乔，系某公司收发员，在半年前认识死者，乔某多次提出要求死者不要再卖淫，但死者不听。案发当晚，乔到谢某住处过夜，又因前述原因发生争执，乔某遂趁谢某熟睡时，持斧头将谢某砍死并碎尸，后乘出租车分三次抛尸，除已发现的两个抛尸点外，另将头颅抛到某河中。

结合本案，请回答以下问题：

(1) 犯罪现场的物品有哪些种类？

(2) 犯罪现场各种物品的发现和提取方法以及注意事项分别是什么？

【知识要点】

一、犯罪遗留物的发现和提取

（一）发现犯罪遗留物的重点部位

犯罪遗留物是犯罪行为人实施犯罪行为时遗留在现场的物品，如一些固体物品、液体、污物、食物等，这些物品往往体积都比较大，特征明显，在实践中不难发现。必要时可借助专门仪器设备去发现。

（二）提取犯罪遗留物的方法

对于犯罪遗留物应根据这些物品的特点来提取：

(1) 液体物的提取方法。对在现场上发现犯罪遗留的液体物时，应用吸管采集后放置于密封的玻璃容器内，或用干净的纱布、海绵或脱脂棉浸吸晾干后放入密封的玻璃容器内，然后注明案件名称、时间、地点等。提取液体物时应注意对于易燃易爆物品一定要防止撞击和受热，而且液体不能直接放入塑料袋中，以防发生化学反应。

(2) 固体物的提取方法。提取如工具、玻璃、纺织品等固体物时应先用洁净、柔软的包裹物把提取的固体物包好，然后放入塑料袋、纸袋或容器中保存。对于一些如玻璃制品等易碎的物品要保护好其边缘形态，防止破碎；对于各种工具要防止和其他物品及物体碰撞，以免形成新的痕迹；对于纺织品，在折叠时中间要衬垫干净的白纸。

(3) 食物的提取方法。食物容易变质，尤其是在气温比较高的情况下，腐烂的速度更快。所以对于如在食物中投毒等案件，在现场发现食物要提取时，应将食物放在密封的玻璃容器中，并以最快速度送检。

(4) 污物的提取方法。对于一些与案件有关的遗留污物如粪便、呕吐物等，提取时可将其放入密封的玻璃容器中进行安全隔离，然后注明时间、地点、案别等，并尽快送检。

二、文书材料的发现与提取

文书材料能以其表述的内容或本身的特征来表明案件的某些情况，因此对于现场上可能发现的文书材料应仔细发现和提取。

（一）发现文书材料的重点部位

现场上的文书材料往往出自被害人或犯罪嫌疑人之手，当然也有其他的情况，在对与案件有关的文书材料发现时，应在现场文书可能存在的部位进行重点查找，如书柜、书架、抽屉、书包、书桌、文件袋、信封、垃圾桶等。

（二）提取文书材料的方法

提取已发现的文书材料应按照先封后动的顺序进行，而且勘验人员必须要戴手套，使用镊子等工具，不宜用手直接提取。提取文书材料应根据文书的特点采用不同的方法，有的采用提取原物的方法，有的用拍照的方法等。具体方法有：一是提取已被撕破的文书，应先将文书的碎片收集起来，展平后再按纸张的种类、页码、格子线等特点，文字颜色及内容、字体、笔迹特征等进行分类，放在玻璃上依次进行拼接对合，之后用另一块玻璃盖住，片夹边缘可用透明胶带或胶布包封，对被撕碎的文书提取时不能使用胶水粘接，以免增加新的痕迹或破坏痕迹。对于散落而没有撕碎的，可使用透明胶带按要求进行粘取。二是被烧毁的文书提取时切忌直接用手拿取或用镊子夹取。应先用纸板或小扇轻轻扇动，使纸灰微微浮动，抓住时机将其慢慢移动到玻璃片上，也可先喷水雾、甘油或丙酮溶液等润滑剂使其软化，然后将纸灰移到玻璃片上，用玻璃板按上述方法夹好后即可包封提取。喷洒水雾、甘油等时喷嘴不能直接面对纸灰。三是被水浸泡的文书一般不能用手，而应用镊子轻轻将其夹起放在玻璃片上并仔细展平。对于浸泡时间长，纸张已经非常软而容易碎的，应用玻璃片直接插入水中，从文书的下面将其托起，提出水面，然后用另一块玻璃片盖住，最后用绳索或橡皮筋捆扎牢固，以防止玻璃滑动。

三、血迹等生物物证的发现与提取

（一）发现血迹等生物物证的重点部位

生物物证的种类不同，发现的重点也是不同的。如血迹，可以围绕尸体或实施犯罪行为的场所进行搜索；毛发可以在现场的进出口、犯罪行为人行走的路线、凶器、交通工具、现场中心部位、受损物体、被害人衣裤上等处发现；而精斑可以在被害人衣裤、阴部、大腿内侧、强奸发生地的床单、地面、泥土、杂草等上面寻找。

（二）发现血迹等生物物证的方法

在现场的生物物证多以斑迹的形式存在，除了血迹外，多数生物物证无明显颜色，不容易发现，但在特殊光源的照射下，血迹等生物物证能够发出强烈的荧光。所以对于这些生物物证可以借助自然光来发现，还可以用人造光源进行斜光照射来发现，还可以用特种光源如紫外灯光、多波段光源照射等发现。

（三）提取血迹等生物物证的方法

1. 血迹提取方法。原物提取法即对于粘附有血迹的物体如树叶、衣裤等直接可以提取原物。用转移提取法即对于墙面、地面、皮肤表面上的血迹可用医用纱布、棉线等进行提取。

2. 毛发提取方法。原物提取和用胶带纸粘取，如果提取的毛发是潮湿的应先晾干后装入透气的袋子或盒子中送检。对毛发应分别提取、包装并记录提取部位，动作要轻柔，防止扯断毛发。

3. 精斑提取方法。原物提取即对于附在树叶、卫生纸、避孕套等上的精斑可连承附客体物一起提取。转移提取法即对于大件物品上的精斑可以用医用纱布、脱脂棉球等来收集。

四、微量物质的发现与提取

微量物质是现场中可能与案件有关的细小物质的总称。因其量小物微，寻找困难。如遗留在现场上的粉尘、油漆、纤维等都属于微量物质。

（一）发现微量物质的重点部位

（1）现场中心部位。犯罪行为人在实施犯罪行为的过程中往往会有一些微量物质遗留在现场，所以这些部位是发现微量物质的重点。

（2）现场进出口及犯罪行为人逃跑路线。

（3）犯罪行为人销赃、藏匿罪证的场所。

（二）发现微量物质的方法

对于微量物质可借助于人工光并利用放大镜进行发现，也可以使用磁铁、紫外线灯发现。

（三）提取微量物质的方法

提取微量物质，在可能的条件下尽量将微量物质连同附着物的客体一并提取，对于条件不允许或微量物质容易从附着物表面脱落的，可只提取微量物质。一般情况下，应根据微量物质的种类和附着物客体特性不同等来决定提取微量物质的方法。

（1）对于残渣碎片、木屑、纤维、纸片等应用镊子夹取后放入玻璃管或物证袋内密封，金属碎屑则应用非金属镊子提取。

（2）油漆、泥土等物质应用刀片轻轻刮下来放在白纸上包好，再放入物证袋内密封。

（3）量多的粉屑物质可用洁净的软毛刷子直接扫取，放入干净密封的容器内密封。

（4）面积较小客体上的微量物质或颗粒状的少量物质可用透明胶带纸覆盖在微量物质表面，反复用力按压后将胶带纸揭开贴在洁净的玻璃上。

应注意的是，不论用哪种方法提取到微量物质后，都应当在包装物外注明时间、地点、案别、提取部位、方法、提取人等内容。

【能力训练】现场物品的发现和提取方法

1. 实训案例

在某公园小道 50 米处草丛中发现一具女尸，死者呈俯卧状蜷缩在草丛中，死者系被他人用锐器切割颈部致死。死者手腕上有一块手表，指针指向十点半。距尸体 1 米处有一串钥匙和一把不锈钢折叠式水果刀，距尸体 5 米处的草丛中有一把带血的水果刀，在尸体旁边有一包已开封的“黑猫”牌香烟，现场无搏斗痕迹。

2. 实训目的

通过实训，使参训学生掌握现场各种物品发现和提取的方法。

3. 实训条件设计

（1）实训时间为 3 学时。

（2）学生以 7 人为一组：实地勘验组 3 名、记录人 2 名、见证人 2 名。

（3）实训场地：室外现场。

（4）器材准备：现场勘查证、现场勘查箱、痕迹物品勘查箱、法医勘查箱、刑事照相器材、勘查灯、紫外线灯、刑事绘图器材。

4. 训练方法步骤

（1）指导教师设置模拟现场。

（2）邀请参加现场勘验的专家和见证人。

（3）巡视现场划定勘验范围和顺序。即现场勘验应遵循先静观后动手，先拍照后提取，先地面后高处，先外表后内部，先重点后一般，先易消失后稳定等原则。

（4）初步勘查、固定现场。

（5）详细勘验，发现提取现场上的各种物品。

利用准确的方法发现现场的各种物品，并对其进行仔细的研究，想方设法进行提取。

（6）制作现场勘验卷并写出受训报告。报告内容包括勘查的基本方法、步骤和顺序，发现提取物证的情况等。

5. 注意事项

根据现场不同物品的特点，利用不同的方法进行发现和提取。

6. 考核方法及其标准

由教师按学生在训练中的表现考核。分为优秀、良好、及格、不及格四个等级。

单元九
现场实验

项目一　现场实验任务和规则

【知识目标】

1. 熟悉现场实验的概念

2. 理解和掌握现场实验的任务与规则

【能力目标】

培养学生运用所学知识进行现场实验

【案例导入】

某市接连几个月先后发生15起以中青年女性为侵害对象的入室抢劫、强奸、杀人案件，造成4人死亡，11名妇女被强奸、猥亵，5万多元现金被抢劫。通过对各种现场进行勘查，刻画出犯罪嫌疑人的形象是破案的关键。为此，侦查人员调取犯罪嫌疑人所有的银行取款的影像资料，反复研究甄别，发现很多资料均有不同程度的失真。在这种情况下，侦查人员带领几名与犯罪嫌疑人身高、体态相似的人多次在各银行自动取款机前，模拟嫌疑人的表情、动作，进行实验。经过将近三十次的现场模拟实验，最终确定了犯罪嫌疑人第二次在某区发生的某案件的影像资料失真程度相对较小，以此影像资料为重点，对犯罪嫌疑人进行刻画，确定了犯罪嫌疑人的身高、体态以及行走姿态，最终将犯罪嫌疑人抓获。

结合本案，请回答以下问题：

（1）进行现场实验有哪些规则？

（2）进行现场实验有哪些任务？

【知识要点】

一、现场实验的概念

现场实验是在现场勘查过程中，侦查机关为了确定与案件有关的某一事实或现象发生或存在的客观可能性及其方式，依法将该事实或现象参照案件原有的条件重新加以演示的侦查活动。现场实验为发现犯罪线索、获取犯罪证据、侦查破案提供了可靠依据。《刑事诉讼法》第133条规定：“为了查明案情，在必要的时候，经公安机关负责人批准，可以进行侦查实验。”《公安机关刑事案件现场勘验检查规则》第74条规定："为了证实现场某一具体情节的形成过程、条件和原因等，可以进行现场实验。进行现场实验应当经县级以上公安机关负责人批准。"

二、现场实验的任务

根据《公安机关刑事案件现场勘验检查规则》第75条规定，现场实验的任务具体包括：①验证在现场条件下能否听到某种声音或看到某种情形；②验证在一定时间内能否完成某一行为；③验证在现场条件下某种行为或者作用与遗留痕迹、物品的状态是否吻合；④确定某种条件下某种工具能否形成某种痕迹；⑤研究痕迹、物品在现场条件下的变化规律；⑥分析判断某一情节的发生过程和原因；⑦其他需要通过现场实验作出进一步研究、分析、判断的情况。

三、现场实验的要求

根据《公安机关刑事案件现场勘验检查规则》第76条规定，现场实验应当符合以下要求：

（1）现场实验一般在案发地点进行，燃烧、爆炸等危险性实验，应当在其他地点进行。

（2）现场实验的时间、环境条件应与案发时间、环境条件基本相同。

（3）现场实验使用的工具、材料应当与案发现场一致或者基本一致；必要时，可以使用不同类型的工具或者材料进行对照实验。

（4）如条件许可，类同的现场实验应当进行两次以上。

（5）评估实验结果应当考虑客观环境、条件变化对实验的影响和可能出现的误差。

（6）现场实验必须遵守法律规定，尊重民族风俗习惯，禁止一切可能造成危险、有伤风化、侮辱人格的行为。

四、侦查实验的规则

为了完成现场实验任务，保证现场实验结果的证据性，进行实验时必须严格遵守以下各项规则：

（一）实验条件尽可能与案件条件相同或相似的原则

实验条件包括时间、地点、环境、自然条件和实验材料等。现场实验的时间和地点要尽量选择与原案件相同的时间段和地点。如果选择案件发生的地点不允许进行实验的话，可以选择一个相似的地点，周围环境要与原有的地点相类似。实验材料能使用原有物品和工具的，尽可能使用原有物品或工具；如不能，则尽量选择同一种类、同一规格、同一牌号的物品或工具代替。相似的自然条件是指实验时尽量与案发时的天气、风力、风速、温度、光线等自然条件相似，如果自然条件有变化，要考虑这种变化会给实验结果带来什么影响以及造成的误差有多大等。

（二）同一实验应坚持反复多次进行

由于案件发生后原来现场环境以及与案件有关的人和物都不同，要想绝对准确恢复案件发生的条件和情况是不可能的。实验中有可能出现一些偶然因素影响结果，所以对同一实验应反复多次进行，以减少实验结果的偶然性。在实践中应根据需要改变实验条件，以观察结果的变化规律，分析原因和结果之间的内在联系，以保证实验结果的准确性和稳定性。

（三）严格依照法律进行实验

现场实验是一种侦查行为，必须按照法律规定的内容进行。按照规定，现场实验必须在侦查人员主持下，经过公安机关负责人批准后，在见证人在场的情况下进行，而且只有在其他方法都用尽还达不到目的时才能使用，实验中禁止一切足以造成危险、侮辱人格或有伤风化的行为，参与现场实验的人员应对实验的过程以及结果保密。

【能力训练】现场实验任务与规则

1. 训练目的

通过训练掌握侦查人员进行现场实验的任务以及所要遵守的规则，进而在实践中加以运用。

2. 训练要求

通过以下训练案例，分析现场实验任务以及所应遵守的规则。

3. 训练案例

接到报案有人落水，民警及时赶到现场。死者系张某的妻子，据张某反映：案发当天自己和死者到水库大坝上测量桥台的宽度和长度，妻子站起来时臀部碰到自己的左膝盖向前掉进了水库，之后溺水而亡，张某否认自己推妻子落水。为了查明案情，在现场没有目击证人的情况下，侦查人员通过现场的痕迹、尸体损伤部位及程度推断出死者落水的位置、方向和形态，之后在选择与现场尽可能相同的条件，经过多次的现场实验，认定死者系背向水平飞出 2 米跌落到 4 米高的水库大坝，必然受到一个大作用力，从而排除了自行跌落和不慎碰撞跌落的可能，直接否定了张某的说法。

项目二　现场实验步骤、记录和结果评断

【知识目标】

1. 熟悉现场实验的步骤
2. 理解和掌握现场实验的记录和结果评断

【能力目标】

1. 培养学生进行现场实验的能力
2. 培养学生记录现场实验的能力
3. 培养学生分析评断现场实验结果的能力

【案例导入】

某场保卫科报案称被盗，侦查人员及时赶到现场进行勘验。现场位于某场院内，仓库为 5 间通房，坐北朝南。据保管员反映：早晨上班，打开仓库门一看，发现地上有散落的合金片，有四五个盒子都是空的（合金片装在木盒里），后窗上边的两扇窗户也被打开了。经对现场勘查，发现后壁小窗有明显撬压痕迹，玻璃上留有模糊汗液指纹，技术员发现有一根很细的蜘蛛丝横挂在窗框上来回摆动。

现场勘查后根据现场收集的痕迹、物品，侦查人员针对案件出现了两种意见：一

种认为从现场情况看，作案人十分熟悉现场情况，目标准确，手段老练，可能是惯犯或是熟悉情况的外盗或内外勾结作案；另一种意见认为可能是监守自盗，因为从现场窗户上发现蜘蛛丝横挂窗框，如果作案人从窗户上翻入，冬天穿戴较厚，必然会把蜘蛛丝碰断，可是现场无其他入口，况且蜘蛛丝没断，很可能是仓库保管员盗窃合金片后，伪造现场。

经过一段时间侦破工作仍没有进展。为了加快破案，侦查人员又重新对现场进行了仔细的勘查，发现在原来有蜘蛛丝的地方又结成了蜘蛛网。侦查人员由此推断，勘查现场时发现的蜘蛛丝会不会是作案人作案以后，蜘蛛才织的呢？于是当场把蜘蛛网抹掉，打开窗户，做现场比较实验。第二天早上，在现场的窗框上果然又出现了横挂的蜘蛛丝，从而否定了“罪犯要翻进窗户，就必然碰断蜘蛛丝，而蜘蛛丝没有断，很可能是内部作案，而只有仓库保管员有仓库钥匙，别人进不来，那么这起案件肯定是保管员监守自盗”的主观判断。之后经过再次对现场的勘查，通过现场凶器认定了外部人员作案的可能性，继而抓住了真正的作案人。

结合本案，请回答以下问题：

（1）现场实验的步骤是什么？

（2）对现场实验结果评断的内容有哪些？

【知识要点】

一、现场实验的步骤

（一）现场实验的准备工作

1. 制作现场实验计划

现场实验必须在实施前做好相应的计划才能保证实验有序进行。实验计划具体包括进行实验的目的、时间、地点、自然条件、参加实验的人员及分工、实验的内容、步骤及方法，实验所要准备的工具、器材等有关物品以及现场实验的安全保卫与警戒等。

2. 确定参加实验的人员及分工

根据实验的具体内容确定所要参加实验的人数及每个人的分工。一般情况下参加实验的人有实验的主持人、记录人员、警戒人员、演示人员、有关专家或专业人员及两名与案件无关的见证人。确定后根据案件对参加人员进行分组分工、各司其职。

3. 宣布现场纪律

在实验前应对参加的人员宣布应遵守的纪律，如应严格按照计划的内容、方法、顺序等实施，不得随意更改。要保护实验中所涉及的公私财产，严格保密现场实验的内容、进程、结果。

4. 准备实验工具和物品

即要布置好实验现场所需的环境条件，准备实验所需的工具和物品，以及记录所需的器材等。

（二）现场实验的实施

准备工作做好后，在进行现场实验前，应先对实验现场布置警戒，防止无关人员进入实验场地。实验开始前主持人需要做以下工作：对实验场所及环境进行巡视，审查是否符合案件发生时的条件，是否存在隐患和漏洞，如是则及时采取措施补救；实验使用的器材、设备、工具等的性能、数量是否符合要求；对参加实验的人员安排到位，各负其责；同时记录人员应对实验的参加人员、场地情况、实验条件等进行记录。

完成以上工作后，在主持人的统一指挥下参加实验的人员即可开始实施。如果在实验过程中出现某种现象或结果，主持实验的人员应及时提请参加人员注意，尤其是提醒见证人注意。如果出现某些专业性问题，应及时向有关专家或专业人员请教。

二、现场实验的记录

《刑事诉讼法》第 133 条第二款规定："侦查实验的情况应当写成笔录，由参加实验的人签名或者盖章。"第 48 条规定了侦查实验笔录是法定证据类型之一。《公安机关刑事案件现场勘验检查规则》第 77 条规定："对现场实验的过程和结果，应当制作《现场实验笔录》，参加现场实验的人员应当在《现场实验笔录》上签名或者盖章。进行现场实验，可以照相、录像、录音。"这些规定决定了现场实验必须单独制作笔录，不能和现场勘查笔录并在一起，而且记录一定要客观、真实、可靠。

现场实验笔录是侦查人员在进行现场实验时如实记载实验的过程和结果的文书。记录的方式有笔录、照相、录音、绘图、摄像等。文字记录是主要的，其他形式通常是作为现场实验笔录的附件存在。现场实验笔录具体包括以下内容：一是介绍基本情况部分，主要记录事件发生的时间、地点、简要案情和实验目的，以及实验的时间、地点、参加实验人员的姓名、职业、职务、实验主持人等基本情况；二是记录实验过程部分，是笔录的中心部分，记录实验的全部过程。如应详细记录进行了哪些实验、实验的条件或环境，实验的方式和次数，实验做了哪些内容，结果如何等；三是笔录结尾部分，主要说明实验的起止时间、参加人员的姓名、职务和工作单位，凡是参加实验的人员都要在笔录上签名或盖章。

三、现场实验结果的评断

《最高人民法院关于适用〈刑事诉讼法〉的解释》第 91 条规定："对侦查实验笔录应当着重审查实验的过程、方法，以及笔录的制作是否符合有关规定；侦查实验的条件与事件发生时的条件有明显差异，或者存在影响实验结论科学性的其他情形的，侦查实验笔录不得作为定案的根据。"现场实验结果必须进行全面、客观的研究分析和科学评断。对实验结果进行评断时，首先要对结果本身是否真实可靠进行评断，之后再对实验结果作为证据的意义进行评断。

（一）现场实验结果科学可靠性的评断

即从科学的角度审查实验的条件、内容、方法、参加人员的有关情况等内容。

1. 现场实验条件的审查

按照规则要求实验的条件应当与案件发生时的条件基本一致。实验条件的变化哪怕是很细微的变化都有可能对实验结果产生影响，所以审查时应先对实验条件是否一致进行审查。

2. 现场实验方法的审查

实验方法主要是指依照实验的内容，运用一定的器材进行操作的具体步骤方法。方法是否科学对实验结果是否准确可靠同样有很大影响，如为了确定现场痕迹是否为某种工具所形成的，实验时虽然使用的工具一致，但由于接触的位置以及作用的方向等操作方法不同，仍然不能得到与现场痕迹相同的实验结果。所以评断实验方法主要是审查实验的步骤、操作顺序、实验工具的使用情况、作用力方向、角度、接触部位等与案件情况是否相同或相似。

3. 实验人员的审查

主要是审查参加实验的人员是否具有某种专业知识和解决有关问题的能力，以及与案件有无利害关系等。同时还应该审查参加者参与实验时的心理状况和生理状况，因参加者参加实验时心理如处在非正常状态下会影响实验结果。

4. 实验组织工作的审查

现场实验是在侦查人员的主持下进行的，审查组织工作主要是审查主持人组织有无漏洞、工作是否严密。

5. 实验结果一致性的审查

即审查反复进行实验时是否出现同样的结果。如果结果相同则说明这个结论的出现不是偶然，是真实可靠的；如果反复进行同一实验而得到不同结果，则必须进一步查明原因，对出现不同结果应分析形成的条件。

（二）现场实验结果证据意义的评断

根据《刑事诉讼法》的规定，现场实验笔录是法定证据之一，但不能说所有的现场实验结果都能作为定案的证据。对于现场实验结果的证据意义应当根据实验所要解决的问题和实验结果的性质进行综合分析，有些实验结果只能为分析判断案情、确定侦查方向和范围提供依据，不能直接作为诉讼证据，有些实验结果则可以作为证据来使用。如实验结果是肯定性的，则表明事件在特定情况下确实可以发生，具有发生的可能性，但不能表明该情况实际上确实发生过，是否发生过还应结合其他证据进一步审查；如果实验结果是否定的，经过审查后确定是真实可靠的，则表明被审查的事件不曾发生过，而且也没有发生的可能性，这种实验结果就可以作为证据进行使用。

【能力训练】现场实验

1. 训练目的

通过训练掌握现场实验的步骤以及结果评断的意义，并进而在实践中加以运用。

2. 训练要求

通过以下训练案例，分析现场实验的重要性及实验结果的意义。

3. 训练案例

某公安机关接到报案称，在某铁路线某段绿化带中发现一个像是人头的东西，刑警队及时赶到事发路段。刑事技术人员首先确定灌木丛中发现的是一颗头颅，有头发，没有五官，毁容比较严重。现场勘查人员发现现场铁路两侧有一米多高的隔离网，下行线外侧是一片鱼塘，上行线外侧是一片茂密的树丛，通过对现场周边的痕迹分析，警方首先排除了铁路交通事故的可能性，确定是一起凶杀案件。

现场勘查人员扩大搜索范围，借助现场勘查灯在铁路线两侧搜索，很快在灌木丛中发现一个黑色塑料袋：30 厘米宽、50 厘米长，质地较好，距中心现场五六米。之后通过化验，黑色塑料袋与被害人没有任何关联。在对被害人进行容貌复原的同时，技术人员为了判断头颅以何种方法进入铁路线内，开始对现场进行第二次勘查。从防护网的高度以及发现头颅的位置判断，首先排除了从防护网外侧抛进来的可能性，侦查人员推测很可能是从飞驰的列车上抛下来的。而此铁路线是一条复线铁路，分为开往某市的上行线和开往相反方向的下行线，头颅究竟是从哪条线路上抛下来的？为了寻找痕迹、物证，侦查人员把寻找的重点放在下行线的铁轨上，以发现头颅的位置为中心，沿着两侧仔细寻找，十几分钟后在距离中心现场20多米远两根钢轨之间发现了脑组织。现场勘查人员推测，如果头颅是从下行线火车的窗户扔下去的话，它不可能扔到两根钢轨之间。为了确定案情，刑事技术人员决定进行现场模拟实验。经过实验最后确定头颅是从上行火车的窗户扔下去的，于是警方把排查重点放在案发当晚晚上至第二天凌晨途经这个路段的所有上行线列车上。同时通过模拟画像确定被害人身份并最终将犯罪嫌疑人抓获。

单元十

现场勘查记录

项目一　现场勘查记录概述

【知识目标】

1. 熟悉现场勘验记录的概念

2. 理解和掌握现场勘查记录的要求

【能力目标】

培养学生运用所学知识进行现场勘查的记录工作

【知识要点】

一、现场勘查记录的概念

现场勘查记录是指侦查人员在现场勘查过程中运用文字、图形和照片、录像、录音等形式，客观记录现场的原始状态和勘查情况的法律文书。现场勘查记录贯穿于现场勘查的始终，是其内容之一，也是收集和保全证据的重要形式，是研究分析案情的重要依据。根据《刑事诉讼法》及其司法解释的规定，现场勘查、检查笔录是法定的证据之一，主要是由现场勘查笔录、现场绘图、现场照相、现场录像四个部分组成。

二、现场勘查记录的作用

（1）现场勘查记录为分析案件提供了重要依据。现场勘查记录是对现场勘查活动过程的记录，它对案件现场的客观真实情况进行了详细记载。而在侦查破案中，要了解现场情况，对案情进行分析研究和制订侦查计划，开展侦查活动，都必须以现场勘查所获取的客观事实为依据，而现场勘验记录所固定和保全的正是现场与犯罪有关的客观情况。实践中如果没有对现场勘查进行记录或记录不完整，则侦查人员就不能全面、客观地去分析现场。

（2）现场勘查记录是鉴别其他证据的可靠依据。现场勘查记录是对现场情况及侦查人员勘查现场的过程进行的客观、全面的记录。认定案件事实的根据是证据，一些证据如被害人陈述、犯罪嫌疑人、被告人供述和辩解的主要内容是对作案过程和现场环境及结构布局等的描述，而对这些内容的陈述是否客观、真实、全面，就可以通过记录现场客观情况的现场勘查记录来进行鉴别或印证。如果通过印证，陈述和记录是一致的，则一定程度上就可以证明陈述是真实的；反之则就值得怀疑了。

（3）现场勘查记录是法定的刑事诉讼证据。现场蕴涵了很多犯罪信息，现场勘查是侦查人员通过对现场的犯罪信息进行勘验，收集和分析这些犯罪信息，而现场勘验记录不仅记录了现场勘查过程，即收集犯罪信息的过程，还对现场所隐藏的犯罪信息进行了记录，这些犯罪信息是证明犯罪行为的证据材料，当然对这些犯罪信息进行记录的现场勘查记录也是必不可少的证据材料。

（4）现场勘验记录是其他相关人员了解和认识现场情况的依据。现场勘验记录可以将现场的状态、现场痕迹及物品、现场客体等的形象和特点、客体在现场的具体位置及其相互关系等清楚地表示出来。对于没有亲自参加现场勘验的人员，也可以通过查阅现场勘验记录来全面认识和了解现场情况。

三、现场勘查记录的要求

《最高人民法院关于适用〈刑事诉讼法〉的解释》第88条规定："对勘验、检查笔录应当审查以下内容：①勘验、检查是否依法进行，笔录的制作是否符合法律、有关规定，勘验、检查人员和见证人是否签名或盖章；②勘验、检查笔录是否记录了提起勘验、检查的事由，勘验、检查的时间、地点，在场人员、现场方位、周围环境等，现场的物品、人身、尸体等的位置、特征等情况，以及勘验、检查、搜查的过程；文字记录与实物或者绘图、照片、录像是否相符；现场、物品、痕迹等是否伪造、有无破坏；人身特征、伤害情况、生理状态有无伪装或者变化等；③补充进行勘验、检查的，是否说明了再次勘验、检查的缘由，前后勘验、检查的情况是否矛盾。"第89条规定："勘验、检查笔录存在明显不符合法律、有关规定的情形，不能作出合理解释或者说明的，不得作为定案的根据。"

根据以上法律规定可以看出现场勘验、检查笔录制作的要求有以下四条：

（一）合法

合法即现场勘查记录的制作必须按照法律、有关规定进行，否则就不能作为证据来使用，而且必须由勘验、检查人员和见证人进行签名或盖章。

（二）全面

全面即要求现场勘查记录必须对现场一切与犯罪有关的客观情况和勘验、检查过程和结果全部都要记录下来，使没有到达过现场的人能一目了然地了解案件现场及勘查人员活动的情况。进行了多次现场勘查的，必须单独制作记录，这些都是全面要求的体现。

（三）一致

一致即要求现场勘查记录之间内容一定要一致，即文字记录与实物或者绘图、照片、录像必须相符，而且顺序也必须相同。

项目二　现场勘查笔录

【知识目标】

1. 熟悉现场勘查笔录的制作要求
2. 理解和掌握现场勘查笔录的制作方法

【能力目标】

培养学生制作现场勘查笔录的能力

【案例导入】

某日上午8时35分，某大队值班室接到某分局刑侦队电称：植物园小凉亭内发现一人被打伤，被害人已送医院抢救，现场有许多血迹，请速派人勘查现场。当即由封某副大队长带领侦查员郑某、鲁某、金某，法医季某、陈某，痕迹技术员孙某，照相技术员徐某于8时54分到达现场，现场已由某派出所方某和植物园的部分工人保护着。

刑侦人员首先听取了派出所和植物园同志的情况介绍，然后访问了现场发现人顾某（男，18岁，住植物园玉泉大队）和胡某（男，18岁，住植物园玉泉大队）。据他俩反映：早上7时50分左右，顾与胡到大队里去分番茄，顾的舅舅说今早不分，两人就讨个番茄边吃边走。先到植物园三分类红亭子里坐了10分钟，再往豆科小凉亭走去，先看见了亭旁放着一辆自行车，走进亭内见一个人头东足西仰天躺着，右手搁在头上，左手弯曲伸在旁边，头上都是血，两脚伸在石凳下面，旁边有一本《世界文学》，一张报纸上都是血，一只拎包放在石凳上。胡发现人还会动，立即去叫人，两人往厕所方向跑去，碰到植物园一男一女推着车子过来，就把情况告诉了他们。男的报告班长去了，女的跟着去亭子。过了10分钟，来了一辆三轮车把那人抬上去，拉到了某医院抢救。派法医去勘查被害人伤势时发现被害人是一位60多岁身体壮实的老年人，已昏迷不醒，有生命危险，右侧头部后面有严重的钝器伤痕。

当日天晴，气温25℃~27℃，偏北风3~4级。现场位于某区某植物园南面豆科区小凉亭内，西面靠近豆科区，南面临向医院，东西与植物园三班分类区红亭相望，北面是植物园豆科区。小凉亭朝西是一大门，亭两侧长廊可进出，都无门，亭子总面积为76平方米。现场血迹在正亭北面的石板地上，一石与正亭长廊相遇，高13厘米，石阶下有一摊浓色血泊，面积为50厘米×40厘米，石阶上也有40厘米×30厘米的血泊，流下石阶与浓色血泊连接在一起。石阶上面血泊旁有一张某年7月17日至9月23日的第20期广播电视节目周报，报上染满血迹，紧靠报旁有一大摊67厘米×55厘米的呕吐物（上有嚼碎的月饼和梨子成分），距呕吐物8厘米处有一小堆5厘米×4.5厘米的碎月饼。离月饼30厘米处有呈条状的梨皮，紧靠旁边是一副完整的外圈黄色的眼镜，镜脚贴地平放。左侧地面有三条约60厘米长的划痕，东面一石柱，上沾17厘米×4厘米的血迹，距石柱110厘米处有一本19××年第4期《世界文学》，书面朝上，左边下脚有铅笔写的“石某”名字，书长20厘米，宽14厘米，总面数达320页，书中夹着一张半新票额10元的人民币，一半露在外面，离书30厘米处发现一个局部波浪形花纹的血足迹。北侧是高40厘米的亭子石凳，上放一只淡灰色人造革旧拎包，高25厘米，双环，有拉链。清查包内有：薄膜塑料袋一只（内装红条子毛巾一条）；100毫升盐水瓶一只；淡绿色软面工作手册一本；红色塑料面的某汽车发动机厂的工作证一个，内贴照片，写有“石某，男，54岁，某年8月1日发”；小塑料袋一只（内装绿色香皂一小块）；蓝色小刀一把，上印“杭州西湖”等字样；天竹筷一双；棕色眼镜套五副；黄色塑料条一根；浙江某灯光厂包装套一只。勘查至东机亭子进门至墙的方形洞外泥地上，距血迹26厘米处有两只不同类型的鞋印，一只塑料底鞋，前掌局部花纹隐约可见；另一只类似球鞋花纹，两印相距25厘米。为认真勘查，在亭处四周进行搜索。距血迹245厘米偏西方向泥地上发现一只吃剩下的梨核。往西侧距亭子380厘米处有一辆八成新、上海产的全包链、双搁脚的凤凰自行车，钢印号码74401，车照号码24401。认真搜索现场后，未发现其他物证。

现场勘查于当日下午17时10分结束。提取了现场鞋印、现场遗留物、拎包及包内的全部物品，拍摄了现场照片20张，绘制了现场图三张，制作了现场笔录一份。

结合本案，请回答制作现场勘查笔录应注意哪些事项？

【知识要点】

现场勘查笔录是侦查人员在勘查案件现场过程中，对现场情况和勘验情况所作的客观真实的文字记载，是一种具有法律效力的司法文书。

一、现场勘查笔录的内容

现场勘查笔录内容分为标题、首部、正文、结尾四个部分，各部分内容如下：

（一）标题

现场勘查笔录标题要写明案件的名称和记录种类。

（二）首部

首部是记载现场勘查笔录的基本信息部分，由以下五项内容构成：①接到报案的情况。如接到报案的时间、报案人的单位，报案人与当事人的姓名、职业、住址及他们叙述的案件发现的时间、地点、经过情况；②勘查人员和技术人员的姓名、职务及出动现场和到达现场的时间；③现场保护情况。包括现场保护人的姓名、职业、到达现场的时间和采取的保护措施及其保护过程中发生的一切变动变化的情况；④邀请的见证人及专家的姓名、职业、单位、住址；⑤现场勘查开始的时间、当时的气候、风向、风级、光线和温度、湿度及照明情况。

如2003年3月2日0时10分，某公安局接到某派出所电话报告：某公园内发生一起杀人案件。接报后刑警支队队长王某带领侦查员张某、陈某、孙某及法医人员朱某赶赴现场。某派出所民警李某、范某于2003年3月2日0时10分到达现场并对现场进行了保护。见证人黄某，系某公园保卫科科长；但某，系某公园保卫科干事。两人均住某公园内员工宿舍305室。勘查人员于2003年3月2日0时35分开始对现场进行勘查。现场条件为阴天，气温12度，自然光与人工光源照明。

（三）正文

正文是现场勘查笔录的核心内容，包括以下四项内容：①现场的地点、位置和周围环境，包括发现、发现案件的简要过程。记录时地点应力求具体，如某街某院内某楼某单元某层某户哪一间房内，环境要写明四周毗邻的院落、建筑物、道路等情况。若现场在野外，则应写明现场方位、位置和周围地形、地势、道路走向、离村庄和城镇最近路程以及交通等情况；②现场中心处所、现场变动变化情况。应写明变动变化的原因和具体情况；③勘查发现的情况和提取证据的情况。应重点记录案件发生在现场形成的原始情况，如有无翻动的情况，有无搏斗、挣扎的迹象，有无损坏的情况，各种物件、物品、痕迹、尸体等名称、分布状况及相互关系，从现场发现和提取的痕迹、物品的形状、性质、色泽、大小等，发现、提取证据的方法，财物的损坏和人身伤亡状况、程度，犯罪嫌疑人遗留在现场的物品和痕迹，如作案工具、衣服、血迹、毛发、指纹、脚印等，以及是否伪造现场，有何迹象；④现场勘查发现的反常现象和其他应当记载的情况。

如某案件勘查过程及结果的记录如下：2003年3月2日0时10分，某公安局值班室接到某分局报告：某大院发生一起盗窃案，请支队派员勘查现场。接报后，刑警支队技术一处法医室主任王某立即率技术人员赶赴现场。

临场后，首先听取了发案情况介绍：2003年3月1日晚上11时左右，住某区某大街45号的刘某（女，43岁，某市第一人民医院职工）听到有人进入室内的声音，于是跑到外面，将站岗的哨兵张某（男，25岁，某支队战士）和杨某（男，23岁，某支队战士）找来，上楼将进入室内的犯罪嫌疑人任某（男，20岁，某市人）抓获（发案情况详见现场访问笔录）。

听取发案情况介绍后，立即分工对现场进行了实地勘查。

现场位于某大街45号，该住宅为一栋三层别墅，门朝南，门的东面有一阳台，阳台距离地面50厘米，在转墙与窗户交界处有踩踏痕迹。阳台北侧距离地200厘米处为门厅平台，与阳台之间有一条40厘米的缝隙，平台上有攀爬痕迹。门厅平台为一斜面墙，上面铺有瓦，瓦上有踩踏痕迹。该平台与二楼西侧别墅内的厅相连，中间有一窗户相隔。勘查时发现西侧窗户的窗划未划上。该窗台上有踩踏痕迹。从窗户进来后为二楼的一个厅，门在东侧为拉门。厅内地面为地板地，在东南角和东北角有残缺灰尘鞋印。花纹为波折型（无鉴定条件）。室内其他处未见异常。拍摄了现场照片20张，绘制了两张现场平面图。

（四）尾部

尾部是现场勘查笔录的结尾部分，包括以下三项内容：①发现和提取证据的情况。分别写明痕迹、物品的名称、数量、质地、重量、尺寸、体积、标记等；②现场拍照、现场摄像、现场绘图情况。如另外制作尸体检验笔录、现场实验笔录，应在勘查笔录中说明；③现场勘查指挥人员、勘查人员、见证人的签名、盖章。

二、现场勘查笔录的制作要求

（1）制作现场勘查笔录必须客观。即制作笔录的人员只能记载勘验中所见的情况，不准将任何判断、推测的意见载入笔录之中。现场勘验笔录的记载顺序应当与勘验的顺序相一致，以免因记载紊乱而发生遗漏和重复现象。

（2）制作现场勘查笔录必须全面且重点突出。即制作笔录时要将与案件有关的一切事实和现象都要记录下来，对那些可能有关的事实及可以说明有罪或无罪的各种现象都应全面记录。但对于那些与案件无关的现象或不能说明什么问题的现象不必一一描述，对重点内容要详细记载，抓住关键。

（3）勘查笔录的用语必须准确规范。即对现场遗留的痕迹、物品要准确写明其种类、大小、规格、颜色，对现场物体变动破坏情况要写明在什么物体、什么部位遭受了什么样的变动或破坏，尸体的部位和大小、形状也必须准确叙述。而且在记录时杜绝使用“大约”、“附件”、“旁边”、“不远”等不确切词汇。用语须符合法律规范，不使用非标准化的字、词、语句，不滥用方言土语，尽量避免或减少使用生僻词语。

（4）现场勘验活动中，对于进行的尸体检查、现场实验、人身搜查、物证检验等，应单独制作笔录，但如果上述检验工作是与勘验工作同时进行的，应在笔录中予以扼要记载，并将附件附在勘验笔录中。如果一个现场进行了多次勘验，每次都应制作现场复验笔录，如果一案有多处现场，应分别制作现场勘验笔录。

【能力训练】现场勘查笔录的制作

1. 实训内容

模拟案件现场，制作现场勘查笔录。

2. 实训目的

通过实训，使学生掌握制作现场勘查笔录的内容和要求。

3. 实训课时：2 学时。

4. 实训器材及用品

现场勘查证、普通现场勘查箱、相关的文书表格及笔录纸、现场勘查记录封面等。

5. 考核标准

由教师按学生在训练中的表现考核。分为优秀、良好、及格、不及格四个等级。

项目三　现场绘图

【知识目标】

1. 熟悉现场绘图的种类

2. 理解和掌握现场绘图的方法

【能力目标】

培养学生制作现场绘图的能力

【知识要点】

现场绘图是利用制图学原理和方法，记录犯罪现场主要物体及与案件有关的各种痕迹、物品的空间关系、大小、形状特征的一种记录手段。现场绘图比现场笔录更具有直观性，根据不同的标准，现场绘图的内容也不同。

一、现场绘图的种类

按现场图所表现的对象和范围不同将其分为现场方位图、现场全貌图和现场局部图。

（一）现场方位图

现场方位图是指用以表示现场在周围环境中的位置，包括现场本身以及现场周围环境及其他与案件有关的场所、遗留痕迹、物品的地点、犯罪行为人来去路线等。方位图要根据现场的情况来确定范围和内容，绘制完后应标明出事地点，发现痕迹、物品的地点以及犯罪行为人进入和逃离现场的路线等。现场方位图表现的范围一般都比较大，为了概括现场具体位置和周围环境，表现现场区域范围，方位图应采用俯视的方法进行绘制（图 10－3－1）。

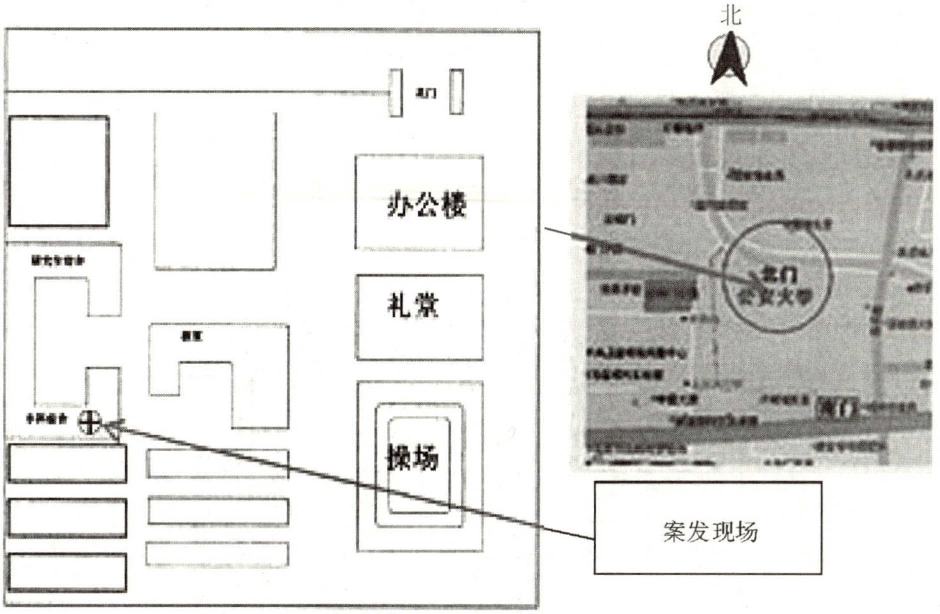

图 10－3－1　公安大学方位图

（二）现场全貌图

现场全貌图是指用来反映现场内部全面情况的图形，反映的是现场本身的全貌情况。它不反映关联现场，也不反映现场周围环境，反映的是主体现场的全貌，其内容是发案地点主要物体的陈设情况，被侵害对象的形态、位置、各种痕迹和遗留物以及相互之间的距离等（图 10－3－2）。

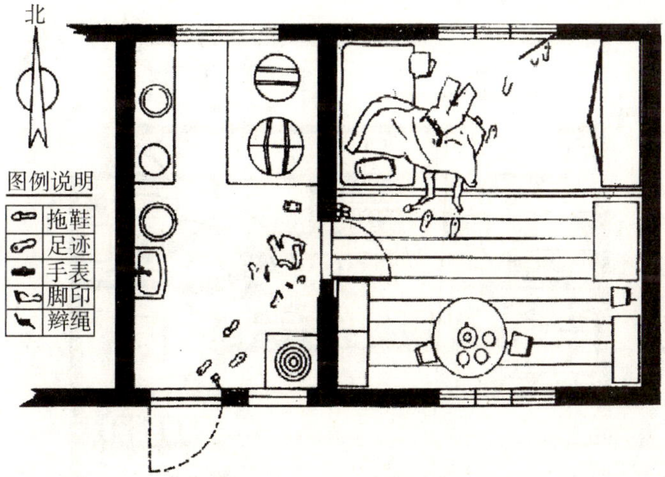

图 10－3－2　现场全貌图

（三）现场局部图

现场局部图是指表现现场重点部位以及痕迹、物证遗留位置与环境相互关系的现场图。局部图只是反映现场的一部分，而不是它的全部，局部图能比全貌图更详细、更全面地反映现场的某一个部分，它能利用展开的方法，反映全貌图有时不能反映的某些立体面上的痕迹、物品（图 10－3－3）。

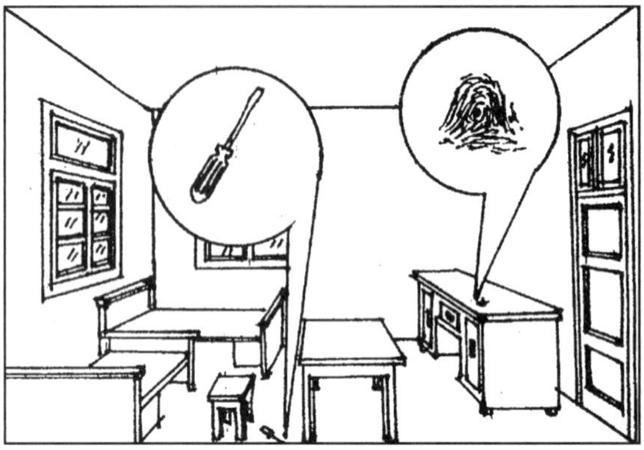

图 10－3－3　现场局部图

按现场图所采用的投影原理和表现方法不同，将现场图分为平面图、平面展开图、立体图和透视图。

（一）现场平面图

现场平面图是指以平行垂直投影原理绘制的一种水平俯视图，是最常用的一种现场图。现场上的房屋和各种物体、痕迹位置、距离以及相互间关系，都以平面的形式标明在图纸上，具有简明清晰的特点（图 10－3－4）。

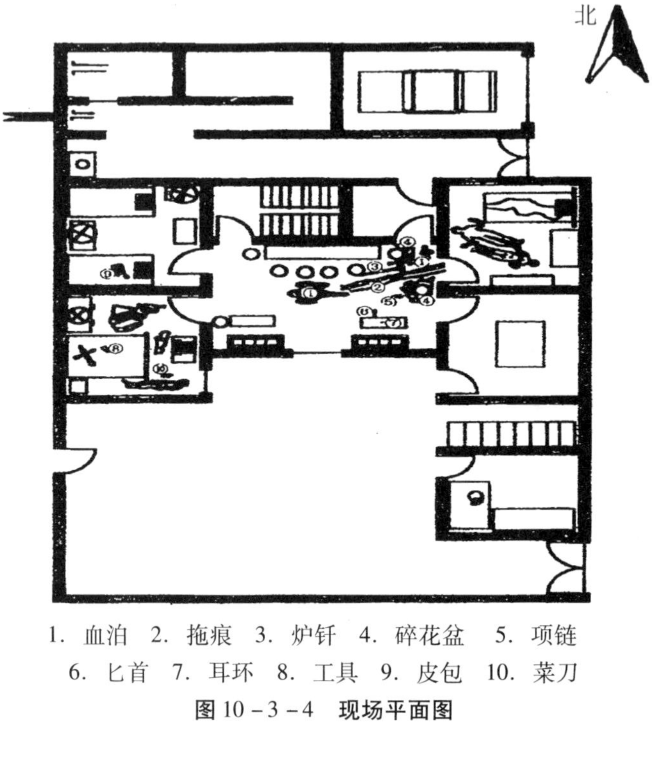

1. 血泊　2. 拖痕　3. 炉钎　4. 碎花盆　5. 项链
6. 匕首　7. 耳环　8. 工具　9. 皮包　10. 菜刀

图 10－3－4　现场平面图

（二）现场平面展开图

现场平面展开图是指综合运用垂直投影与水平投影的原理和方法，在现场平面图的基础上，展示现场中其他几个立面或顶面情况的一种图示，多用于绘制室内犯罪现场。它不仅能反映现场俯视面上的痕迹、物品及其相互关系，而且能反映前后左右上五个面上的痕迹、物品。展开图根据需要展开一面或几面（图 10－3－5）。

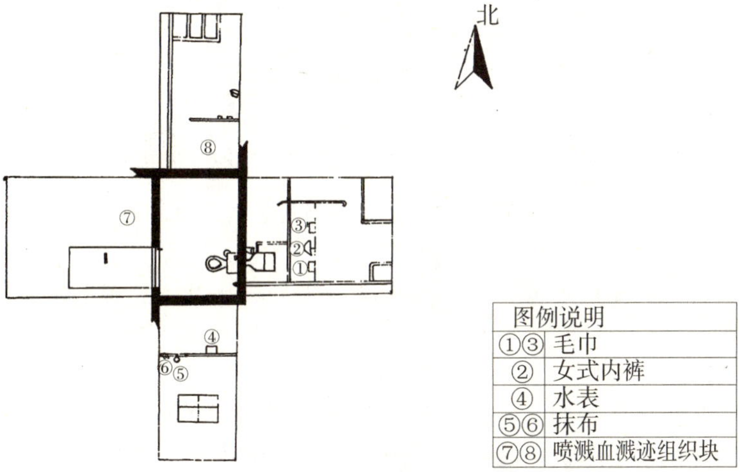

图 10－3－5　现场平面展开图

（三）现场立体图

现场立体图是指以中心投影或角度平行投影的原理和方法，从立面、侧面和平面表示现场物体和痕迹、物品的位置、状态及相互关系的一种图。它是通过长宽高三维度的形式，表现现场平面、正面、侧面主要陈设物体及各种痕迹、物品的立体状态和分布位置。立体图的真实感强，能形象地反映现场的状态，但只能反映物体的外部形象（图 10－3－6）。

图 10－3－6　现场立体图

（四）现场剖面图

现场剖面图是指利用剖切的方法制作的图形，是切除与案件无关而又遮挡视线的某一部分建筑、地物、物体，从而暴露出现场内部各种关系以及现场同外界关系的图形（图 10－3－7）。

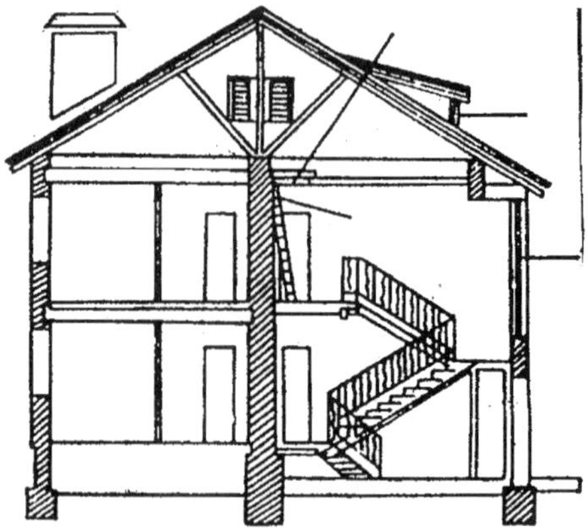

图 10－3－7　现场剖面图

根据现场图标示的比例不同，可将现场图分为现场比例图、现场示意图以及现场比例示意结合图。

1. 现场比例图

现场比例图是指严格按照一定比例绘制的现场图，即严格按照一定倍数关系，缩小或放大描绘对象的现场图。它能准确反映出现场的大小形状和现场上物体以及有关痕迹、物品的位置和相互之间的关系，适用于表现范围不大的现场。

2. 现场示意图

现场示意图是指将现场上的大致情形不按比例绘制，而是以示意图的形式表现出来的一种图形，即示意图与描绘对象实体之间不是完全严格按照比例绘制，只大概反映描绘对象。它不要求有准确的比例，但也不能明显比例失调（图 10－3－8）。

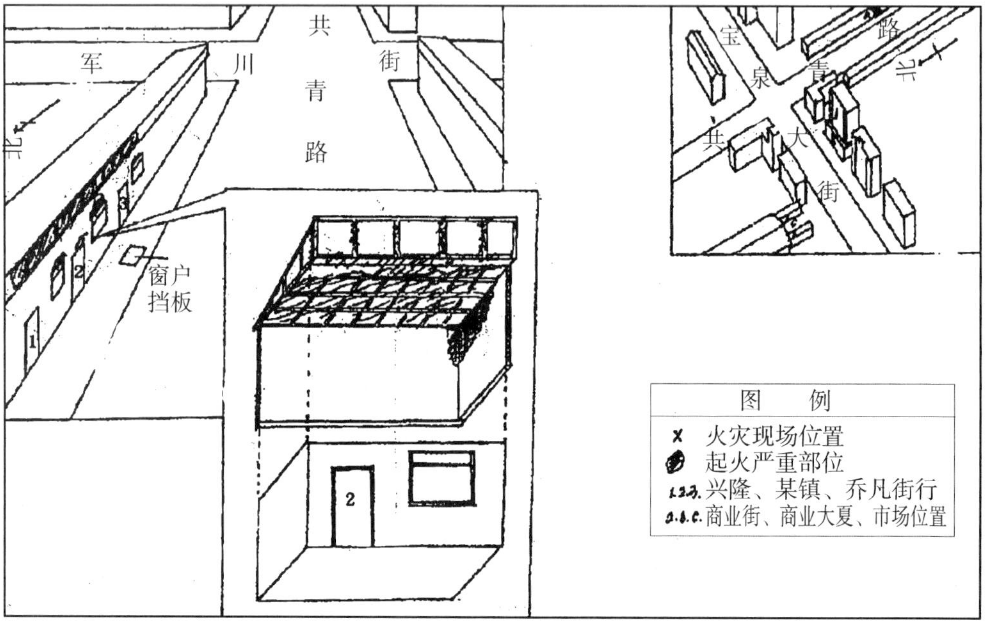

图 10－3－8　现场示意图

3. 现场比例示意结合图

现场比例示意图结合图是指综合运用比例绘制和示意两种表现手法的一种图形，一般是现场中心部位较小范围按照比例绘制，现场外围较大的部位按照示意图方式绘制。

二、测绘现场的方法

为了绘制出现场图，前提是要根据现场的情况，运用恰当的方法对现场进行测量。实践中主要有以下三种测量现场的方法：

1. 目测法

根据目测者个人的视力条件，结合日常经验，或以已知长度的物体作为参照物来目测出大致的距离。这种方法的准确性一般不高，适用于绘制示意图测距。

2. 尺测法

用钢卷尺或皮尺对与犯罪有关的痕迹、物体，如房屋、房间、门窗、家具等的具体长、宽、高等进行实地测量，并按一定的倍数放大或缩小，准确地绘制在图纸上。

3. 步测法

以人的步幅的长度乘以步数测定距离。这种方法一般适用于测量室外距离时使用，即如果在测量室外距离且对测量数据要求并不严格的情况下，可按通常步行速度进行步量，获得近似数值。

三、现场绘图的步骤

（一）全面观测现场

侦查人员到达现场后，应对现场进行全面、细致的观察，即对画什么，突出什么，要去掉哪些与案情无关的东西有充分的认识，做到心中有数。

（二）选择现场图种类

在现场绘图之前，应当根据要反映的现场情况，选择合适的现场图种类进行绘制，所选种类要全面反映现场情况，既要有方位图，又要有全貌图和局部图。但反映一个案件现场，并不需要把所有的图种都用上。

（三）确定方位、选择比例

在绘制之前，应先用指北针测定现场方位，然后把图纸面上的方位与实际现场的方位统一起来，即上北下南，左西右东。之后用测绘方法对现场进行测量，同时根据所绘现场范围和图纸的大小，灵活确定比例。

（四）绘制草图

在现场勘查过程中，只能进行现场草图绘制，而正式现场图则在勘查结束后进行。绘制草图时应按照测量的前后顺序，边绘制图形边标注物体本身大小尺寸数据及相互间的间距数据，并附以文字说明，在绘制时应注意不要将方向混淆。

（五）绘制正式现场图

正式现场图一般分为手工制图和电脑制图。手工绘图在绘制草图的基础上，应对草图进行详细核对，检查所绘内容与现场原状是否一致，有无遗漏或失误，有无测量不准确，图中所标示的是否全部清楚等，通过核对修正无误后即可采用黑墨水定稿描图。描墨时应注意保持画面整洁，一般按照先上后下、先左后右、先细后粗、先外后内、先曲后直、先图后字的顺序进行。如果画错，不要急于修改，等墨水干透后用刀片刮掉；电脑制图借助于一定的绘图软件，按照一定的绘图标准和要求进行绘制。

四、现场绘图的要求

《公安机关刑事案件现场勘验检查规则》第 51 条规定，现场绘图应符合以下六项要求：

（1）标明案件名称，案件发生、发现时间，案发地点。

（2）完整反映现场的位置、范围。

（3）准确反映与犯罪活动有关的主要物体，标明痕迹、物证、成趟足迹、尸体、作案工具等具体位置等。

（4）文字说明简明、准确。

（5）布局合理，重点突出，画面整洁，标识规范。

（6）注明测量方法、比例、方向、图例、绘图单位、绘图日期和绘图人。

【能力训练】绘制犯罪现场图片

1. 实训内容

模拟案件现场，绘制现场方位图、全貌图。

2. 实训目的

通过实训，使学生掌握现场绘图方法和步骤。

3. 实训课时：2 学时。

4. 实训器材及用品

现场勘查证、普通现场勘查箱，绘图纸等。

5. 考核标准

由教师按学生在训练中的表现考核。分为优秀、良好、及格、不及格四个等级。

项目四　现场照相

【知识目标】

1. 熟悉现场照相的种类

2. 理解和掌握现场照相的方法

【能力目标】

培养学生制作现场照相的能力

【知识要点】

运用照相技术，通过拍摄记录犯罪案件现场及现场与案件有关的痕迹、物品及其相互关系的一种方法。

一、现场照相的种类

根据现场照相的内容不同，将其分为以下五类：

（一）现场方位照相

现场方位照相是记录现场的位置及现场与周围环境关系的一种照相方法。拍照的范围不仅包括现场本身，还包括现场周围的环境，即通过现场周围的道路、河流、桥梁、建筑等标志性物体反映现场位置及现场与周围环境的关系。现场方位照相的主要目的不是反映现场本身的特征，而是反映现场在周围环境中所处的位置，现场与周围建筑物、道路等环境之间的联系。现场方位照相可使侦查人员通过对案件发生的客观环境，了解、判明犯罪行为人可能进入现场的路线。在进行现场方位照相时首先要选择较高、较远的拍摄点，以求能够在较大范围内拍摄。如果在较远的地方仍难以将应当拍照的范围摄入镜头的，就有必然换用广角镜头或换用底片较大的照相机，如果仍然达不到所要求的效果则可采用连续拍照的方法进行拍照。在照相时要注意在取影构图上的主次关系，既要把现场放在画面位置上，又要注意对确定现场位置具有参照作用的重要标志性物体在拍摄画面中的显示。选择标志性物体时要选择一些稳定性、持久性物体，如道路、桥梁、高楼及主要建筑物等。

（二）现场概貌照相

现场概貌照相是以反映整个现场内外结构及各物体间相互关系为内容的一种照相方法。它不反映现场与周围环境的关系，只反映现场本身；不是反映现场的某一个部分，而是反映现场的全部，包括犯罪行为人进出现场的路线，被侵害客体状况，痕迹、物品的分布及其相互关系，既要全面又要有主次。由此可见，进行现场概貌照相时首先要弄清现场内外部情况，尤其是现场的内外部空间结构、物品布局、重点部位等；其次，要注意拍摄的方向和角度，防止留下死角；最后要保证照片清晰不变形，防止过度的反差和大面积反光。如果现场不大，用一张照片就能反映现场情况，如果现场很大或过于狭窄或复杂得不能用一张照片反映的，就可以采取多种方法进行拍照。

（三）现场中心照相

现场中心照相主要是对现场中心场所进行拍照，反映与案件有直接关系的主要物体特征及与邻近物品、痕迹之间的关系，如杀人案件尸体所在的部位等。不同性质的案件重点部位也不同。现场中心照相的范围不可过大也不可过小，一般根据案件现场情况以能够反映物体的变化状况和痕迹、物品遗留位置及周围环境为准。为了保证拍摄物体的清晰，必须选择好拍照角度和拍照点，拍照角度力求垂直，拍摄点应尽可能升高。

（四）现场细目照相

现场细目照相是记录现场发现的与犯罪有关的细小局部状况和各种痕迹、物品，以反映其形状、大小、特征的专门照相。如尸体及损伤的部位，伤痕的形状、大小、方向等细节特征。对细目照相的要求比较高，因为照片的质量直接影响刑事技术检验工作的进行。细目照相的要求一般有三个：一是按比例拍照，拍照时在被拍物体同一平面放一比例尺（但不能放在被拍物体上），连同被拍物体一同拍照，作用是根据比例尺的大小就能很容易量出被拍照物体的大小；二是要保证被拍物体或痕迹不变形，拍照时照相机光轴应当垂直于被拍物平面；三是拍的照片要清晰完整，拍照时应尽量用标准镜头，为防止变形不宜用广角镜头。

二、现场照相的方法

（一）相向照相法

相向照相是从两个相对方向、相等距离对现场或现场周围某一物体进行的拍照，可以反映现场某一中心部位或某一目标物的状况及其前景和后景的相互关系。这样拍摄的两张照片可以反映出被拍照物体前后或左右与周围环境的关系，也可以反映出现场中心部位与周围痕迹、物品的关系等。使用这种方法时，方向相对的两个拍照点与被拍照物体距离、角度应尽可能一致，而且尽量使用标准镜头，如使用变焦镜头，要确保在两次拍照中使用同一数值的焦距。如果是对现场尸体进行拍照，两个相向的拍照点应当分别选在尸体的两侧，而不是从头和脚两个方向拍摄，以免拍出来的尸体照片产生透视变形。

（二）十字交叉照相法

十字交叉照相法即从被拍照对象的前后左右四个不同方向，用等距相向交叉进行拍摄。这种方法是从四个不同角度反映被拍对象及与其周围环境的关系，利用这种方法照相时，要尽可能地使两组方向垂直交叉，同时还要注意每次拍摄的距离、角度的一致性。

（三）连续照相法

连续照相法又称分段照相法，是将被拍摄对象分成数段，按照一定的顺序进行连续拍照，然后将所拍的照片依据拍摄顺序拼接成一副完整的照片，以便反映被拍对象的整体情况。这种方法适用于被拍摄对象范围较大，或者是狭长状态，用一张照片不能反映其全部内容的情况。具体分为：

1. 直线连续照相法。即将相机固定在被拍照物等距离的同一平面，由一端向另一端将被拍照物分段拍照，然后把相片拼接成一张组合照片。

2. 回转连续照相法。即将相机固定在一个拍照点上，并保持水平或垂直，通过转动相机拍照角度，将被拍照物分成若干段，分段连续拍照，再将照片拼接在一起组成一张完整的照片。这种方法要求拍每张照片所使用的光圈、快门速度，以及照相机距地面的高度均应相同。冲卷和印放照片时，要在同样的条件下进行，放大的比例，感光的时间、显影、定影时间和放大纸的号码都要一致。

（四）比例照相法

比例照相法即在痕迹、物品旁边放置比例尺后再行拍照，将比例尺与痕迹、物品同时摄入镜头，根据比例尺可以计算出被拍物体的大小及相互之间的距离。拍照时须注意以下三点：一是为增强反差，在浅色物面上放置黑色比例尺，在深色物面上放置白色比例尺；二是镜头光轴应当垂直对着被拍照的物体中心；三是比例尺与被拍照物体应放在同一水平面上。

三、现场照相的步骤

（一）拟定拍照计划

现场照相人员到达现场后，应首先同现场勘查的其他人员一起听取案情介绍，并巡视现场周围及环境中心，了解光照条件，选择拍照点，然后根据要求拟定拍摄计划。

（二）拍摄方位照相

当现场勘查进行整体静态勘查时，选择好拍照点就可以进行方位拍照。由于方位照相的景物不容易发生变化，所以，条件允许的可以先拍，不允许的如光线很暗、下大雨等时也可以后拍。

（三）拍摄现场全貌及中心照相

当现场勘查进行整体和局部静态勘验时，先拍摄现场全貌照相和中心照相，将现场固定、记录下来之后，现场其他勘查人员才可以进入现场中心开展勘查工作。

（四）拍摄现场细目照相

当对现场进行到个体静态勘验和动态勘验时，应及时进行现场细目照相，将现场中利用物理或化学方法显现出来的或者从不同角度观察发现的可疑痕迹拍摄下来。拍摄细目照相时首先应拍摄易消失、易被破坏的痕迹、物品。

四、现场照相的要求

《公安机关刑事案件现场勘验检查规则》第53条规定，现场照相的要求如下：

（1）影像清晰、主题突出、层次分明、色彩真实；

（2）清晰、准确记录现场方位、周围环境及原始状态，记录痕迹、物证所在部位、形状、大小及其相互之间的关系；

（3）细目照相应当放置比例尺；

（4）现场照片贴纸上加注文字说明；

（5）符合相关行业标准。

【能力训练】现场照相

1. 实训内容

模拟案件现场，拍摄犯罪现场照片。

2. 实训目的

通过实训，使学生掌握现场照相的方法及步骤。

3. 实训课时：2学时。

4. 实训器材及用品

现场勘查证、普通现场勘查箱、刑事照相器材［照相机1~2部（装卷照相机和数码照相机并有）及三脚架、闪光灯、彩色胶卷等］、贴现场照片用纸等。

5. 考核标准

由教师按学生在训练中的表现考核。分为优秀、良好、及格、不及格四个等级。

项目五 现场录像

【知识目标】

1. 熟悉现场录像的种类

2. 理解和掌握现场录像的方法

【能力目标】

培养学生制作现场录像的能力

【知识要点】

现场录像是指运用现代录像技术，将案件现场以及现场痕迹、物品之间的关系等情况动态实时记录的方法。这种方法能迅速、全面、系统、完整和连续地将现场情况呈现出来，真实记录现场原貌。

《公安机关办理刑事案件程序规定》第211条规定："勘查现场，应当拍摄现场照片，绘制现场图，制作笔录，由参加勘查的人和见证人签名。对重大案件的现场，应当录像。"根据第203条规定，重大案件包括：一是致人重伤、死亡的严重危害公共安全犯罪；二是严重侵犯公民人身权利犯罪；三是黑社会性质组织犯罪；四是严重毒品犯罪。可见，对于以上四种案件现场勘查人员应当进行现场录像。

一、现场录像的特点

（一）客观反应性强

这种方法是通过录像镜头将现场上图像和声音同时记录下来，而且是全面、系统、连续的动态记录，所以内容更全面、更直观。

（二）内容连贯性

现场录像能够动态记录现场情况，将事物发生、发展、变化的全过程不间断记录下来，使画面具有连贯性，这种连续记录的功能是照相和其他记录方法无法比拟的，内容具有很强的说服力和感染力。

（三）快捷实用

运用录像技术不仅可在较短时间内将现场情况记录下来，而且根据需要可以边录边放，使得没有进入现场的人员也能够看到现场原始状态和勘验检查情况，同时在播放时可以利用重放、快放、慢放、定格等手段使勘查人员更能清楚地了解现场。现场录像还能通过视频录音机将任何一个场景录像，直接转换为照片图像，以弥补现场照相等方法不足的方面。

二、现场录像的方法

1. 推摄

推摄是指被摄对象的位置不变，摄像机逐渐接近被摄物体，使被摄物体由远及近、由小变大的录像方式。这种方法相当于人不断地向物体走近，走得越近，物体就越大，看得也就越清楚。

2. 拉摄

拉摄指被摄对象的位置不变，摄像机逐渐远离被摄物体，使被摄物体由近及远、由大变小的录像方式。这种方法给人以被摄物体由近到远的感觉。

3. 摇摄

摇摄是指摄像机位置不动，仅变化摄像机镜头的角度，从一个方向向另一个方向对被摄物体进行拍摄的方式。这种方法相当于人站在一个点不动，左右四处观察物体，分为水平摇摄和垂直摇摄。

4. 跟摄

跟摄是指摄像机的位置随着被摄物体的移动而移动，在移动状态中进行摄像的方式。这种方法可以反映现场物体之间的空间距离关系，表现现场被摄场所和环境的空间深度，反映痕迹遗留在现场的长度、重点物体每一个面的状况等。

三、现场录像的步骤

现场录像的步骤应当与现场勘查的顺序相一致。首先应听取案件介绍，了解案件发生的时间、地点及周围环境；其次观察现场，对现场进行整体巡视，边观察边拟出计划，确定录像的顺序、内容及拍摄物体及方法；最后进行实地拍摄。

四、现场录像的要求

（1）录像的顺序应按照案件现场具体情况确定。如对室内现场进行录像时，根据案情录像可以从室内开始，也可以从室外开始进行录像。

（2）对较小物体进行特写录像时，应放置比例尺，以表示物体的实际尺寸。同时对小物体进行特录时应先对表面物体的相对位置进行全貌录像，然后移向被摄物体。

（3）现场录像要注意光源的角度与光比。照明灯光一般采用角度的正面光，同时为了避免因灯光前亮后暗或近明远暗悬殊过大造成光比不当，还要合理利用可移动的辅助光。

（4）进行现场录像时，在场的其他人员应保持肃静，以防止与勘查活动无关的声音被录下来，从而影响录像效果。勘查人员对现场上痕迹、物品进行叙述时要注意用语，要符合规范，而且要精炼明了。

【能力训练】现场录像

1. 实训内容

模拟案件现场，对犯罪现场进行录像。

2. 实训目的

通过实训，使学生掌握现场录像的方法及要求。

3. 实训课时：2 学时。

4. 实训器材及用品

现场勘查证、普通现场勘查箱、刑事录像器材。

5. 考核标准

由教师按学生在训练中的表现考核。分为优秀、良好、及格、不及格四个等级。

单元十一

现场分析

项目一 现场分析

【知识目标】

1. 熟悉现场分析的概念和方法
2. 理解和掌握现场分析的内容

【能力目标】

1. 培养学生现场分析能力
2. 培养学生确定侦查方向的能力

【案例导入】

某公安局接到报案：王某称自己手机、金项链和2000元现金被盗，侄女张某失踪。民警迅速赶到现场。

现场位于一封闭小区，四周院墙高两米多，小区大门一般晚上11点左右关闭。发生盗窃的现场是小区1单元201室，系两室一厅结构。现场外门的防盗门、窗户呈关闭状态，门锁完好，窗户上也没有攀爬等痕迹。民警还发现客厅与过道相交的墙角有一个大立柜，根据王某介绍大立柜顶上原来有两个黑色行李箱，但勘查时只剩一个，另一个黑色的、带拖拉杆的行李箱不见了。现场餐厅墙壁上有一个吊柜，吊柜顶上放着一把菜刀，据王某说这把菜刀原来是放在厨房煤气灶下的抽斗柜里的。卫生间地面瓷砖缝隙间有少量血迹，在坐便器边缘凹进去的地方有一块血迹，卫生间门后的瓷砖上有一处血迹。卫生间有一把拖把，已清洗过。张某卧室的柜子上有张某大门、卧室以及上班的钥匙，提包没有被翻动过，在枕头底下发现有张某名字的一张存折，上面有五千多元。在楼下楼梯口处发现一个凳子，经辨认是王某家客厅的凳子。提取以上两处血迹的DNA和张某父母进行比对确定血迹是张某的。菜刀表面已被清洗过，但在菜刀刀锋处有形状比较奇特的缺口，王某称菜刀自己刚买不久，是新的，经鉴定发现是弧形豁口，旁边有带弧形的卷刃，对菜刀的木柄和铁把之间的护套、刀子表面的柄刃，鉴定后发现里面有人体细胞组织，但和张某不符。

张某，女，24岁，山西人，在一家通信公司上班，案发前半个月借住在王某家，父母在外地。毕业于某财经学校，毕业后经面试进入此通信公司。据同事介绍，张某平时为人内向，独来独往，不太和人打交道，无要好朋友。张某父母称张某是正统的女孩，而且自从工作后张某有每天下班都要给父母打电话的习惯，最后一次通话是案发当天下午17点45分左右，之后再也没有联系上。调取张某电话清单显示，给父母打了电话后张某又打了一个电话，是18点50分打给父母家的固定电话。据张某母亲说当时接到电话时没有说话声音，但很嘈杂，有喇叭声，打过去之后接不通。

张某同事说案发前一天张某还在上班，第二天也没有请假，打电话给张某，但打不通。王某称案发前两天自己出差，回家后就发现家里被盗，张某失踪。张某平时很少与陌生人来往，张某在两年前和未婚夫订婚，未婚夫是大同人，在老家工作。在王某出差前一晚，卢某来过王某家，借了200元人民币就走了。值班员称案发当晚凌晨两三点时有一个东北口音的、三十几岁、身高一米七左右的男子外出，自称是住户，但以前没有见过。

据调查，卢某是王某男朋友的朋友，34岁，无业，经王某男朋友介绍后认识王某，在借钱之前曾去过王某家。民警将菜刀上的人体细胞组织和卢某的比对，结果一致。经审讯得知：卢某在王某出差前晚借了200元钱后很快就花光了，在案发当天晚上18点左右又去王某家借钱，当时只有张某在，张某不愿意借钱给卢某，卢某一气之下将张某掐死，从厨房找到菜刀，将尸体肢解，用水和拖把清洗现场，并把尸体上身装进旅行箱。一直弄到凌晨两三点，拿走了之前的手机、金项链和现金2000元人民币。之后想利用凳子翻墙，但因为尸体太重，墙太高，翻不过去，便叫醒值班员打开门逃跑，将尸体扔到一口废机井里。

结合本案，请回答对案件进行现场分析的内容有哪些？

【知识要点】

一、现场分析的概念

现场分析是现场勘查指挥员在现场勘查基本结束后，组织全体勘查人员根据现场访问和实地勘验所获得的材料，对现场和案件情况以及初步侦查方案等问题进行分析研究，并作出判断的一项侦查活动。因为是在现场进行的，所以也称为临场讨论。《公安机关刑事案件现场勘验检查规则》第78条规定："现场勘验、检查结束后，勘验、检查人员应当进行现场分析。"

二、现场分析的任务

（一）全面汇总现场勘查情况，了解掌握现场情况

现场勘查是由侦查人员和各种技术人员分工分组进行的，每个小组都会根据自己的职责去收集犯罪信息，并进行单项分析，并没有把现场上各种事物相互联系起来作全面的综合分析，所以只有通过现场分析才能把现场勘查各个小组所收集的材料和情况结合起来，站在案件整体的角度上进行全面分析，从而系统全面地了解掌握现场及案情情况。

（二）对事件性质等有关问题进行分析判断

侦查人员了解现场情况和材料后，首先要对了解的内容进行审查辨别，然后利用这些审查后的材料对事件、与案件有关的情况、案件性质、作案时间、地点、作案人等基本情况进行分析判断，以解决是否立案侦查的问题。

（三）检讨勘查工作的失误并进行补救

在现场分析时侦查人员要对收集的材料进行分析，又要对与案件有关的问题进行判断推理，如果在分析推理中发现前期勘查工作有失误和不足，侦查人员就要重新回到现场，对现场进行复验、复查，这也是为了保证以后侦查活动的顺利进行。

（四）确定侦查工作的方案

侦查工作方案的准确性来源于对现场情况的准确判断，即案件侦查应从哪里入手，侦查途径是什么，应采取的侦查措施的种类等问题的解决有赖于现场分析，因为只有通过现场分析，才能弄清案件性质、犯罪的因果关系，以及作案过程和犯罪行为人的个人特点，才能确定下一步侦查工作的起点及重点。

（五）确定妥善处理现场的方案

现场勘验结束后，现场是否需要保留，以及如何保留、保留多大范围，这也是现场分析需要解决的问题。在分析现场情况的基础上，现场勘查指挥人应提出处理现场意见，经讨论决定后交有关人员执行。

三、现场分析的步骤

（一）汇集材料

在全面汇集材料时，每一位参加现场勘查的人员都应对自己在勘查中所获取的证据、信息、线索进行整理，拟订发言提纲。汇集时首先应由最先到达现场的民警汇报现场保护情况；其次是从事调查访问工作的侦查人员汇报访问所得的情况；再次由参加实地勘验的人员包括技术人员汇报实地勘验收集的材料；最后由现场搜索、追踪的人员汇报情况。当然，实践中汇报的顺序由指挥人员根据案件来确定，汇报时要做到思路清晰、实事求是、客观系统。

（二）甄别材料

汇报材料之后，现场分析人员首先应对汇报材料的真伪进行甄别，主要是围绕材料与犯罪的关联、材料之间的关联以及材料本身的真伪来进行。

（三）分析案情

在甄别材料的基础上，利用甄别后的材料对案情进行分析。首先要对现场每一个现象，每一个部分的产生、原因及与犯罪行为的关系进行分析，之后在分析每一现象的基础上，把现场的各个部分、各种问题和全部案件信息综合起来，从总体上对有关材料、有关问题进行分析研究，进而有侧重点地对与案件有关的问题作出较为全面、系统的分析判断，从而形成对现场及案情的整体认识。分析案情是侦查人员由片面到全面、由浅入深的认识现场的过程，也是衡量办案人员分析能力、思维能力的关键步骤。

（四）作出决策

在分析案情的基础上指挥人员应汇集各种正确的意见，对案件性质、侦查范围、侦查措施以及勘查后的现场处理等问题作出结论和决策。

四、现场分析的方法

（一）逻辑推理法

逻辑推理法是根据已知的案件事实推断出新的判断结论的方法，是用客观事实推断未知案情的手段。如在现场发现人的四肢，而四周没有血迹也没有其他的尸体组成部分，则可以推断出犯罪行为人杀人后可能将尸体肢解，并进行了移尸，在这个分析的基础上可以推断出发现四肢的地点可能不是杀人的主体现场。在现场分析中常用的逻辑推理方法有判断、假说和推理等。

（二）心理分析法

心理分析法是指侦查人员根据犯罪行为人实施犯罪活动的心理活动及其行为外在表现之间的内在联系，并结合犯罪现场反映出的各种心理痕迹，分析、判断犯罪行为人的心理状态或个性特征的认识活动。具体包括犯罪动机、实施犯罪行为时的心理状态、实施犯罪行为的方式、实施犯罪行为后的心理状态或外在行为表现。

（三）辩证分析法

辩证分析法是指认识事物时对事物的矛盾及其发展、转化过程进行分析、研究的一种思维模式。利用这种方法时要注意研究现场中各种矛盾的共性，又要注意研究这些矛盾的个性。既要分析事物矛盾的主要方面，又要分析其次要方面；既分析现场矛盾存在的必然性，又要分析这些矛盾存在的偶然性。

五、现场分析的内容

根据《公安机关刑事案件现场勘验检查规则》第 79 条规定：“现场分析的内容包括：①侵害目标和损失；②作案地点、场所；③开始作案的时间和作案所需要的时间；④作案人出入现场的位置、侵入方式和行走路线；⑤作案人数；⑥作案方式、手段和特点；⑦作案工具；⑧作案人在现场的活动过程；⑨作案人的个人特征和作案条件；⑩有无伪装或者其他反常现象；⑪作案动机和目的；⑫案件性质；⑬是否系列犯罪；⑭侦查方向和范围；⑮是否需要进一步勘验、检查现场；⑯处理现场的意见；⑰其他需要分析解决的问题。”具体总结为以下五个方面：

（一）判明事件性质

即分析现场已经发生的事件是否属于犯罪事件，或者说有罪与非罪的界定，这是决定是否进行立案侦查的前提。界定事件是否是犯罪事件，主要依据《刑法》的犯罪构成的四个条件。凡是符合四个条件的就是犯罪事件，反之则不是。分析界定事件性质应以现场事实为依据，具体如下：

1. 根据现场访问情况进行分析

通过现场访问即对被害人、事主、目击者的访问不仅能获取现场事件发生的过程、产生的结果等情况，而且也能了解案件被害人及事主等经济、社会关系、出事前后的言行等情况，为确定事件的性质提供了依据。但在分析中，侦查人员一定要利用心理剖析的方法，对访问所得的这些书面证词进行分析判断。

2. 以实地勘验的情况为依据进行分析

事件的发生都是以时空为先决条件的，而现场的一切情况都是事件发生的必然结果，所以要想对事件进行分析就必须以事件发生的现场为根据。现场分析应根据实地勘验所获得的如现场基本情况、所处的环境、后果、留下的痕迹、物品等材料来进行。但随着社会的发展，很多犯罪行为人往往会伪装现场，所以分析时要注意现场有没有反常和伪装情况。一旦有，则应该分析反常现象出现的原因，只有这样才能为确定分析事件的性质提供依据。

3. 以检验鉴定结论为依据进行分析

有些现场有尸体或某些物质的，要想确定现场事件是否犯罪事件，就必须弄清楚这些尸体和物质存在的原因，而要想确定这些原因就必须利用法医检验和刑事化验等技术手段，以检验、鉴定后得出的结论来确定事件性质。如现场有一具尸体，死者死亡的原因到底是自杀还是他杀，首先要检验尸体有无伤口，如无伤口就要进行尸体解剖，从而得出鉴定结论，分析死者是自杀还是他杀，确定事件是否犯罪事件。

4. 根据实验结果进行分析

根据最新刑事诉讼法的规定，现场实验可作为一种证据来使用，所以对于一些难以确认的案件事实情节，可以依法进行现场实验，如模拟事件发生情况，判断某种物质在一定条件下是否可以爆炸而进行的现场实验，其结果可以为判断是否是他人实施爆炸的重要证据之一。所以有些事件如其他材料都无法确定其性质的，就可以通过现场实验的结果来进行分析判断。

（二）分析判断案情

1. 分析案件性质

通过分析，如果事件是犯罪事件，则需要立案侦查。但在采取具体侦查措施进行侦查时，首先要解决犯罪事件即案件的性质。事件性质与案件性质两者之间是有区别的，事件性质是根据《刑法》所规定的构成要件和具体罪名来确定的，着重在于判明事件本身是否具有社会危害性和受惩罚性，而案件性质是在事件性质特定范围内的具体化，对其所进行的分析则着眼于确定侦查方向和侦查范围。

有些案件性质比较单一，根据材料很容易就可以判断其性质，但有一些案件性质的分类有很多，需要仔细分析才能判明。如杀人案件有私仇报复杀人、强奸杀人、图财杀人、情感纠纷杀人等，这些不同性质的杀人案件的侦查方向、侦查范围、破案方法都不同。如果是情感纠纷杀人，侦查活动应在与被害人有感情纠纷的人中进行。所以在现场分析中准确判断案件性质，对于明确侦查方向和范围以及实施侦查活动具有重要的指导意义。

案件性质可以根据以下内容来确定：一是根据犯罪行为人动机、目的来分析；二是根据犯罪行为人的行为后果来分析。但要想确定犯罪行为人的作案动机和目的以及后果，则需要根据现场所收集到的痕迹、物品、材料等来分析。包括以下四点：

（1）根据事主、被害人的情况进行分析。如被侵害人的性格、生活作风、社会关系、经济状况等。

（2）根据现场的具体情况进行分析。即根据现场所处的环境、现场内部结构、现场发生的变化等进行分析。

（3）根据现场的痕迹、物品进行分析。

（4）根据事主、被害人及其亲属和有关人员提供的情况分析。

2. 分析作案时间

作案时间是指犯罪行为人实施犯罪行为所必须经历的时间。即从开始实施犯罪行为到犯罪行为结束所持续的时间。任何犯罪行为都必须以特定的时间为前提和条件，无论犯罪行为人怎么去伪装都无法割断自己与作案时间的联系。一个人是否为犯罪嫌疑人的重要依据就是他是否有作案时间，所以时间要素是构成犯罪案件的基本要素。实践中分析作案时间的主要依据是：

（1）事主、被害人、目击者和知情人提供的情况。通过被害人、事主、目击者等提供的发案经过情况，如看到犯罪嫌疑人实施犯罪行为的时间、发现出事的时间、听到异常声音的时间等，作为分析判断作案时间的依据。

（2）现场能表明时间的物体状态。如现场停止走动的手表记载的时间，车票、飞机票所记载的时间，报纸、上网记录等表明的时间等。

（3）现场各种痕迹的变化情况。如现场血迹的颜色变化以及干湿程度、蜡烛的痕迹、现场的烟头、作案工具的情况等。

（4）现场物品的变化状况。如室内现场灯的使用情况、床上被褥的情况、被害人身上衣物的情况等。

（5）尸体现象及胃内容物消化程度。如尸冷、尸僵、尸斑等。

（6）被害人的生活习惯。如生活规律、作息时间等。

进行以上分析时，一定要注意犯罪行为人有没有利用反侦查手段进行伪装或掩盖作案的时间。

3. 分析作案地点

作案地点是指犯罪行为人实施犯罪行为所触及的空间。和时间要素一样，作案地点也是刑事案件的构成要素。大部分案件地点都是犯罪行为的实施地，即主体现场，但有些案件如有两个或两个以上的现场时，应该分析已发现的现场是否为主体现场，如果不是主体现场，则需要寻找主体现场。如杀人移尸案，尸体被发现的地方往往不是实施杀人行为的地方，即不是主体现场，这时就需要根据发现尸体的地方的痕迹、物品寻找主体现场。

分析作案地点的主要依据是：

（1）根据现场所处位置及周边环境进行分析。如发现漂浮在水面上的尸体，通过解剖发现是溺水死亡的案件，则就要沿着河的上游寻找杀人的地方。

（2）根据被害人、知情人等陈述的内容进行分析。很多案件被害人、目击者、知情人或群众会提供一些与案件有关的情况，侦查人员可以根据陈述的内容进行分析。

（3）根据现场的各种痕迹、物品进行分析。现场上很多痕迹、物品如交通工具痕迹、足迹、塑料袋、绳子等都可以作为分析的依据。如果现场有一些与现场物质环境不符的，如学生公寓有水藻、泥土等异常物质的，那就可以根据这些物质判断分析作案地点。

（4）根据现场的反常情况进行分析。如尸体卧躺在房间里，但鞋底却沾有很多稀泥，而且房间的地上很干净；尸体上有开放性损伤，但尸体周围却不见血泊或血迹等。这些反常情况说明发现尸体的地方可能不是主体现场，那么就需要根据这些反常情况去发现实施杀人的主体现场。

4. 分析作案工具

作案工具指犯罪行为人实施犯罪行为过程中使用的器械、凶器和其他客体。包括进行伤害的工具、用于破坏和排除障碍物的工具及交通工具。分析凶器和作案工具不仅可以利用工具找到犯罪嫌疑人，还可以分析犯罪行为人的作案动机、职业特点和作案条件以及犯罪行为人是否为惯犯等内容。

分析作案工具主要是分析作案工具的种类、尺寸、规格等。分析作案工具的依据有：

（1）根据现场遗留的可疑工具及其与作案有关的物品进行分析。如果现场发现可疑工具，应先通过询问、辨认等方法查明是否是作案工具，然后再与现场的工具痕迹形态或被害人的伤口进行比照研究，看是否吻合。如果现场有工具袋、包装物等物品遗留在现场，将可疑工具与这些物品进行比对，从而判断作案工具的种类、大小、形状等。

（2）根据现场遗留的工具痕迹进行分析。这些工具痕迹是作案工具在使用时在客体上留下的，反映其外部结构特征，所以分析时可以利用这些痕迹的性状、大小、深浅和宽窄等特征分析作案工具，同时也可以利用专家如法医和痕迹检验人员对一些专业性问题进行分析作出结论。

（3）根据现场的一些微量物质进行分析。犯罪行为人利用犯罪工具实施犯罪行为时，往往会把工具上的纤维、铁锈、碎片、油漆以及黏附的泥土、油垢或工具本身的纤维、断片等留在现场的某些物体上，所以对这些微量物质利用物理或化学方法进行检验也可以判断出作案工具的种类和特点。

（4）根据被害人、知情人提供的情况分析。在有些案件中被害人在被害的过程中可能接触过作案工具，或一些目睹犯罪行为发生的知情人可能在现场看到过作案工具。所以有时可以利用被害人或知情人提供的情况分析作案工具。

5. 分析作案人数

分析作案人数主要是分析一人作案还是多人结伙作案。主要依据有：

（1）根据被害人、知情人及有关群众提供的情况分析。很多案件被害人一般都与犯罪行为人有正面的接触，比如抢夺、抢劫、强奸等，那么被害人就可以提供作案人数。一些看到案件发生过程或看到可疑人员或听到犯罪行为人声音等情况的知情人的陈述也可以分析作案人数。

（2）根据现场的痕迹分析。即可根据现场的足迹、手印以及工具痕迹进行分析。如现场出现了大小不同的足迹、花纹不同的鞋印，在排除无关人的足迹鞋印后就可以根据足迹和鞋印判断作案人数，或是在现场发现了不同的指纹和掌纹，根据这些，同样也可以判断作案人数。

（3）根据失物分析。对于一些侵犯财产类的犯罪行为如盗窃案件，可以根据被盗失物的体积、重量、数量等分析作案人数。

（4）根据被害人的情况和尸体状况进行分析。如根据被害人身高、体重、伤口等以及尸体上的伤口和损伤程度等分析作案人数。

6. 分析作案人的特征

作案人的特征有很多，主要包括作案人的自然特征、心理特征、职业特征、技能特征等。

（1）分析作案人的自然特征。主要包括分析犯罪行为人的体貌特征、衣着特征、行为习惯特征等。体貌特征包括性别、年龄、身高、体态、五官等。衣着特征指衣着的样式、颜色、质地、新旧程度等。行为习惯特征指走路的习惯、是否左撇子等。

分析作案人的自然特征主要依据两个方面：一是根据事主、被害人、目击者或知情群众提供的情况，根据这些可以掌握犯罪行为人的体貌特征、衣着特征和口音等习惯特征；二是根据犯罪行为人遗留在现场的各种痕迹和物品，如通过现场的足迹可以了解到犯罪行为人的身高、性别、走路习惯、腿脚有无病残等情况，或是根据现场的指纹分析犯罪行为人的身高、年龄、手指是否受伤等情况，或是根据现场犯罪行为人遗留下的衣服碎片、纽扣、毛发等分析犯罪行为人的衣着特征和血型等。

（2）分析作案人的心理特征。犯罪行为人的心理特征往往是由于错误或反动的世界观、顽固的反社会态度、不正当的需求、消极的情绪和情感、不良的意志品质和道德观念或法纪观念的缺乏等各方面的原因形成的。很多犯罪行为人实施犯罪行为都是由这些心理特征支配的。在分析时侦查人员必须要分析支配犯罪行为发生的犯罪行为人的心理特征。具体依据有：①根据犯罪行为人侵害的对象进行分析。如有些性犯罪行为人专门对生活作风有问题的年轻女子，或是专门针对具有某类外形特征的女子等进行侵犯，从这些被侵害的对象的身上，可以分析出犯罪行为人可能由于社会经历或感情经历等方面受挫引发其所特有的变态心理特征。②根据现场遗留的痕迹、物品进行分析。如盗窃案件现场发现只有进入现场的鞋印，没有出现场的鞋印，这预示着犯罪行为人可能有伪装现场的犯罪心理特征，或有些现场犯罪行为人明目张胆地将作案工具遗留在现场，这揭示了犯罪行为人可能有蔑视侦查人员的犯罪心理特征等。

（3）分析作案人的身份和职业特征。具体依据有以下两点：

①根据作案工具或工具痕迹进行分析。通过留在现场客体上的工具痕迹可以分析出犯罪行为人身份或职业特征。如现场发现的被肢解的尸体，肢解的各个关节都很完整，没有被乱砍的痕迹，由此可以分析出犯罪行为人的职业可能是医生。如使用切割方法开锁盗窃的，通过锁头上被整齐切割的痕迹可分析出犯罪行为人可能是从事切割工作的。

②根据现场其他的痕迹进行分析。如通过现场遗留的足迹花纹磨损程度得出犯罪行为人是右脚重、左脚轻的明显特征，侦查人员根据双脚着地轻重出现的能量分布不均匀形成的差异特征分析出犯罪行为人平时有右脚用力的习惯，推断出犯罪行为人的身份可能是司机。

（4）分析犯罪行为人对现场的熟悉程度。这主要为排查犯罪嫌疑人提供依据，主要从以下三点进行分析：

①根据作案时间进行分析。犯罪行为人对作案时间的选择往往反映出其对现场及被害人的熟悉程度。如利用房间没人的时间进行盗窃，或趁着被害人一个人在家的时候进行行凶，这都反映出犯罪行为人可能对现场很熟悉。

②根据现场进出口路线及方法进行分析。如犯罪行为人翻窗户进入现场，或犯罪行为人利用后门进入现场，这些都反映出犯罪行为人对现场的熟悉程度。

③根据作案目标进行分析。如盗窃案件现场只有存放财物的抽屉被翻动过，其他的房间和抽屉都没有动过，说明犯罪行为人可能很熟悉现场。

（5）分析犯罪行为人的技能条件。犯罪行为人为了达到目的，总是要利用某种技能来实施犯罪，这就需要对犯罪行为人所具备的技能条件进行分析。具体可依据以下两点：

①根据犯罪工具分析。如利用枪支实施杀人，那么犯罪行为人就必须具备使用枪支的技能。再如利用自制的炸药实施犯罪，则犯罪行为人必须具备相关爆炸知识和掌握制造爆炸装置的技能。

②根据遗留在现场的痕迹、物品进行分析。如现场尸体伤口很整齐，则可以推断出犯罪行为人是懂医的会使用医用刀片的人。

7. 分析作案过程

犯罪行为人实施犯罪行为的先后顺序和行为动作即为作案过程。具体为犯罪行为人如何侵入现场、在现场进行了哪些活动以及先后顺序、作案后如何逃离现场的一系列活动。对作案过程的分析有利于判断犯罪嫌疑人供述和辩解内容的真实性。具体依据为以下三点：

（1）根据被害人、目击者的陈述进行分析。案件中的被害人大部分都经历了案件发生的整个过程，或有目击者看到了犯罪行为人实施犯罪行为的先后顺序，他们的陈述有利于分析犯罪行为人实施犯罪行为的过程。

（2）根据现场遗留的痕迹、物品进行分析。如室内现场发现门锁被撬坏，门口留有犯罪行为人足尖朝室内的足迹，说明犯罪行为人是由此门进入现场的。室内现场物品的位置发生了变化，翻动严重，说明犯罪行为人在现场有搜寻财物的过程。根据事主对室内现场原有物品、家具陈设的叙说，再根据现场物品被翻动的痕迹，或沿着犯罪行为人在现场遗留的足迹的走向等，可以推测出犯罪行为人在现场的行为过程。由此可看出，通过现场犯罪行为人实施犯罪行为遗留的痕迹及物品往往就可以推断出犯罪行为人在现场的作案过程。

（3）根据被侵害客体的各种状态分析。如现场尸体的位置、伤姿衣着、血迹的分布、血在尸体上的流向，以及现场留下的凌乱重叠的犯罪行为人与被害人的脚印等，这些都是分析作案过程的依据。

8. 分析作案动机目的

作案动机是指引发犯罪行为人实施犯罪行为的内心愿望和动力，作案目的是犯罪行为人实施犯罪行为所要达到的直接结果。两者有不可分割的联系。犯罪行为人通过犯罪行为达到作案目的总是基于一定的作案动机，犯罪行为人产生动机后，这种动机就会促使他去实施犯罪行为，以达到作案目的。但两者的区别是作案目的是犯罪行为人实施犯罪行为所直接追求的结果，而作案动机是犯罪行为人为什么要追求这个结果。具体依据如以下三点：

（1）根据被害人的情况分析。主要是分析被害人性格特点、经济状况、家庭成员、社会关系、工作性质、政治态度、生活作风、行为习惯等内容。

（2）根据现场痕迹、物品分析。主要是根据现场翻动、破坏的情况，被盗财物的种类、数量、价值及存放位置、尸体的姿势以及损伤部位、形态、程度、作案时间、作案地点等分析。

（3）根据作案手法和现场上活动情况分析。犯罪行为人的动机目的在很多情况下都能通过作案人的作案手法及其在现场上的活动过程表现出来，如通过现场上犯罪行为人的活动情况可以分析出犯罪行为人是基于占有财物杀人，还是基于强奸杀人，或是基于报复杀人。

（三）确定侦查方向、划定侦查范围

侦查方向指下一步侦查工作应在哪些人中查找犯罪嫌疑人，侦查范围是指查找犯罪嫌疑人的地域范围、行业范围等。确定侦查方向和侦查范围是侦查工作开展之前必须要认真解决的关键性问题。侦查方向正确与否，决定着能否正确破案，而侦查范围的准确与否决定着能否及时破案，范围过大或过小都会影响破案。所以应力求准确确定侦查方向和侦查范围。

1. 确定侦查方向

侦查方向是针对嫌疑人的，凡是与犯罪嫌疑人有关的情况如动机、个人特点等均可作为确定侦查方向的依据。具体如下三点：

（1）根据案件性质确定。案件性质不同，侦查方向也不同，如同为杀人案件，泄愤报复杀人的侦查方向与喜新厌旧的奸情杀人的侦查方向不同。前者应从与被害人有利害关系冲突的关系中去查找，后者应从被害人或配偶的不正当两性关系中去查找。由此可见，案件性质不同，侦查方向当然也不同，这就要求分析案件性质时一定要准确。

（2）根据犯罪行为人的个人特点确定。犯罪行为人实施犯罪行为需要具备一定的时间、空间、工具、技能等条件，而且在实施犯罪时也必然暴露出人身特点。侦查人员根据这两个条件就可以大概确定犯罪嫌疑人的个人特点，就可以从这两个条件出发去查找犯罪嫌疑人。如案发现场出现了自制的弹药，该弹药具有明显的职业特征，那么侦查方向就应在该行业中具备该弹药使用技能，或有条件接触该弹药的人当中去寻找犯罪嫌疑人。再比如盗窃案件中，进出口选择恰当，路线合理，犯罪行为人直奔财物存放地，现场遗留的痕迹较少，由此可以推测犯罪行为人对现场比较熟悉，那么侦查方向就要从对现场熟悉的人中去查找犯罪嫌疑人。

（3）根据犯罪行为人的动向、行踪确定。通过勘查发现犯罪行为人作案后逃跑时间不长、逃跑的方向和路线明确、人身形象、携带物品等特征显著，逃跑所利用的交通工具车型、类别都很明显，则根据这些特征有目标性地进行追踪。由此可见，通过犯罪分析的动向、行踪可以确定侦查对象，进而确定侦查方向。

2. 确定侦查范围

侦查范围实际上指的是犯罪行为人可能居住的范围或行业范围。现场凡是能帮助判断犯罪行为人的居住或行业范围的情况，都可以成为确定侦查范围的依据。

（1）根据事主、被害人、知情人提供的情况确定。在很多案件中被害人和犯罪行为人有过一定的接触，在接触过程中可能会了解到犯罪行为人的口音、说话内容、衣着打扮以及能反映犯罪行为人身份的一些证明材料。通过被害人的陈述就可以确定犯罪行为人的特征情况，由此就可以确定侦查范围。或者，通过有些知情人看到的、听到的情况，了解犯罪行为人的特征，也可以成为确定侦查的依据。

（2）根据作案手段、方法确定。很多犯罪行为人实施犯罪活动的手段、方法都带有习惯性，这种习惯可能会反映出犯罪行为人的职业特点或技能特点，那么侦查范围就可以根据行业或职业来确定。

（3）根据现场的痕迹、物品确定。犯罪行为人遗留在现场的各种与犯罪有关的痕迹、物品，有的可以反映出犯罪行为人的职业身份、居住地域范围等。由此根据现场痕迹、物品进而确定犯罪嫌疑人的相关情况。

（4）根据犯罪行为人对现场的熟悉程度确定。这种熟悉程度可以通过现场的现象表现出来。如盗窃案件中，只有存放财物的地方有翻动痕迹，其他地方痕迹很少，由此可以断定犯罪行为人可能对现场较熟悉，那就在与事主关系比较熟悉的人里进行调查，划定侦查范围。

（四）确定是否需要复验、复查

通过参加现场勘验人员提供的材料以及现场分析，指挥人员确定是否有进一步勘查现场的必要，如有必要则组织人员进行复验、复查，如没有必要则通知有关单位和人员清理现场，结束现场勘查工作。

（五）处理现场的意见

《公安机关刑事案件现场勘验检查规则》第 81 条规定：“现场勘验、检查结束后，现场勘验、检查指挥员决定是否保留现场。对不需要保留的现场，应当及时通知有关单位和人员进行处理。对需要保留的现场，应当及时通知有关单位和个人，指定专人妥善保护。”

由此可看出，如果通过分析决定无需保存现场的，应当及时通知有关单位和人员进行处理，需要整体或局部保存的，应当及时通知有关单位和个人，指定专人妥善保护。遇有死因未定、身份不明或其他情况需要对尸体进行复验的，应当保存尸体。尸体没有必要保存的，经县以上公安机关负责人批准，应当通知被害人家属处理。无法通知的或通知后家属拒绝处理的，经县以上公安机关负责人批准，按照有关规定处理。

【能力训练】犯罪现场分析

1. 训练目的

掌握针对具体案件进行分析的内容，并在实践中予以运用。

2. 训练要求

阅读以下训练案例，根据理论知识对其进行分析。

3. 训练案例

某公司经理称，某日会计许某到银行取钱，之后再也联系不到。据该经理反映，许某是某日早晨 9 点多去银行的，到中午 12 点都没有回去，手机关机，随后该经理报案。公安机关接报后立即进行调查。通过银行监控录像得知许某在 10 点左右从银行取出现金 5 万元放在包里，出银行门后就不知所踪了。这时公安机关接到报案称发现了一具女尸，赶到现场发现一辆红色奥拓停在路边，死者为一青年女子，仰卧于车辆西侧，从头到脚浑身是血。经尸检表明，死者身中 30 余刀，大多集中在胸部、腹部、背部，有两刀割断了喉管。经辨认死者就是许某，现场没有找到现金和死者的包。距现场 50 米处搜索到一副黑手套、一块白手帕及一张手机 SIM 卡，据现场 100 米的水沟里发现一把单刃匕首。初步确定是抢劫杀人案件。

通过对现场停放的车辆进行调查，发现此车在案发之前被盗，失主曾报案，手机 SIM 卡系死者许某的。对死者社会关系进行调查：死者许某 25 岁，已婚，社会关系简单，夫妻关系和谐，许某为人老实，性格内向，作风正派。据经理反映，案发前一天下班之前告诉死者第二天去银行取钱，其他人并不知道此情况。

对死者丈夫张某进行调查：张某，男，30 岁，某场工人，为人内向。据张某家人反映在案发当晚张某给父母打电话称要汇钱回去给父母看病，第二天汇了 5 万元到父亲账户上。而且案发后张某表现得很冷静。

项目二　现场重建

【知识目标】

1. 熟悉现场重建的概念和种类

2. 理解和掌握现场重建的依据和步骤

【能力目标】

培养学生现场重建能力

【案例导入】

某夜晚，在某地的某修理厂发生一起凶杀案，门卫张某（男，53 岁）和住二楼的一家三口，即本厂工程师徐某（男，36 岁）和妻李某（35 岁，个体户）及其 9 岁女儿 4 人被杀。

第一步是认识现场并对现场信息进行搜集与分类。发现徐某赤身裸体，被刀刺死，身边脚盆里有一盆清水，室内无翻动。徐某家共两间房，客厅兼卧室为一间，与厨房有一门相连。门锁没有撬压痕迹，箱柜有翻动迹象。房间外面甲板上有血鞋印，长度分别为 26 厘米和 24 厘米。黄某上身赤膊，下身穿短裤，手里拿有香烟、打火机，被刀刺中胸部倒在厨房门口的地上，头朝大门俯卧位，距家门 4 米。其女儿身着短衫、短裤被杀死在床。李某衣着整齐，身上背有皮包，拉链拉开，夹层内有 300 多元人民币，左眼角处有点状皮肤刺创，颈部有索沟，曾有人看见她案发当晚去夜市卖服装。

第二步是检验犯罪现场。根据尸检认为：张某、徐某及其女儿是被刺死的，唯有李某被勒死，且其眼角处有多个浅表的锐器刺伤。

第三步是分析犯罪现场并提出重建假设。依据已有的信息可推知：①李某被勒同时被人用锐器多次刺击眼角处，推测犯罪嫌疑人是用绳索、刺器胁迫勒索李某，导致现场零乱，翻动较大。②此案应是谋财杀人案。③从死者衣着分析，徐某及其女儿均着极少的衣服，而李某衣着整齐，且据案情调查李某当晚曾去夜市卖服装，说明案发时间应该在夜市收摊前，推断案犯在杀死徐某及其女儿后，待李某回家索财后将其勒死。④现场两个大小不同的血鞋印，且排除为死者所留的可能，分析犯罪嫌疑人应是两人。⑤徐某死在距其家门 4 米的厨房门口，而且手中拿有香烟和打火机，说明徐某对凶手并没有戒心，甚至可以推测为“奉烟”的动作，据上述分析可推测案犯中至少有一人与徐某熟悉。

第四步是重建犯罪现场（情节与过程）。重建案发现场，即两名犯罪嫌疑人窜上案发现场，先杀死在一楼准备洗脸的张某，以“扫清障碍”；接着上二楼徐某家，突袭徐某致其死亡后，杀死在床上睡觉的徐某女儿；李某回家后，凶手用勒颈、刀刺等手段对其进行逼迫，要钱和存折密码，最后将其勒死，在翻包找钱后溜走。犯罪嫌疑人杀人后翻箱倒柜、翻包找钱是害命图财案的特征。至于李某包内 300 元现金未被拿走，应是凶手杀人后心理极其慌乱，且又急于逃走的一种结果。此案侦破的关键是“熟人作案”。

经破案证实，犯罪嫌疑人蒋某（男，35 岁，徐某姨表兄）和朱某（男，18 岁），作案过程与上述对本案的分析推测基本吻合。

结合本案，请回答以下问题：

（1）现场重建有哪些依据？

（2）现场重建的步骤有哪些？

【知识要点】

一、现场重建的概念

现场重建指侦查人员通过对犯罪现场形态、痕迹、物品、尸体的位置、状态和相互关系的分析观察研究，利用实验室的物证检验结果，结合调查中获取的证人证言等相关信息，运用逻辑思维方法，对犯罪现场发生的犯罪内容和犯罪过程进行虚拟再现的侦查行为。

二、现场重建的分类

（一）根据案件性质进行划分

根据所发生案件的性质可以将现场重建分为：杀人案件现场重建、盗窃案件现场重建、投毒案件现场重建、爆炸案件现场重建等。

（二）根据重建范围进行划分

（1）犯罪情节重建。指犯罪过程中某一个环节的重建。主要是对现场的特定环节进行重建，而且并不是现场的每一个环节都能重建。这可以分为两类：一是犯罪情节部分重建，即只重建某一个犯罪情节中的某一个部分，这个部分的发生可能仅仅需要几秒钟或几分钟；二是犯罪情节整体重建，即重建的是犯罪行为过程中的某一个完整的情节，如杀人案件中犯罪行为人实施杀人的整个行为情节的重建。

（2）犯罪行为重建。即对整个犯罪行为过程进行重建。这是在澄清疑点、吃透案情的情况下才进行的，通常情况下比较少发生。因为对整个犯罪行为全过程进行重建需要借助痕迹、物品等以及分析研究现场事实和其他信息才能进行，重建过程很复杂。

（三）根据重建的内容进行划分

（1）犯罪行为顺序重建。有的案件现场上的痕迹、物品多而零乱，如现场上的尸体有七八具，这时很难分析出犯罪行为人实施犯罪行为的先后顺序，所以有必要根据尸体以及痕迹、物品的状况对犯罪行为顺序进行重建。

（2）位置关系重建。如有的案件为了确定被害人受害时与犯罪行为人的具体位置，就可以利用痕迹、尸体对位置关系进行重建。

（3）作案人数重建。在有些案件中犯罪行为人的人数可以根据侵害物、被害人等进行判断，但在复杂的案件中较难以确定究竟是几个人实施犯罪，这时就需要借助现场重建来解决。

（4）行为方式重建。案件中具体的行为方式有时也是确定犯罪情节的重要依据，所以有必要对有些行为方式不明的案件进行行为方式重建，如枪击案件中具体进行射击的行为方式。

（四）根据重建的性质进行划分

（1）立论性重建。指借助于痕迹、物品、客观事实等，通过对现场曾经发生的某一或某些犯罪瞬间状态、犯罪情节片段、犯罪情节整体或犯罪行为全过程的重新演示，以证明其确实存在过。

（2）驳论性重建。这是为了驳斥某种观点而进行的现场重建。该种重建首先故意基于该观点重新构建一个与之相适应的犯罪瞬间状态或犯罪事实情节或犯罪行为全过程，进而指出支撑该重建的痕迹、物证或客观事实的不足与缺陷，或抛出与之相矛盾的痕迹、物证或客观事实，从而推翻该重建，并借以推翻作为该重建基础的相应观点。

三、现场重建的依据

（一）犯罪痕迹、物品

犯罪痕迹、物品是犯罪现场的主要组成部分，是犯罪行为人在现场进行犯罪行为的最直接的表现。其从不同的角度客观真实地反映了犯罪行为人在现场的犯罪活动，所以无论何种现场重建，都必须依据现场的犯罪痕迹、物品来进行，如杀人案件的重建则必须要利用现场的如血迹、家具位置痕迹、足迹等痕迹、物品来进行。

（二）被害人、目击者、事主、犯罪嫌疑人等提供的情况

被害人陈述、证人证言、犯罪嫌疑人供述或辩解等从不同的方面反映了案件事实发生的经过和内容，其中包含的信息也是重建的根据。但重建时首先要先利用这些信息，重建人员才能得出对犯罪现场的一些理论假设，之后再利用这些信息并结合现场痕迹、物证及现场状态通过分析发现差异、分析疑点，以确保重建结论的可靠性。

（三）实验室检验鉴定结论

有的现场重建仅仅利用现场痕迹、物品以及被害人、目击者等陈述是不够的，还必须根据对现场提取的痕迹、物品进行检验鉴定的结论进行重建。因为很多痕迹、物品的特性包含的信息都是用肉眼无法判断的，必须在实验室利用科学的方法加以检验、鉴定。所以有时痕迹、物证的实验结论对于现场重建来讲尤为重要。如在投毒现场，只有对毒物的成分、数量进行检验鉴定后，才能利用结论进行投毒案件现场的重建。

四、现场重建的步骤

（一）收集和判断信息和数据

信息和数据是认识案件内容的主要依据。能否对案件进行客观认识以及能否确保利用信息进行现场重建都依赖于收集信息是否全面、准确。侦查人员需要从犯罪现场、被害人或者目击者处获取所有的言辞信息或者书面信息。然后根据证据状况、明显的形态和印痕以及被害人情况等数据，并结合案件具体情况对所收集到的信息和数据进行分析、鉴别、审查，从而得出信息之间、信息与案件事实之间的联系程度，进而对整个案件事实有较为全面的认识。

（二）进行推测

在对信息进行分析判断的基础上，依据所要进行的现场重建的内容，对犯罪事实情节、犯罪痕迹、物品以及整个犯罪行为发生的全过程等情况作出初步的推测性解释，这种推测结论不能视为这一阶段的唯一解释。为了防止下一步的假设先入为主或由于思路局限而使假设失之偏颇，必须尽可能全面考虑到案件可能发生的各种情形。

（三）提出假设

在侦查人员推测的基础上，利用事物发展规律和个人实践经验，以现场客观事实及其科学检验检测结论为依据，对各种可能性进行比较、论证，对案件情况作出最具

有现实可能性的解释或说明，从而使上一步的推测形成一种假设。对于这种假设，现场勘查人员必须进行包括血迹和印痕形态、射击残留物形态和指纹证据的解释以及微量物证分析等为内容的现场勘查和物证检验工作，这个过程能够帮助现场勘查人员根据事实或者经验对案件的过程形成合理的假设。

（四）合理论证

每个犯罪行为都具有自身的个性即唯一性，而所作的假设是否和犯罪行为等案件事实情况相符还需要验证。验证有两个内容：一是侦查人员依据自己的知识和实践经验，从所提出的假设出发，分析能否合理地、符合逻辑地推出已发现的痕迹、物证等已知事实；二是验证以上作出的假设的唯一性，由于一因多果现场的存在，假设只有经过排他性的验证才是客观科学的。

（五）得出结论

推理的内容是在假定重建假设为真的前提下，推断出除已掌握的信息外还应有哪些新的事实、新的条件和新的现象。这些未知的新情况为侦查人员验证重建假设提供了依据，侦查人员在此指导下采用侦查措施，有目的地去发现和寻找这些新的信息，如果发现了这些新信息，说明所建立的重建假设是真的，在这种情况下重建假设也就成了现场重建的结论。反之，如果出现了相反、相矛盾的情况，则说明重建假设是错误的，则侦查人员要重新提出新的假设。

由于受各种条件的限制，现场重建不可能与真实的现场完全一致，简单的现场重建相对而言比较容易，但复杂的现场就比较繁琐。

犯罪现场重建完成后，侦查人员应撰写犯罪现场重建报告。报告应说明重建的依据、过程、方法及其结论，并在文字报告中附上照片、模型、图片及演示资料等直观资料，以形象地展示重建结论或重建理论。重建的主持人与主要参与人应在报告上签字。

【能力训练】案件现场重建

1. 训练目的

掌握现场重建的种类及步骤，并在实践中加以运用。

2. 训练要求

分析以下案例现场重建的内容，分析现场重建的重要性及必要性。

3. 训练案例

某日某小区发生杀人案，家住楼下的老王有事去找楼上的老周，当他推开门时，看到的却是老周两口子还有一个邻居老太太都倒在了血泊里。市公安局成立了侦破指挥部。被害人都已年过古稀，身上有多处致命刀伤，更残忍的是三位被害人的眼睛都被人用利器扎坏了。手段这么凶残，难道是仇杀？经过警方调查，三位被害人遭仇杀的可能性很小。从另一个角度来说，凶案现场虽然没有贵重物品丢失，但是室内很零乱，除了有打斗痕迹外，还有部分翻动的痕迹。警方调查得知现场丢失了8000元人民币，从这点分析，劫杀的可能性大。作案人在作案后破坏了现场，案后又有医疗人员到现场进行抢救，破坏了现场。怎么办？于是警方进行了犯罪现场重建。

警方从现场中犯罪行为的终点开始，以犯罪行为为主体，以现场物证为依据，逆向演绎犯罪过程，拼出了这样一幅画面：

作案人于案发当日上午 9 ~ 10 点之间来到被害人家门口敲门，由于女主人安全意识薄弱，直接让作案人进了屋。进门后作案人拿出随身携带的尖刀威逼女主人索要钱财，女主人不给并向里屋逃跑，被作案人杀死在卫生间门口。之后作案人又冲进屋里直接将男主人杀死在沙发前。然后作案人戴上手套翻动现场财物，翻动中，邻居听到有异常声音便过来问个究竟，被作案人拽进客厅内杀死。

单元十二

几类案件的现场勘查

项目一　杀人案件的现场勘查

【知识目标】

1. 熟悉杀人现场的特点

2. 理解和掌握杀人案件现场勘查的内容

【能力目标】

1. 培养学生对杀人案件进行现场访问的能力

2. 培养学生对杀人现场进行实地勘验的能力

3. 培养学生对杀人现场进行现场分析的能力

【案例导入】

公安机关接到电话报案：小明称下午放学回家敲门，但没有人回应。小明掏出钥匙打开门，发现门没有反锁，一进屋看到妈妈刘某正躺在客厅的沙发床上，身上盖着被子，喊了几声，刘某一点反应都没有。小明掀开被子一看，刘某已经没有了呼吸。民警随即迅速赶到现场。

现场位于某小区303室，系一室一厅结构，门窗、锁完好无损，屋内翻动痕迹不明显。客厅有一张沙发床和桌子，刘某躺在沙发床上，衣着整齐，脖子上有明显的掐痕。桌子上有一个烟灰缸，里面有很多“玉溪”烟头，但有两个“玉溪”烟头被扔在地上，而且只吸了一半，桌子旁边的垃圾桶里有一个没有标签的空药瓶。洗手间垃圾桶里发现一个安全套，里面有男性分泌物。现场翻动痕迹并不明显，没有反抗搏斗痕迹。经勘查，刘某死亡的时间大概是当天中午，脖子上的掐痕符合捂压口鼻及掐颈窒息死亡的情况。瓶子上无标签，不是正规的针剂或是口服液，经鉴定没有有毒物质，没有危害作用。烟头上的指纹和瓶子上的指纹是同一个人的，案发现场除了有小明和刘某的指纹外并无其他人的指纹。在刘某的包里发现一张案发前一天在某商场买衣服的小票和一张出租车票。

刘某，38岁，女性，黑龙江人，是一名足疗店服务员，9年前离异，单亲妈妈，独自带着儿子，租住现场303室。小明，15岁，职业中学学生，报案人。小明称刘某也抽烟，但只抽“红塔山”牌香烟。因工作关系，刘某经常是白天在家睡觉，晚上出去工作。据房东提供的情况，刘某是半年前租的303室，因看到刘某很可怜，房租打了折扣，但并不了解刘某与他人的交往情况。走访邻居得知刘某与邻居几乎不来往，见面也从来不说话。刘某7年前来此打工，亲戚很少，与之有来往的只有刘某姐姐家的孩子张某（20岁，网吧打工）。据张某介绍，刘某一个月能挣一两千元，与朋友关系不错，性格外向，和前夫无联系。同事称刘某是半年前来足疗店打工的，平时并无来往。

现场烟灰缸里的9支烟头及地下的烟头说明抽烟的人很慌乱，边抽边想事情，而且在现场停留的时间比较长，与刘某可能认识。同时刘某死亡时穿着整齐，不像是正常睡眠状态下被害的，而且刘某的身体比较强壮，初步分析作案人可能是男性，通过指纹分析，发现一人作案的可能性比较大。

经过对刘某的社会关系进行调查，发现刘某两年前遇到一个恋人，因为小明的反对，两个人一直没有结婚。根据刘某QQ空间里的文字推测，案发前一天刘某可能和这名恋人见过面，但发生过争吵。民警根据出租车票找到出租公司，据司机称当时刘某是和一名男性一起坐出租车的，男性东北口音，大概1.8米左右，身体结实。通过商场的监控录像找到了当时和刘某一起买衣服的这名男性，经过出租车司机和小明的辨认，此男性就是和刘某来往的那名恋人，但没有住在刘某的出租屋里。据小明说案发前一天早晨上学时看到这名男性来找过刘某，而且刘某也向小明介绍说是东北老乡，刚从东北过来。通过以上信息，民警在某旅店抓到了这名可疑人员陈某。

陈某，男，35岁，黑龙江人，装卸工，离异后带着5岁的女儿和父母住在一起。两年前和刘某认识，因为结婚和经济问题，最近两人经常吵架，案发前一天陈某从东北来找刘某，两个人一起逛街买衣服。第二天也就是案发当天，趁小明上学，陈某来到刘某住处，两个人发生关系后刚开始有说有笑，但之后因为买房问题吵起来，陈某用左手掐刘某脖子，因害怕刘某反抗，便把随身带的一瓶药水灌到刘某嘴里，刘某死亡后陈某拿走了刘某的手提电脑和手机等物品。

结合本案，请回答以下问题：

（1）对杀人案件进行现场访问的重点有哪些？

（2）对杀人案件进行现场勘查的重点有哪些？

【知识要点】

一、杀人案件现场的概念与特点

杀人案件现场指犯罪行为人以剥夺他人生命为目的所实施的杀人、碎尸、隐藏、掩埋、抛尸以及其他与犯罪有关的痕迹、物证的场所。杀人行为具有严重的社会危害性，历来都是侦查机关查办的重点。犯罪行为人深知杀人犯罪的法律后果，为了逃避法律惩罚，犯罪行为人一般都会精心策划，而且事后往往都会毁尸灭迹。而且随着现代科学技术的发展和运用，犯罪行为人杀人的手段越来越高明，很多杀人现场的痕迹、物品越来越少，这给现场勘查增加了难度。但不论怎样，现场上总会遗留犯罪行为人无法或难以消除或掩盖的痕迹、物品，必将为现场勘查留下重要的信息。杀人案件现场有以下四个特点：

（一）绝大多数的现场有被害人尸体、尸块、尸骨等可供检验

有些杀人案件在侦查初期没有发现尸体，只发现了血迹和残肢，但尸体是客观存在的，随着侦查工作深入、细致地开展，一定会发现尸体或尸块。通过对尸体、尸块

等进行检验，就可以为分析死亡原因、确定侦查方向和范围提供帮助。如通过尸体检验可以确定被害人的性别、年龄、职业等。

（二）现场遗留的痕迹、物证较多

杀人案件的现场状态比较复杂，一起杀人案件可能有几个现场，所以犯罪过程一般较长，是多种犯罪行为综合作用的结果。犯罪行为人在实施杀人之前往往会进行窥探、尾随、预付等活动。在实施杀人过程中，通常在现场会留下血迹、毛发、分泌物、衣物碎片、随身物品、杀人工具、搏斗痕迹、破坏工具的痕迹等，有的杀人案件还会伴随着盗窃、强奸、放火、爆炸等犯罪行为，也会在现场留下相关的痕迹、物证。在实施完杀人行为后，犯罪行为人会进行分尸、碎尸、抛尸、埋尸等案后活动，同样也会在现场遗留痕迹、物证，如切割尸体的痕迹、拖拉痕迹、包裹物、捆扎物、附着物等，所以现场的遗留痕迹、物证较多，现场上的这些痕迹、物证能够直接或间接揭示犯罪行为人与案件的内在联系。

（三）因果关系明显

很多杀人案件中被害人与犯罪行为人之间有直接或间接的利害关系或矛盾冲突，这种利害关系或矛盾冲突导致了犯罪行为人杀人行为的发生，如婚姻家庭矛盾、奸情、个人经济纠纷等。由于因果关系明显，为确定侦查范围提供了依据，但也不能绝对地认为任何案件都是如此，有些杀人案件因果关系不明显，如抢劫杀人、斗殴杀人等，案前看不出矛盾冲突，只有深入调查才能查明。

（四）现场容易遭到破坏

杀人案件发生后，发现现场的人往往会先对被害人进行抢救或被害人家属在现场保护前进入现场等，这些行为都会对现场上的痕迹、物品、尸体等进行变动。由于受天气的影响或动物等啃咬，室外现场的尸体、痕迹、物品等更容易被破坏。这些破坏或变动给勘验工作带来了一定难度。

二、杀人案件现场访问

杀人案件尤其是有因果关系的案件，对被害人家属、知情人等进行访问尤为重要，具体访问的内容如下：

（一）发现案件的情况、现场的原始状态

侦查人员通过对报案人、发现人进行访问，了解其在什么时候、什么情况下发现现场、尸体、尸块，当时现场的情况如何，尸体、尸块的位置、姿势、状态以及有无其他人进入现场，现场的其他痕迹、物证的分布状态，发案后有哪些人到过现场，有哪些人进入过现场，到过或动过现场的哪些部位，对现场采取了何种保护措施等。

（二）作案的经过

通过对现场周围的群众和知情人进行访问，向其了解他们知道的与犯罪有关的情况，了解其是否看到作案经过或听到与作案有关的声音，了解其目击到的具体作案时间及详细经过，了解其是否在案发时间段看到可疑人员进出过现场或出现在现场附近，或是否看到一些行为、表情异常的可疑人员等。

（三）被害人基本情况

通过对被害人家属、同事、朋友或邻居等进行访问，了解被害人的基本情况，如被害人的姓名、性别、年龄、身份、社会关系、经济情况、生活作风、政治态度及平时的为人，被害人平时表现、家庭关系、婚姻恋爱、生前活动情况、心理状态、精神状态等情况，本人、家庭成员与他人之间有无矛盾冲突、经济纠纷、有无私仇或奸情关系，被害人生前的生活习惯、性格、爱好以及有无违法劣迹等。访问时要注意对案发前曾与被害人或家庭成员有过接触的一些人员进行了解。

（四）犯罪嫌疑人情况

对于未死亡的被害人、目击现场的人或犯罪嫌疑人在作案过程中或作案前后可能接触到的人进行访问时，侦查人员要了解犯罪嫌疑人的体貌特征，如姓名、性别、年龄、人数、身高、体态、外貌、衣着等，犯罪嫌疑人逃跑的方向与路线、在搏斗中有无受伤情况、携带的凶器等。

三、杀人案件实地勘验

杀人案件应以尸体为中心，对现场以及痕迹、物证进行全面勘验、检查。具体包括以下四项：

（一）对现场的勘验

对杀人现场的勘验具体包括以下三项：

（1）对尸体所在的地点或场所进行勘验。不同杀人案件现场的环境不同，为了保证现场不被破坏或变动，在检验尸体之前应先对尸体所在的地点或场所进行整体、静态的观察，并在此基础上制定勘查方案，有步骤、有计划地进行勘验、检查。

（2）对尸体周围地面的勘验。这要根据尸体所处的环境性质以及尸体上的伤口进行分析勘验。如果尸体在室外现场，尸体上有开放性伤口，则应观察尸体周围的地面上有无血迹，如果有则为主体现场；如果没有可能是关联现场，则要注意分析尸体上或尸体所在的地面上有无拖拉痕迹、运输工具痕迹以及有无黏附的树叶、油漆、泥土、杂草等，并分析其来源。如果在室内现场，尸体上有开放性损伤的，则应在尸体周围的地面上观察是否有血迹、毛发、足迹、杀人凶器、毒物、弹药等微量物质。

（3）对尸体所处的空间的勘验。如果尸体在室内现场，而且有开放性伤口，除了对所在的地面进行勘验外，还应对尸体所在的空间的上下左右各个部分进行勘验，查看是否有蹬踩、擦刮等痕迹；如果尸体悬挂在房梁上或处于桌下、井下、床下、楼阁上、地沟里、箱柜里，勘验时侦查人员不要急于将尸体搬移或拖出，应先对尸体所处的各个部位有无喷溅血迹、毛发、手印、足迹、弹头、毒物等情况进行勘验。

（二）尸体检验

杀人案件现场的尸体是很重要的证据，对案情的分析判断起到至关重要的作用。因此，实地勘验中对尸体的勘验必须认真、细致。

1. 尸体外表检验

（1）检验尸体的位置、姿态及死者身份特征。主要是观察检验尸体所处的位置和具体部位，与周围环境和痕迹、物品的关系，尸体卧躺姿势、头脚的方向、四肢的状况、面部表情，死者身份特征，包括死者的性别、年龄、身高、体态、面貌特征、病理特征、特殊斑记等。对于悬吊的尸体应注意研究尸体悬吊的部位，脚离地面的高度和脚下有无衬垫物等。

（2）检验尸体的衣着打扮及携带的物品。对于衣着打扮应分层次，由外及里、由上至下进行检验，重点检验衣着的式样、材料、裁剪方式、颜色、品牌、新旧程度、纽扣特征，衣服上有无油垢、分泌物、呕吐物、血迹、体液、证件、票据、香烟、打火机等物品。

（3）检验尸体附着物。尸体衣着检验完毕后，脱掉尸体上的衣物，检查尸体皮肤和伤痕处有无泥土、毛发、皮屑、血迹、药物等附着物。同时还要注意尸体隐蔽部位，如头发、腋下、阴部及口、鼻、耳朵等有无泥土、血液、毒物等附着物，还要检查死者指甲缝、手中有无因搏斗而抓住的犯罪行为人的头发、皮肉、纽扣等附着物。

（4）检验尸体现象。尸体现象是指人死后尸体在多种因素的作用下所呈现的特征。常见的有尸冷、尸僵、尸斑和尸体腐烂等。对现场的尸体现象进行检验，包括观察尸冷、尸僵的程度，尸表有无尸斑，尸斑出现的部位、颜色、形态、大小，尸体是否腐烂以及腐烂程度，以判明死亡的时间。

2. 尸体解剖

《刑事诉讼法》第129条规定："对死因不明的尸体，公安机关有权决定解剖，并且通知死者家属到场。"经过尸表检验，仍未查明死因，或者需要进一步查明伤势的，可以对尸体进行解剖。要检验死者头部、胸部、腹部及动脉、静脉等主要部位和脏器是否正常，有无出血、损伤或病理变化以及其他异常现象。同时要对胃内容物进行检验。对于女性尸体还要检查子宫内有无怀孕，阴道、处女膜是否破裂出血，有无精液或其他异物等。必要时可提取某些器官组织作为检材，以作进一步的理化检验。

（三）血迹的勘验

血迹是杀人案件现场常见的一种痕迹。大多数案件现场如因机械性损伤致死的杀人现场或多或少都会留下血迹。如犯罪行为人用钝器、锐器等作为杀人工具，一般都会在杀人地点留下大量被害人的血迹。有时在犯罪现场被害人与犯罪行为人搏斗过程中，犯罪行为人受伤时也会把血迹遗留在现场，这些对于侦查工作而言都是重要的线索和证据。所以现场遗留血迹和血迹颜色、数量、形态、分布位置以及血型化验是勘验的重点。

1. 血迹的颜色

新鲜血迹是鲜红色的，血液流出体外，经过一段时间变为暗红色。因此血迹一般呈暗红色，随着时间的延续，在温度和湿度的作用下，血迹逐渐变为红褐色、褐色、淡绿褐色直至灰褐色。在潮湿环境中血迹容易腐败，腐败的血迹呈淡绿色或浅绿色，通过血色可以判断死亡的时间。

2. 血迹的形态

血迹流到客体物上由于距离、方向、速度和客体性质属性不同，形成的血迹的形状也不同。具体分为以下五种：

（1）血滴。血滴指血液呈自由落体运动垂直滴落在客体上所形成的点状血迹。血液垂直落下接触物体时，血迹呈现圆形或类似圆形。血液滴落时与客体的距离越大，形成的圆形也越大。血迹滴落地面后由于飞溅作用在大圆形周边会形成许多更小的圆形，人在行走时滴落的血迹呈椭圆形，呈星芒状的一端为行走方向，以此判断血滴的形成方位状况。

（2）血柱。血柱即血液沿着一定的物体表面流淌而成的线状、条状血迹。血迹下端因血量较多而膨大，尸体上的血柱可表明受伤时的姿势和位置。

（3）喷溅血迹。出血时受动脉血压驱使呈喷射状态而形成的血迹。

（4）擦拭血迹。沾有血液的物体或身体与其他物体接触擦蹭后，形成擦蹭状的血迹。根据形成的形式、部位等不同，血迹的形态也不同。擦拭血迹的面积大小跟血液的流量、擦蹭时接触面积和作用力大小有关，一般情况下血迹的形态都是不规则的。

（5）血泊。血泊即指从人体受伤部位流出大量血液积聚在某一处所形成的血迹，如死者受伤部位附近等。

3. 血迹的发现

发现杀人现场的血迹并不是很难，因为大部分杀人案件现场或多或少都会有血迹，而且血迹的颜色和周围物体一般反差比较大，往往比较明显，容易被发现。但在某些情况下，如一些犯罪行为人在案后破坏现场，用水冲洗、布擦、土埋等方法消除血迹，或是血量比较少，颜色较暗，或是血迹依附在颜色较深的物体上，或是血迹在不为人注意的地方，或是血迹已经陈旧淡化了，这些情况都给发现血迹造成了一定困难。但只要仔细寻找总是能发现血迹，因为犯罪行为人不论采用任何方式都不可能完全消除血迹。勘查室内现场时应注意在杀人现场的地面上、墙壁、门窗、天花板、家具、被褥、凶器、室内陈设以及其他有关物品上去仔细寻找，勘查室外现场的血迹时应注意在现场及其有关物品上，如瓦块、树叶、草丛、石块等表面仔细寻找，对尸体进行勘验时，应在死者身上、手上、衣袖上、鞋袜上、头发上、指甲间、裤缝等寻找血迹，对当场抓获的犯罪嫌疑人，应在其头发、衣服、鞋袜等上面寻找血迹。勘验深色物品时应注意，一般情况下可调整视角进行观察，必要时可用人工辅助光照射进行观察，也可用荧光、激光灯物理或化学方法帮助发现血迹。

4. 血迹的记录、固定和提取

现场发现血迹之后，首先要进行记录和固定，然后再观察血迹所在客体以及血迹情况，针对不同情况进行提取。

（1）血迹的记录、固定。一般情况下，发现血迹后都应首先用文字、照片、摄像等方式将其记录、固定下来。不仅是为了记录血迹的状态、数量、性状等情况，也是为了记录血迹所在现场的原始状况。这对于了解案件现场，如犯罪行为人在现场的活动过程，对进行现场分析、确定侦查方向和侦查计划有重要意义。

（2）血迹的提取。对血迹进行正确的提取能保证以后侦查工作的顺利进行。进行时应根据血迹所在的客体及血迹情况，针对不同情形进行提取。通常采取的方法有四种：一是对沾有血迹的衣物、手套、纸张等物品，可装入干净的塑料袋里提取；二是对沾有血迹的刀、斧等凶器，用清洁纸张包扎提取；三是对物体上的新鲜血迹，可用干净的纱布将血迹擦下，装入干净的玻璃器皿中；四是对墙壁和其他物体上的血迹，可用小刀将血迹刮下，用洁白纸包装好装入信封或瓶内提取。

凡是提取的血迹，均要注明血迹所在部位、提取的时间、提取人的姓名，以备检验。

（四）其他痕迹、物品的勘验

杀人现场除了对尸体和血迹进行全面勘验外，还应对其他与犯罪有关的痕迹、物品进行勘验，因为这些痕迹、物品在案件侦破中有着极为重要的作用。它们既是揭露证实犯罪的直接证据，又是案件侦查的线索来源。具体包括以下三类：

1. 凶器的勘验

现场杀人凶器一般有两种情况：一是犯罪行为人实施完犯罪行为之后将凶器遗留

在现场，这时就需要将现场所发现的凶器和被害人身上的伤痕进行比对，观察特征是否相同，以此判断是否为杀人凶器。如果经过比对特征相符的，首先应进行细目照相，固定其原始状态，然后细致勘验遗留在凶器上的手印、血迹、毛发等痕迹和物质，进而分析是犯罪行为人随身携带的还是就地取材的，分析其用途和使用范围。二是现场没有发现凶器的，应根据被害人身上的伤痕特征，分析判断出凶器的种类，然后在现场周围及犯罪行为人逃跑路线上的垃圾桶、下水道、厕所、池塘、草丛等隐蔽场所，认真进行搜索。发现凶器后应先进行拍照、记录等工作，然后将其提取。

2. 痕迹的勘验

犯罪行为人可能遗留在现场的痕迹包括能据以认定人身同一的痕迹，如手印、赤脚印、齿痕、唇纹等，还有认定犯罪工具同一的痕迹，如工具痕迹、交通工具痕迹、枪弹痕迹等。寻找发现痕迹应在现场进出口、实施杀人行为的中心现场、犯罪行为人伺机藏身的地点、潜伏休息的场所、尸体周围及被破坏的物体上寻找。找到后根据相应的方法进行记录固定、提取。

3. 物品的勘验

杀人案件现场的物品包括衣服、鞋帽、手套、烟头、报纸、爆炸物、弹头、毒物、呕吐物、分泌物、绳索、包裹物、捆扎物、毛发、精液、精斑等，这些物品比较直观，容易发现。发现后根据具体的方法进行记录、固定、提取。

四、杀人案件的现场分析

（一）确定事件性质

确定事件性质即确定现场的死亡事件是否是犯罪事件。这也是进行立案侦查的前提条件，死亡事件是不是犯罪事件主要是根据死者的死亡原因来确定。死亡的原因有病死、老死、意外事故死亡、自杀、他杀等情况。这里面只有非法他杀的死亡才能确定为犯罪事件，即某种死亡是由于犯罪行为直接引起的。有些事件的性质根据目击者、死者家属等陈述以及现场痕迹、物品就能确定。但有些事件的性质很难确定，这时就要通过细致的现场勘查、尸体检验、调查访问、技术检验、现场实验等进行分析判断。

（二）分析案件性质

确定了事件的性质是犯罪案件后，就应分析杀人案件的性质。杀人案件的性质是根据犯罪行为人实施杀人的动机来确定的，杀人动机不同，案件性质也不同。案件性质分析的准确性直接关系到侦查途径及方向和范围的选择。实践中根据现场访问、调查访问、尸体检验等获取的痕迹、物证等信息基本可以确定案件的性质。杀人案件的性质一般有：①政治性杀人，即犯罪行为人为了报复社会、报复国家等实施的杀人行为；②私仇报复杀人，即犯罪行为人为了泄个人仇恨等实施的杀人行为；③强奸杀人，即犯罪行为人在实施强奸过程中因被害人反抗杀人或强奸后实施的杀人行为；④图财杀人，即犯罪行为人为了窃取他人财物而实施的杀人行为等。杀人案件性质不同，现场的特点也不同。可根据犯罪行为人与被害人有无关系，犯罪行为人实施犯罪的动机、目的，犯罪行为人实施犯罪的行为方式、方法等进行分析。

（三）分析作案时间

杀人案件的作案时间即犯罪行为人开始实施杀人到逃离现场所经历的时间。

（1）根据被害人死亡的时间推断作案时间。被害人死亡的时间可根据尸表检验和尸体解剖的结论来确定，具体有尸体表面现象、胃内容物的消化程度、排空情况，以及尸体上的蛆、蛹、蝇等情况。需要注意的是，有的案件杀人的时间和被害人死亡的时间不一致，有时杀人行为实施完到被害人死亡可能相隔了一段时间，这就要首先确定被害人死亡的时间，再根据伤势、痕迹等判断杀人的时间。

（2）根据调查访问的内容判断作案时间。通过对被害人的家属、朋友及周围群众的访问，如被害人家属最后一次见到被害人的时间、听到呼救声的时间、离案发时间最近的一次与被害人通话的时间等情况，以此来判断大致的死亡时间或作案时间。

（3）根据现场上的痕迹、物品判断作案时间。现场有些痕迹随着时间的变化会有不同的表现，如痕迹的颜色、形状、干湿程度等。血迹、精斑、分泌物、呕吐物、排泄物、手印、足迹等痕迹。以及现场上的车票、彩票、报刊、钟表、被褥等物品都是分析作案时间的痕迹和物品依据。

（4）根据现场所处的环境以及人群的活动规律判断作案时间。犯罪行为人实施杀人行为总是会选择有利的环境以及时间，所以可根据现场及其所处的周围环境情况，以及周围群众的生活规律等情况进行判断。

（四）分析作案地点

作案地点指犯罪行为人实施犯罪行为的具体场所。杀人案件里分析作案地点主要是指发现尸体的地点是否是犯罪行为人实施杀人行为的地点，即是否犯罪的主体现场。

（1）根据尸体上或附近的附着物或异常物质进行分析。很多杀人案件发现尸体的时候往往会在尸体上或尸体附近发现一些物质，如树叶、油漆、灰尘等，这些物质与发现尸体现场周围的物质有区别，这时就可以根据与尸体所处环境不符合的这些物质判断发现尸体的地点不是杀人的主体现场，而且也可以根据这些物质寻找主体现场。当然有些杀人案件发现尸体的地方就是杀人的地点。

（2）根据现场的痕迹进行分析。在发现尸体的地点寻找有没有被害人反抗时形成的痕迹，如扭打、搏斗、翻滚痕迹，移尸时形成的血迹滴落痕迹、拖拉痕迹，以及碎尸时的碎尸痕迹，如果没有，初步分析发现尸体的地点不是杀人的地点，这时就需要根据现场的痕迹寻找杀人地点。

（3）根据现场的反常现象进行分析。反常现象是与发生的案件自然过程相矛盾的地方。在很多杀人移尸、碎尸等案件中，犯罪行为人在实施完杀人行为之后隐埋尸体或转移尸体，在以上过程中出现，如俯卧的尸体，尸斑在背部，尸体上有大量的锐器所致的伤口等，但尸体旁边和周围却没有血泊或血迹的情况，这些都说明了发现尸体的地点不是杀人的地点。

（五）分析杀人过程

杀人过程是认定犯罪行为人实施杀人行为的重要证据。具体包括犯罪行为人进出现场的部位及方式、在现场上的活动过程、实施过哪些行为、触动过什么物品、留下了哪些痕迹、物品、被害人被害的方式及凶器是什么、有无反抗行为、犯罪行为人是如何处置尸体及逃离现场的。

（1）根据现场访问所得进行分析。侦查人员可以通过现场访问目击者或是没有死亡的被害人了解掌握作案人的作案过程。

（2）根据现场痕迹、物品的分布和位置关系进行分析。现场的痕迹、物品是犯罪行为人实施杀人行为时形成的，是整个犯罪行为过程的反映，所以可根据现场的痕迹、物品如门窗等有无破坏痕迹、血迹的形状以及所留的位置、现场物品被翻动的情况与案发前物品的位置比对，来分析作案过程。

（3）根据尸体状态进行分析。尸体是最重要的证据，也是分析作案过程的主要依据。根据尸体所处的位置、姿势、伤口数量及形状、血迹分布情况等可以判明犯罪行为人实施杀人的手段等。

（六）分析犯罪嫌疑人情况

犯罪嫌疑人情况是确定侦查方向和侦查范围的主要依据，具体包括犯罪嫌疑人的人数、犯罪嫌疑人的人身形象以及作案条件等内容。

分析犯罪嫌疑人的人数主要是依据现场被害人人数，尸体上不同的伤痕及数量，遗留在现场的手印、脚印，移尸、抛尸的方式及距离，丢失财物的数量、体积和种类等。

分析犯罪嫌疑人的人身形象主要是依据现场遗留的脚印、手印，遗留的血迹及物品如纽扣、毛发、衣服碎片等，根据现场访问的内容也可以分析犯罪嫌疑人的人身情况。

分析犯罪嫌疑人的作案条件，即犯罪嫌疑人的知情条件、时空条件、技能条件、工具条件等，主要依据现场进出口遗留的痕迹、物品，尸体上的伤口、分尸的情况，财物存放位置的痕迹、物品等。

（七）分析杀人手段

分析杀人手段即犯罪行为人用什么方式使用什么工具实施杀人。根据现场遗留的痕迹如工具痕迹、微量物质、绳索等分析杀人手段，通过尸体上伤痕的形状、大小、宽窄、深浅等分析使用的凶器和手段。

（八）确定侦查方向和侦查范围

根据以上七个方面的分析，侦查人员就可以基本确定排查犯罪嫌疑人的范围以及使用何种侦查措施，进而组织侦查力量按照确定的侦查方向和侦查范围进行侦查。

【能力训练】杀人案件的现场勘查

1. 实训案例

有人报案称有辆新面包车停在路边已经三四天了，民警迅速赶到现场。车辆停在某街道旁，后门处有血迹，打开车门看到驾驶座后排右座上有血迹，但不多。后门有一处血迹，法医推测是浸染血迹。车上的塑料膜还没有完全被扯掉，车子后排座位底下的脚垫不见了。车上的吊坠挂在手刹上，吊坠上有个扯断的断头，比较毛糙，是拉扯断面。据周围邻居反映，车停放的时间内没发现车子的主人。之后民警又接到钓鱼的居民报案称发现一具尸体。现场位于某马路护坡下的河滩上面，周围杂草七八米高，路人很难发现。尸体头朝下脚朝上，双脚没有穿鞋，袜底干净，在尸体旁边发现了车上失踪的脚垫，民警推测车上可能是杀人的第一现场。经法医检验，尸体颈部有两处索沟，疑似是具有柔韧性的绳子造成的勒痕，死者面部有被物体打击后留下的肿胀伤，法医推测作案人至少有两人，死者是从背后被人勒死的。死者随身携带的腰包和手机都不见了。

2. 实训目的

通过实训，使参训学生重点掌握杀人案件现场勘查的步骤和顺序。

3. 实训条件设计

（1）实训时间为3学时。

（2）学生以15人为一组：指挥人1名、现场保护组2名、见证人2名、现场访问组2名、被访问人2名、实地勘验组3名、记录人3名。

（3）实训场地：学校操场。

（4）器材准备：现场勘查证、现场勘查箱、刑事照相器材、刑事绘图器材。

4. 训练方法步骤

（1）指导教师设置模拟现场。

（2）指挥人员巡视现场，制定勘查方案。

（3）指挥人员对勘验人员进行组织分工。

（4）邀请参加现场勘验的专家和见证人。

（5）保护组人员划定保护范围，设置警戒。

（6）巡视现场划定勘验范围和顺序。即现场勘验应遵循先静观后动手，先拍照后提取，先地面后高处，先外表后内部，先重点后一般，先易消失后稳定等原则。

（7）初步勘查、固定现场。

（8）详细勘验，发现提取痕迹、物证。在初步勘查的基础上对现场的各个部位和各种痕迹、物证进行一一仔细研究，想方设法进行提取。具体表现在仔细寻找痕迹、物证，认真研究痕迹物证，记录提取痕迹、物证，绘制现场图。

（9）制作现场勘查卷。制作现场勘查卷，并写出受训报告。报告内容包括：接报案时间，到达现场的时间，勘查时的分工，勘查的基本方法、步骤、顺序，发现提取痕迹、物证的情况等。

5. 注意事项

现场勘查的步骤和顺序的采用，应根据现场的地理位置、周围环境、范围大小、难易程度，因时因地因人因案因情制宜，灵活运用。

6. 考核方法及其标准

由教师按学生在训练中的表现考核。分为优秀、良好、及格、不及格四个等级。

项目二　盗窃案件的现场勘查

【知识目标】

1. 熟悉盗窃案件现场的特点
2. 理解和掌握盗窃案件现场勘查的内容

【能力目标】

1. 培养学生对盗窃案件现场进行现场访问的能力
2. 培养学生对盗窃案件现场进行实地勘验的能力
3. 培养学生对盗窃案件现场进行现场分析的能力

【案例导入】

某小金库被盗，民警对现场进行勘查。小金库是被犯罪嫌疑人用钥匙打开的，从两个双层铁皮柜和三个保险柜内盗走巨额现金。

据两名值班人员反映，某日凌晨5点10分值班室的报警装置突然响了，报警位置是库内小仓的门，约两分钟后小仓内的小金库再次报警，值班员打电话时发现线路被破坏。即到仓库西侧大门查看，发现门被打开。第一次报警到第二次报警的间隔时间约20分钟。库外检查时发现仓库东侧大门上的一把大挂锁被调换，调换后的挂锁与原挂锁的大小、形状、颜色均相同，但用原锁钥匙打不开。此外，仓库内外的其他门、窗、桌、柜均未见异常。仓库上早班的保管员用钥匙开小金库的铁皮柜、保险柜一一检查，发现两个铁皮柜、一个保险柜以及小金库外的两个保险柜内存放的现金被盗，经初步清查共计人民币60余万元，美金10余万元。

现场勘查中，在被盗的保险柜、铁皮柜上提取到两枚指纹，并提取了金库内值班室写字台抽屉上的撬压痕迹。

具体分析：一是通过仓库东侧大门上的锁头分析，犯罪行为人作案前对锁头进行了调换，同时又截断值班室电话，看出犯罪行为人作案前进行了周密策划；二是通过仓库所有出入通道分析犯罪行为人应是从西侧大门进入现场；三是通过对工作人员作息时间调查以及现场出入口分析，推测犯罪行为人是从东侧大门进入现场后侵入仓库内隐藏起来，待工作人员下班后再出来作案的；四是通过仓库内外门锁、柜子等的钥匙分析犯罪行为人清楚钥匙所存放的地方；五是从现场犯罪行为人活动情况分析，犯罪行为人非常清楚仓库小金库的位置；六是根据作案过程分析犯罪行为人作案的时间是从前日晚上10点至案发当日6点；七是根据金库结构分析犯罪行为人是一人的可能性较大；八是根据痕迹分析作案工具是剪刀和“十”字螺丝刀两种；九是推测犯罪行为人熟悉现场内外部情况，内部人员或内外勾结作案可能性较大。同时根据被盗的巨额现金的重量，分析男性作案可能性大。

之后经侦查发现仓库临时工张某系犯罪嫌疑人。

结合本案，请回答以下问题：

（1）对盗窃案件进行现场访问的重点有哪些？

（2）对盗窃案件进行现场勘查的重点有哪些？

【知识要点】

一、盗窃案件现场的概念与特点

（一）盗窃案件现场的概念

盗窃案件现场是指犯罪行为人以非法占有为目的，秘密窃取公私财物的地点、场所。这类案件现场是刑事案件现场中最多、最常见的一种。由于盗窃案件作案成员复杂，侵害目标广泛，作案手段方法多种多样，所以现场的情况各不相同。

（二）盗窃案件现场的特点

1. 入室盗窃案件现场一般有进出口

犯罪行为人入室盗窃，总要通过一定的通道进入室内，作案目的达到后要经过一定的通道离开现场，这样就形成了现场的进出口。犯罪行为人无论采用攀登入室或是趁无人之机潜入室内或采用破坏门窗、挖洞等破坏障碍物入室的方法，都会在现场进出口留下不明显或明显的痕迹、物证，所以一般的入室盗窃案件现场都会有进出口。

2. 案前多有预谋踩点活动

犯罪行为人为了顺利达到窃取财物的目的，在案前常常会踩点。比如选择盗窃目标、盗窃路线，熟悉周围环境，了解事主和周围群众的生活规律、工作规律等。特别是入室盗窃的案件，犯罪行为人往往以买东西、找人等名义暗中窥测现场、选择路线，对盗窃的方式方法以及作案时机等进行事先预谋和准备。

3. 现场遗留有较多痕迹、物品

犯罪行为人实施盗窃行为必然会在现场留下痕迹、物品。一般情况下有三种可能的遗留痕迹、物品：一是犯罪行为人盗窃财物势必会破坏现场进出口的门窗等障碍物，不管是采用撬、踹、开锁、挖还是其他破坏手段，都会在相应的位置留下破坏痕迹；二是财物存放地遗留的痕迹、物品。犯罪行为人企图窃取的财物大多是现金、高档商品，这些贵重的财物往往存放在加锁的箱子、柜子、抽屉里，要想窃取到财物必须要破坏存放财物的箱子、柜子、抽屉，这就必然会形成破坏这些物品的工具痕迹；三是为了寻找财物存放地，犯罪行为人会翻动、触碰现场其他物品，在这些物品上也会形成一些痕迹。

4. 现场有财物丢失

犯罪行为人实施盗窃行为的目的就是非法获取财物，如现金、金银首饰、有价证券或其他高档物品等。所以犯罪行为人一旦行窃得逞，现场就必然会有财物丢失，所以在勘验时要查清丢失财物的情况，为破案提供线索。

5. 现场易被破坏

盗窃案件发生后，尤其是居民住宅被盗，事主往往不会想到立即向公安机关报案，而是先进入现场查看有无东西丢失，发现失窃后才报案，或有些案件事主经过较长时间才发现被盗，这些都会对现场造成破坏。

二、盗窃案件现场访问的重点

盗窃案件现场访问主要是对事主、财物保管人员、有关知情人及犯罪行为人前往、逃离现场沿途的群众进行访问。

（一）发现被盗的时间和经过

主要指在什么时间、什么地点发现财物被盗，谁最先发现、发现的详细经过、发现被盗后采取了什么措施，发现被盗前后有哪些人因什么原因进出过现场、在现场进行了哪些活动、移动和触摸过哪些物品，案发前谁最后离开现场、离开时财物及现场的原始状态如何等，这些因素都是发现被盗时间和经过的重要依据。

（二）被盗财物的情况

主要包括被盗财物的种类、数量、价值、特征，特别是只有使用人才知道的特征和暗记。被盗财物的来源、运送、保管和使用情况、知情范围，被盗财物是否有某种特殊用途或需要特殊的渠道转卖，哪些人可能有此需要或销售条件。保管财物的门窗、箱柜是否上锁，钥匙放在什么地方，是否丢失或被人借用过。有无报警装置、专门看管人员，被盗财物的所有人是什么人，财物被盗后直接责任人和经济损失承担者是什么人等。

（三）现场工具和物品的来源

主要是指现场发现的哪些工具和物品是事主家中之物或现场原有之物，是否有人因其他原因带到现场，哪些是犯罪行为人遗留在现场的，事主和有关知情人对这些物品的看法。

（四）可疑人员及现象

主要指了解案发前是否见到来历不明的人到过现场或在现场周围徘徊、窥视，案件发生时有无听到某种声音，是否看到什么人在现场附近活动，或携带什么物品从什么方向离去，可疑人员的体貌特征、口音及探听的内容是什么，单位内部是否有人急需用被盗物品，发案后此人的表现如何等。

（五）了解事主、财物保管人的基本情况

主要指了解事主、财物保管人平时的思想作风、社会关系、经济状况，有无家庭债务、婚姻、恋爱、奸情关系等方面的纠纷，有无吃喝嫖赌的恶行，本人或家人亲友是否急需类似被盗的财物，同时，保管人员的保管账目是否混乱，是否有侵占、盗窃、贪污等违法犯罪前科，案发前是否散布与案件有关的某种流言，案发后思想情绪、经济上是否有反常现象等。

三、盗窃案件实地勘验的重点

（一）入室盗窃案件现场实地勘验的重点

1. 勘验现场进出口

凡是入室盗窃案件的现场都有进出口，有的明显，有的不明显，而且进出口附近遗留有破坏、翻越等痕迹，这些痕迹是分析犯罪行为人作案手段、技能、人数等情况的重要依据。所以进出口是现场实地勘验的重点。

实践中犯罪行为人进入现场的方式有以下五种：

（1）盗用（盗配）钥匙及其工具进入室内。犯罪行为人用盗得的原配钥匙或盗配钥匙开锁进入室内，或是用万能钥匙和组合钥匙进入室内。

（2）破坏门锁进入室内。犯罪行为人用螺丝刀、铁棒等工具撬压、拧砸门扣、扭锁进入室内，或是用插片或金属丝顶锁舌以及钻、卸锁芯，剪锁键等方式进入室内。

（3）从窗口进入室内。犯罪行为人采用卸玻璃、拔插销、拉弯或锯断窗栅栏或直接翻越进入室内。针对楼层高的现场，犯罪行为人可能会利用窗户旁的排水管道、树木攀援到窗前，再进入室内。

（4）预先潜入现场。犯罪行为人利用合法身份和理由公开进入室内现场，或是利用门未关之机预先进入室内，伺机作案。

（5）挖洞进入室内。犯罪行为人破墙砖、挖地洞钻入室内，或是在门锁旁边打洞伸手入内开锁进入室内等。

勘验现场进出口的方式有以下三种：

（1）观察现场状态。观察现场墙壁、房顶等有无破坏痕迹，排水管、阳台是否有攀爬痕迹，周围是否有梯子、绳索、衬垫物等，以确定犯罪行为人进出现场的方法。

（2）检查现场上的门、锁、窗。入室盗窃案件犯罪行为人大部分是从门或窗进入的，所以首先要注意观察房门是开启还是关闭的，地面上及门上面有无足迹，锁是完好的还是被破坏的、是否有脱落以及被破坏的痕迹，锁内有无擦划痕迹、钥匙碎片，

锁上面是否有手印或附着物，门内外侧有无蹬、踩和附着物以及有无震掉的物品或泥灰，同时还要查明窗户所在的地面上有无足迹、玻璃碎片及手印，窗栅栏有无破坏以及破坏状态，窗台上有无踩踏痕迹及附着物，灰尘聚集比较多的地方有没有手印等。

（3）检验墙壁和房顶。有的犯罪行为人采用挖洞侵入或房顶揭瓦吊绳下滑进入现场，因此要注意墙壁房顶上有无破损痕迹。对于挖墙洞的，应观察洞的位置、大小、撬挖工具形成的痕迹，以及墙洞内外的泥土、砖头的分布等情况。对于从房顶揭瓦入室的应观察揭瓦的部位以及周围踩踏痕迹等。

2. 勘验现场中心部位

对于被盗现场中心部位的勘验，应以被盗财物存放地为重点，同时对犯罪行为人入室后接触或经过的部位都要进行仔细勘验。

（1）寻找犯罪行为人遗留的足迹、手印。犯罪行为人在室内行走或蹬踩各种物体时会留下足迹，要根据现场地面和各种承受客体的属性，利用各种光源和仪器，在犯罪行为人行走和可能蹬踩的物体上寻找足迹，并利用具体的方法进行提取。同时在财物存放的地点，犯罪行为人可能会留下手印，如在翻找、移动和破坏各种物品时很容易在这些物品上留下手印。很多犯罪行为人可能会戴手套作案，企图不留下指纹，但由于作案时紧张恐惧和发现贵重物品后兴奋，犯罪行为人也可能会在作案过程中摘下手套取物品，或是在犯罪时手套被划破，露出部分手指，从而在现场留下手印。

（2）勘验现场遗留的各种破坏工具痕迹。入室被盗的财物一般都是存放在保险柜、加锁的文件柜、写字台抽屉、衣橱里面的，犯罪行为人在窃取这些财物时一般要先破坏存放财物的物体，勘验时就需要查看这些物体是否遭到破坏。有破坏的就需要检查痕迹遗留的部位、方向、种类、形态，以便分析犯罪行为人使用的工具种类、技能条件等。

（3）寻找和发现犯罪遗留物。在现场应注意寻找犯罪行为人行窃时可能遗留在现场的物品，如打火机、烟头、唾液、头发、撬压工具、照明工具，或不经意遗留的随身携带的物品，如衣服碎片、纽扣、手套等，这些遗留物都是侦查破案的重要线索。

（4）勘验现场物品变动情况。犯罪行为人在行窃过程中，可能会对现场的物品进行移动，以便翻找、窃取财物，这必然会使现场的物品发生位移、破损、增减变动等。在事主或保管人员的协助下，结合清点现场财物，查明哪些物品被移动、翻动、破坏，变动的面积有多大，通过对这些物品的勘验可以分析犯罪过程。

（5）研究现场痕迹、物品分布等情况是否合情合理，有无反常情况，结合现场痕迹、物品分布，判断犯罪行为人在现场的活动情况，进一步确定其作案手段方法和有无作案经验等。

3. 勘验现场外围

犯罪行为人入室之前往往在现场周围进行踩点、窥测，或作案后在现场附近清理、隐藏、分赃，这必然会在现场外围遗留有足迹、坐卧痕迹或丢弃的烟头、工具、唾液、分泌物等。由于犯罪行为人实施犯罪行为时注意力集中在中心现场，很多犯罪行为人会对中心现场进行破坏或伪装，但很容易忽视外围现场，可能不会对其进行破坏、伪装。所以现场的外围部分也是勘验的重点。

（1）勘验犯罪行为人来去路线。犯罪行为人往往在来去路线上会留下未加掩饰和破坏的痕迹物证，如成趟的、特征反映正常的足迹、步法痕迹、丢弃作案的工具、包装物、赃物等。

（2）勘验犯罪行为人潜伏守候、窥测踩点的地点。这些地点遗留的痕迹物证价值较大，而且伪装的可能性很小。犯罪行为人长时间的守候和踩点会留下较多的痕迹物证，如食物及其包装物、打火机、烟盒、烟头、粪便、纸张、唾液、足迹、坐卧痕迹等。

（二）室外盗窃案件现场勘验的重点

室外盗窃案件的发生率越来越高，对于这类案件的现场勘验，重点主要介绍以下三种：

（1）盗取电缆线、动力线、电力设施和通讯电线的案件。这类案件的现场多为荒郊野外，很难监管到位。对于这类案件，现场勘验的重点应在被盗电线地段，首先应在电线所在地的地面上寻找犯罪行为人遗留的足迹、登高的痕迹、装运工具痕迹，进而分析犯罪行为人的人数；其次，通过对被盗窃电线的部位进行勘验，可分析犯罪行为人夹、割、剪所形成的痕迹，进而分析作案工具的种类。通过对犯罪行为人接近电线的过程分析犯罪行为人割线、爬杆用的工具，收集电线杆上的擦、刮痕迹，以便进一步分析犯罪行为人的作案工具等。

（2）扒窃案件。扒窃案件多发生在人员复杂的公共场所、公共交通工具，如车、船上，这些地方人多拥挤，事主的注意力很容易被分散，往往被扒窃时都没有察觉，而且犯罪行为人得逞后会迅速转移赃物，逃离现场。由于扒窃多发生在拥挤流动的人群中，所以大多数案件没有固定的现场。对于这类案件，勘查的重点有两个：一是扒窃地点。犯罪行为人扒窃之前往往会观察、试探、掩护等，这个过程中可能会留下一些痕迹、物证，如手印、足迹、刀片、铁丝、夹子、镊子以及用来掩护的物品如衣服、书、包等。二是事主被扒窃的衣物或提包。对衣物进行勘验时可能会在纽扣、饰物上发现犯罪行为人的手印及附着物，对提包进行勘验的目的是通过对提包的光滑部位、开拉链的方式、划割的方向、部位、长短、次数等分析犯罪行为人使用的工具。

（3）盗窃交通工具案件。盗窃交通工具的案件是指在公共场所盗窃汽车、摩托车和自行车等公路交通运输工具的案件。这类案件往往侦破难度较大，因为被盗的汽车、摩托车一般都停放在公共场所，事主与犯罪行为人无正面接触，难以提供犯罪行为人的情况，而且作案工具多是犯罪行为人随身携带的螺丝刀、克丝钳、汽车解码器、GPS屏蔽器、暴力开锁器、GPS探测器等专业偷车工具，一般不会留下撬压等痕迹在现场。所以虽然盗窃现场明确，但取证比较难，对于这类案件现场勘查的重点有三个：一是勘查被盗车辆停放的地点。在事主的协助下，在被盗车辆停放点勘验有无停车痕迹，如车轮痕迹、油滴、手印痕迹等，在停车地点的相应部位检验有无犯罪行为人留下的足迹，并注意发现地面上有无打碎的玻璃碎片，或因撬车门、车锁而掉落的金属残片、油漆片、零部件等脱落物。二是对及时发现的盗车案件，应根据现场车辆痕迹分析犯罪行为人逃跑的方向，查明被盗车辆的特征，及时通知有关路段的卡点、岗亭进行拦截。三是勘验现场所在的地段、街道，利用监控录像分析判断犯罪嫌疑人的人身特征、作案过程等。

四、盗窃案件实地勘验的现场分析

（一）分析判断案件性质

根据现场的痕迹、物品及被盗财物等分析盗窃案件的具体性质。即案件是内盗、外盗、监守自盗还是内外勾结的盗窃，是入室盗窃，还是室外盗窃等。

（二）分析盗窃时间

盗窃时间是指犯罪行为人进入现场实施盗窃活动所经历的时间，不包括案前的预谋、预伏和案后的销赃时间。

（1）被盗前事主是何时离开现场的，离开时房门、窗的状态以及抽屉、柜子等是否上锁；

（2）事主何时回到现场，何时保管财物及保管的时间长短，何时发现财物被盗；

（3）现场周围的环境如何，周围群众的工作时间、生活规律、过往行人的流动情况；

（4）周围群众何时听到现场的可疑声响，何时看到可疑人员或可疑迹象；

（5）现场遗留痕迹形成的时间，如现场有关痕迹的新鲜程度、干燥硬化程度等；

（6）若根据现场痕迹、物证等判断流窜作案可能性很大，则要根据当地的行车时间、旅店位置推断犯罪行为人来去现场的时间。

（三）分析盗窃手段、方法及作案工具

通过对盗窃的手段、方法及作案工具进行分析，可以判断犯罪行为人的职业特点、地域范围、有无反侦查能力等内容。

（1）根据现场进出口的痕迹分析。盗窃案件现场进出口一般都会遗留痕迹，根据这些痕迹可以分析犯罪行为人是以什么方式进出现场的，是事先配制钥匙开锁进入，还是通过撬锁、砸门窗、挖洞等方法破坏障碍物进入。

（2）根据被盗财物存放地的痕迹分析。财物一般都放在箱子、柜子或抽屉等地方，犯罪行为人要想得到财物就必须利用工具破坏这些箱柜，从而留下工具痕迹，通过工具痕迹分析犯罪行为人使用工具的种类及熟练程度，进而分析犯罪行为人是惯犯还是偶犯等。

（3）根据犯罪行为人破坏障碍物等痕迹分析。犯罪行为人进入现场寻找财物存放地的过程中会接触、破坏现场的一些物品，通过对这些物品上遗留的痕迹、物品等分析，可以确定使用工具的种类、特征、大小等。同时，可根据犯罪现场盗窃手法、破坏障碍物的技巧、部位等分析犯罪行为人盗窃手法是否具有习惯性特点，是否具有反侦查技能等。

（四）分析盗窃案件嫌疑人的情况

主要包括犯罪嫌疑人的人数，犯罪嫌疑人的人身形象、地域范围，是惯犯还是偶犯等。

（1）根据事主和知情人员提供的情况分析；

（2）根据现场遗留的脚印、手印分析犯罪嫌疑人的作案人数、性别、年龄、体态、步态、身高等特征；

（3）根据被盗财物的重量、体积、数量等分析犯罪嫌疑人的人数等特征；

（4）根据遗留在现场的痕迹、物品分析犯罪嫌疑人人数、特殊技能、职业特征、

地域范围、惯犯还是偶犯等；

(5) 根据现场进出口遗留的痕迹、物品的情况分析犯罪嫌疑人与被害人的关系，是否熟悉现场等内容。

(五) 分析犯罪嫌疑人处理赃物的方式、途径

根据被盗财物的种类、数量、特征、性能和用途，分析犯罪嫌疑人可能处理赃物的方式以及通过什么途径进行处理、销赃的区域、场所、对象等。

(六) 确定侦查方向和范围

根据以上分析的内容确定侦查方向和范围，即确定在什么地区、什么单位、什么人中排查犯罪嫌疑人。

【能力训练】盗窃案件的现场勘查

1. 实训案例

李某称某日下午回家发现家中被盗。民警立即赶赴现场。现场位于某村，系平房砖木结构，大门锁被撬，锁下方留下一处宽1.3厘米的工具撬压支点痕迹，房间门上的挂锁也被撬，锁下方也留下一处宽1.3厘米的工具撬压支点痕迹。室内的床上物品被翻开，衣柜里的衣服等物被全部翻出丢在地上，每件衣服都被抖开，衣柜里的小抽屉被拉出，1000元现金及金银首饰等价值3000元的物品被盗，抽屉里的其他物品散落在地。勘查人员在地上装房产证的塑料袋封面上发现一枚汗液手印。现场访问时一名十岁的女孩说看到一个女人从案发现场出来，手里还提着一个黑色的皮包，那名女子长头发，穿红色衣服、黑色裤子，带着黑色墨镜。

2. 实训的目的

通过实训，使参训学生重点掌握盗窃案件现场勘查的步骤和顺序。

3. 实训条件设计

(1) 实训时间为3学时。

(2) 学生以15人为一组：指挥人1名、现场保护组2名、见证人2名、现场访问组2名、被访问人2名、实地勘验组3名、记录人3名。

(3) 实训场地：学生宿舍。

(4) 器材准备：现场勘查证、现场勘查箱、刑事照相器材、刑事绘图器材。

4. 训练方法步骤

(1) 指导教师设置模拟现场。

(2) 指挥人员巡视现场，制定勘查方案。

(3) 指挥人员对勘验人员进行组织分工。

(4) 邀请参加现场勘验的专家和见证人。

(5) 保护组人员划定保护范围，设置警戒。

(6) 巡视现场划定勘验范围和顺序。

现场勘验应遵循先静观后动手，先拍照后提取，先地面后高处，先外表后内部，先重点后一般，先易消失后稳定等原则。

(7) 初步勘查、固定现场。

(8) 详细勘验，发现提取痕迹、物证。在初步勘查的基础上对现场的各个部位和各种痕迹、物证一一仔细研究，想方设法进行提取。具体表现在仔细寻找痕迹、物证，认真研究痕迹、物证，记录提取痕迹、物证，绘制现场图。

（9）制作现场勘查卷。制作现场勘查卷，并写出受训报告。报告内容包括接报案时间，到达现场的时间，勘查时的分工，勘查的基本方法、步骤、顺序，发现提取痕迹、物证的情况等。

5. 注意事项

现场勘查的步骤和顺序，应根据现场的地理位置、周围环境、范围大小、难易程度，因时因地因人因案因情制宜，灵活运用。

6. 考核方法及其标准

由教师按学生在训练中的表现考核。分为优秀、良好、及格、不及格四个等级。

项目三　抢劫案件的现场勘查

【知识目标】

1. 熟悉抢劫案件现场的特点

2. 理解和掌握抢劫案件现场勘查的内容

【能力目标】

1. 培养学生对抢劫案件现场进行现场访问的能力

2. 培养学生对抢劫案件现场进行实地勘查的能力

3. 培养学生对抢劫案件现场进行现场分析的能力

【案例导入】

接到报案称有人受伤，满头是血，民警及时赶赴现场。现场位于某住宅楼三楼的走廊。伤者仰卧在地，头部有血，后经抢救无效死亡。对现场进行勘查发现，死者系在自家楼通道内被人用钝器打伤头部，其随身携带的女士手提包被劫，内有手机一部、银行卡一张及现金500余元。犯罪嫌疑人几乎没有在案发现场留下痕迹。法医鉴定后认为凶器可能是铁榔头、锤子之类的物品。在走访中有人反映，在案发时曾看到一名40岁左右、身高1.7米左右的男子在现场附近翻动一只女式手提包。

围绕中心现场深入分析，推测犯罪嫌疑人是早有预谋、事前准备工具，选择目标后尾随跟踪。犯罪嫌疑人为1人，40岁左右，身高1.7米左右，体态偏瘦，肤色较黑，上身穿白色运动服，下身穿蓝色牛仔裤，脚穿白色旅游鞋。之后民警围绕死者生前的社会关系展开调查，对周边旅馆、出租房、外来人口聚集地进行排查，结合现场访问，进行模拟画像，发动广大群众寻找线索，最终抓捕犯罪嫌疑人。

结合本案，请回答以下问题：

（1）对抢劫案件进行现场访问的重点有哪些？

（2）对抢劫案件进行现场勘查的重点有哪些？

【知识要点】

一、抢劫案件现场的概念与特点

抢劫案件现场是指犯罪行为人使用暴力、胁迫和其他手段劫取公私财物的场所。具体特点有：

（1）抢劫地点的选择性。抢劫案件中犯罪行为人往往选择环境比较偏僻的，来往人员不多，作案不容易被人发现的地方，如郊区、偏僻的公园、街道、田野等地方。

（2）现场留有较多的痕迹、物品。犯罪行为人实施抢劫时，由于很多被害人反抗搏斗，现场会留下反抗、搏斗痕迹。犯罪行为人翻寻财物时也会留下相应痕迹、物品，而且犯罪行为人得逞后一般都迅速逃离现场，不会对现场进行伪装和破坏。

（3）劫取的财物多为便于携带的现金、贵重物品。抢劫案件的犯罪行为人多数以现金、金银首饰、手机、手提电脑、手表等便于携带、容易脱手的财物为目标。

二、抢劫案件的现场访问

抢劫案件现场访问的对象是被害人和现场周围群众，访问被害人时一定要注意，因为被害人受到犯罪嫌疑人的暴力威胁或其他手段的胁迫，往往都处于一种紧张、恐惧的状态。所以在访问时首先要对其进行劝说、安慰、关心，使其心情平复下来，客观、冷静地接受访问。主要访问的内容有以下五项：

（1）被抢的时间、地点和作案手段、方法及有关情况。即问清楚什么时间、什么地方被抢，如果是入室抢劫，应问明犯罪行为人是从什么地方进入现场的，用什么方式进行现场，如事先混入现场埋伏，或趁被害人不注意溜入现场，或用某种手段欺骗被害人开门进入现场，或用某种暴力手段强行进入。如果是拦路抢劫的，即问清楚犯罪行为人预伏的地点是哪里，或从何处开始尾随的，尾随到什么地方作案的，犯罪行为人使用了什么作案手段。如果是以暴力进行抢劫的，应问明使用了什么凶器、器械，使用了什么样的暴力，造成了什么样的伤害，使用的凶器是随身携带的，还是就地攫取的。如果使用了胁迫手段，应问清楚是如何胁迫的。如果是麻醉或醉酒抢劫的，应问明犯罪行为人是通过什么渠道放麻醉剂的。如果是色相勾引的，应问明详细经过。还应问明犯罪行为人作案后，从什么地方逃离的，乘什么交通工具，逃跑的方向、路线等。

（2）犯罪嫌疑人情况。即犯罪嫌疑人的人数、性别、年龄、外貌特征、讲话口音、动作习惯、衣着特征、是否蒙面，有无被害人熟悉的特征，犯罪嫌疑人在现场停留了多长时间，进行了哪些活动，抢劫时说的内容，犯罪嫌疑人相互之间呼唤时使用的姓名、绰号，相互联络时使用的隐语、黑话等。被害人是否进行了反抗，犯罪嫌疑人身上或衣服上可能留下什么痕迹等。

（3）财物被劫情况。问明犯罪行为人是指明要钱要物，还是无目的地搜什么要什么。被劫财物的名称、种类、数量、价值和特征，问清楚财物所有人的情况等。

（4）有无其他可疑情况。即对目击者、知情人访问时要问清楚案件发生前后是否听到、看到什么可疑的声音或事情，是否发现有可疑人员发案前在现场附近逗留、徘徊，案发时是否听到过被害人的呼救声等。

（5）被害人及其家庭情况。即对被害人的思想品德、经济收入、社会关系、家庭成员、本人或家人是否与别人有经济纠纷等。

三、抢劫案件的现场勘查重点

实践中根据犯罪行为人实施抢劫的具体地点不同，可分为入室抢劫、拦路抢劫和交通工具上的抢劫。入室抢劫是指犯罪行为人单独或结伙闯入居民住宅或机关、团体和企事业单位内部进行的抢劫。拦路抢劫是指犯罪行为人在野外或僻静的地方拦截行人抢劫财物或是尾随被害人伺机进行抢劫。交通工具上的抢劫是指犯罪行为人以乘客身份乘坐汽车、列车、船只等交通工具，抢劫司机或乘客的财物的犯罪行为。三者实施的地点不同，所以对现场勘查的重点也是不同的。

（一）入室抢劫案件现场的勘查重点

一般从以下两个方面进行：

（1）对进出口进行勘查。应查明犯罪行为人是从什么地方和部位、以什么方式进入现场以及离开现场的，从而发现痕迹、物证。如犯罪行为人窥视、钻入、翻越、爬卧、蹬踩时形成的足迹、手印等，或逃离时的交通工具痕迹、破坏工具痕迹、遗留的物品等。

（2）对中心现场进行勘验。这是犯罪行为人实施抢劫的中心部位，很容易遗留与犯罪有关的痕迹、物品。因为进入中心部位抢劫时一般被害人都会反抗搏斗或是犯罪行为人进入室内可能会乱翻乱动、寻找财物，所以会有较多的痕迹、物证。勘验时根据被害人陈述和现场具体情况，要认真细致地在有关物体和部位上寻找、发现痕迹、物证。如犯罪行为人为了寻找财物可能在柜门、抽屉上留有手印，或被害人与犯罪行为人搏斗时形成的搏斗断打痕迹，或犯罪行为人用工具撬压财物存放的柜门、抽屉时形成的工具痕迹、破坏痕迹等。

（二）交通工具上抢劫案件的现场勘查重点

这类案件由于发生在移动的交通工具上，而且地点往往都是在偏僻或车辆较少的地方，这给现场勘查带来了一定的难度。实践中具体应从以下两个方面入手进行勘查：

（1）勘验车门、扶手等车体。即在车窗、门及把手上、座位的扶手上可能发现遗留的手印，或在车厢里的座位上或地面寻找脚印，或在车厢内寻找犯罪行为人遗留下的烟头、手套、口罩、匕首、棍棒、证件、车船票等。

（2）对犯罪行为人逃跑的路线进行勘验。犯罪行为人得逞后往往会即刻离开车、船逃跑，根据犯罪行为人逃跑的方向和路线进行搜索性勘验，以发现和提取犯罪行为人遗留的足迹，丢落的鞋、手套等。

（三）拦路抢劫现场勘查的重点

（1）对抢劫的地点进行勘验。抢劫地点往往会有被害人和犯罪行为人搏斗的痕迹，所以勘验时要注意发现和提取搏斗痕迹、毛发、布片、纽扣、血迹、足迹等痕迹、物品。

（2）勘验犯罪行为人的逃跑路线。犯罪行为人在逃跑时可能会丢落随身的物品，如鞋、手套或足迹，所以在勘验时主要注意发现隐藏、掩埋、抛弃的物品等。

（3）对尾随跟踪、预伏守候、拦截的地点进行勘验。勘验时应注意发现犯罪行为人在这些地方遗留的足迹、坐卧痕迹、烟头、分泌物、呕吐物等。

四、抢劫案件的现场分析

（1）判明事件性质。在立案侦查之前一定要根据现场痕迹、物品等分析事件的性质，是否有抢劫行为。首先应根据现场访问的情况确定是否是谎报；其次调查被害人情况，即通过调查被害人的经济收入、生活作风、家庭关系、道德品质等确定是否是假案的情况；最后根据现场上的痕迹、物品分析是否真的有抢劫行为发生以及抢劫案件的存在。

（2）分析作案的时间、地点。犯罪行为人实施抢劫行为时和被害人都会有一定的直接或间接的接触，而且抢劫的地点也很明确，所以犯罪行为人的作案时间和地点可以通过访问被害人、目击者或周围的群众查清。

（3）分析作案的手段、方法与作案过程。有的抢劫案件中，被害人会知道犯罪行为人进行抢劫的手段、方法和过程。但也有一些案件中，被害人仅仅知道其中一部分，所以要根据访问的内容、现场的痕迹、物品等对犯罪行为人的作案手段、方式及过程进行分析，掌握犯罪行为人是否是惯犯、累犯或初犯等情况。

（4）分析判断犯罪嫌疑人的情况。即依据对被害人、目击者、周围群众的访问，和对现场遗留的痕迹、物品，如足迹、鞋印、指纹、衣服碎片等进行分析，推测出犯罪嫌疑人的体貌特征、衣着特征、年龄、性别、人数等情况。

（5）确定侦查范围和计划。基于对以上分析，侦查人员应根据具体案件特点确定下一步侦查工作的范围和计划，以便有针对性地开展侦查和破案工作。

【能力训练】抢劫案件的现场勘查

1. 实训案例

某日李某下班回某居民住宅楼 1 栋 303 室，刚打开门，一个黑影便从侧面闪出来揪住李某一同进入房内。一名身高 1.7 米左右的男子用菜刀顶住李某的颈部。

现场系一室一厅结构，有厨房、厕所。厨房内放有一个装满气的煤气罐，房屋的大门、铁门反锁。

2. 实训目的

通过实训，使参训学生重点掌握抢劫案件现场勘查的步骤和顺序。

3. 实训条件设计

（1）实训时间为 3 学时。

（2）学生以 15 人为一组：指挥人 1 名、现场保护组 2 名、见证人 2 名、现场访问组 2 名、被访问人 2 名、实地勘验组 3 名、记录人 3 名。

（3）实训场地：学生教室。

（4）器材准备：现场勘查证、现场勘查箱、刑事照相器材、刑事绘图器材。

4. 训练方法步骤

（1）指导教师设置模拟现场。

（2）指挥人员巡视现场，制定勘查方案。

（3）指挥人员对勘验人员进行组织分工。

（4）邀请参加现场勘验的专家和见证人。

（5）保护组人员划定保护范围，设置警戒。

（6）巡视现场划定勘查范围和顺序。即现场勘查应遵循先静观后动手，先拍照后提取，先地面后高处，先外表后内部，先重点后一般，先易消失后稳定等原则。

（7）初步勘查、固定现场。

（8）详细勘验，发现提取痕迹、物证。在初步勘查的基础上对现场的各个部位仔细寻找痕迹、物证，认真研究痕迹、物证，记录提取痕迹、物证，绘制现场图。

（9）制作现场勘查卷。制作现场勘查卷，并写出受训报告。报告内容包括：接报案时间，到达现场的时间，勘查时的分工，勘查的基本方法、步骤、顺序，发现提取痕迹、物证的情况等。

5. 注意事项

现场勘查的步骤和顺序，应根据现场的地理位置、周围环境、范围大小、难易程度，因时因地因人因案因情制宜，灵活运用。

6. 考核方法及其标准

由教师按学生在训练中的表现考核。分为优秀、良好、及格、不及格四个等级。

项目四　强奸案件的现场勘查

【知识目标】

1. 熟悉强奸案件现场的特点
2. 理解和掌握强奸案件现场勘查的内容

【能力目标】

1. 培养学生对强奸案件现场进行现场访问的能力
2. 培养学生对强奸案件现场进行实地勘查的能力
3. 培养学生对强奸案件现场进行现场分析的能力

【案例导入】

某公安机关接到报案称，在麦地里发现一具女尸。现场位于某村麦地，有明显的搏斗痕迹，死者下身裸露，上衣被掀至胸部，颅骨严重骨折，身上有多处打击抵抗伤，颈部有掐痕，阴道内被塞满泥土。现场提取了嗅源、足迹、塞于阴道部位的泥块、七根毛发及半截手电筒，手电筒上提取到一个残缺指纹。

经调查，死者系某村张某失踪的女儿刘某，24 岁，从某镇下长途汽车后就去向不明，其随身携带有现金、手机等贵重物品。

经访问得知，村民叶某在当日凌晨 2 点经过案发地时，见到一名操本地口音的男子与一女子纠缠，该女喊救命，叶某没理。围绕死者生前交往关系、恋爱关系等情况调查，发现死者性格内向，与人交往不多，有恋爱对象，是打工认识的。之后经物证检验，刑警技术人员从死者体内提取到精斑，因指纹等现场痕迹鉴定条件差，利用价值不大。但经过访问和勘查痕迹，确定此案为有因果关系的报复杀人。

之后在分析研究的基础上，刻画出犯罪嫌疑人的大概情况：男性，年龄在 25 ~ 40 岁之间，体态中等，身体健壮，操本地口音。对死者的男朋友进行调查后发现其有嫌疑。死者男朋友乔某，本地人，外出打工，在案发前几天回过家，案发后随着老乡又出去打工。乔某系在外打工期间认识死者，因是老乡，所以经常和死者聊天，之后发展为恋爱关系。案发前几天，据死者家人称死者曾打电话回来说过几天要和男朋友一起回家，而且车票也买好了。但之后就再联系不到了。经过调查乔某交代了犯罪事实：案发前一天两个人一起坐火车后又乘长途汽车回家，在某镇下车两个人发生争吵，死者威胁乔某要分手，乔某顿起歹意，死者高呼救命，乔某遂用手电筒将其砸昏，又掐其颈部，将其强奸后又用石块将死者砸死，为了不让警方检验出其精液，乔某又将泥土塞进死者的阴道。

结合本案，请回答以下问题：

(1) 对强奸案件进行现场访问的重点有哪些?

(2) 对强奸案件进行现场勘查的重点有哪些?

【知识要点】

一、强奸案件现场的概念与特点

强奸案件现场指犯罪行为人以暴力、胁迫或者其他手段，违背妇女意志，强行与之发生性交行为，或者以各种手段奸淫幼女的场所。

强奸案件现场有以下三个特点：

(一) 作案手段多样，现场痕迹、物证较多

犯罪行为人实施强奸行为时采用的手段很多，如暴力威胁、捆绑、麻醉、视频资料威胁等。实施犯罪行为时被害人都会进行搏斗反抗，留下如足迹、手印、翻动滚压痕迹和犯罪行为人的精斑、毛发、血迹、纽扣、擦拭物等物证，所以强奸案件的现场遗留的痕迹、物证是比较多的。

(二) 现场一般无伪装

犯罪行为人实施强奸行为的地点往往是在比较偏僻的地方，如公园、住宅、田野、单身宿舍等，犯罪行为人实施完强奸行为后往往迅速逃离现场，很少有机会对现场进行伪装和破坏。所以根据现场和被害人身上的痕迹、物品等就可以直接分析犯罪行为的发生过程。

(三) 被害人是勘验的重点

强奸是违背女性意志强行与其发生性关系的行为，所以在其发生时被害人都会进行反抗，反抗过程中可能会导致被害人身体受到损伤，强奸行为实施的同时也造成了被害人阴部损伤，而且会使犯罪行为人的精液遗留在被害人体内或体表，犯罪行为人的毛发、唾液、汗液等可能会遗留在被害人的身体上或衣服上。这些遗留的痕迹、物证都是犯罪行为人人身情况的重要依据，所以通过对被害人进行勘验寻找发现的痕迹、物证为确定犯罪行为人提供强有力的依据和线索。

二、强奸案件现场访问的重点

(一) 对被害人进行访问

被害人是强奸案件的直接受害者，也是现场访问的重点对象。进行访问前首先要对其做思想工作，稳定情绪，认真开导，消除她们的顾虑，卸掉思想包袱。待其情绪稳定后选择恰当的地点，再对其进行访问，如果被害人是未成年人，应邀请其父母、

监护人或教师等参加。

（1）查清强奸行为实施的过程。包括被强奸的时间、地点、天气状况、周围的人员活动情况，犯罪行为人以什么方式、什么工具接近或进入现场，进入现场后犯罪行为人的活动以及活动的顺序，犯罪行为人什么时间离开现场，离开现场后逃跑的方向和路线等。

（2）查清实施强奸行为的方式。包括犯罪行为人是否采用暴力、引诱、胁迫、醉酒等方法实施强奸，是否持有凶器，犯罪行为人实施强奸的具体方式及强奸是否得逞，犯罪行为人实施强奸行为时有没有采用防范措施以及反侦查的行为等。

（3）查清犯罪嫌疑人的个体特征。包括犯罪嫌疑人的身高、体态、年龄等外貌特征，犯罪嫌疑人的人数，衣着打扮特征，如式样、质地、布料、颜色、新旧程度等，犯罪嫌疑人的口音、方言、黑话等语言特征，动作习惯特征等。

（4）查清被害人与犯罪行为人间是否熟识。

（5）其他内容。包括犯罪行为人实施强奸行为时被害人有没有反抗搏斗，犯罪行为人有没有受伤及受伤的部位和程度，被害人有没有撕破犯罪行为人的衣物、有无扯落纽扣，犯罪行为人除了实施强奸行为之外还有没有实施其他行为，实施的内容及后果，犯罪行为人有没有掠走物品，如现金、首饰以及掠走物品的数量、名称、价值和特别标记等。

（二）对其他知情人的访问

（1）被害人的情况。包括了解被害人平时生活作风、思想表现、婚姻家庭关系、有无感情纠纷、社会关系、有无不正当的男女关系等。

（2）发案时的情况。案件是什么时间、什么地点发生的，当时的天气状况、光线条件如何，是否听到呼救声、搏斗声及其他声音。

（3）案发前后的情况。案发前有没有可疑人员在附近窥视、徘徊，是否有人多次对被害人盯梢、尾随和打探，案发后有没有看到行为可疑、神色反常的人。

（4）现场周边的治安情况。发案地区的社会治安情况如何，强奸犯罪案件是否突出，近期内有没有发生多起强奸犯罪案件，该地区哪些人平时有劣迹，其表现如何，当地企事业单位的上下班以及其他活动和作息时间等。

三、强奸案件现场勘查的重点

（1）勘验现场的环境。包括现场的房屋结构是独门独户、单元式楼房还是院落式住房，周围有什么建筑、道路或通道，房屋墙壁、窗台、自来水管道上有没有攀爬、翻越痕迹等。

（2）勘验现场进出口。如果是入室强奸的，要对现场的进出口进行勘验。如是否撬门、撞门、铁片或塑料片开门或打碎玻璃、揭掉瓦片等，以发现相应的痕迹。

（3）详细勘验实施强奸行为的场所。首先检查地面上有没有身体压痕、手掌压痕，泥土被压的痕迹、草成片被压的痕迹，地面上灰尘有没有被沾走的痕迹等；其次寻找犯罪行为人留下的脚印、手印、精液、精斑、毛发、唾液等；再次寻找犯罪行为人和被害人搏斗痕迹，犯罪行为人所用的凶器，如刀、棍、棒，搏斗中形成的痕迹和遗留的物品，如纽扣、绳索、布带、电线、布团、手帕、毛巾、报纸、衣物等。

（4）勘验犯罪行为人的来去路线和预伏地点。包括犯罪行为人在预伏、守候时留下的坐卧痕迹、脚印、烟头、唾液、分泌物、打火机、尿液、粪便等，以及犯罪行为人逃跑时所留的交通工具痕迹等。

四、人身检查

《刑事诉讼法》第130条规定："为了确定被害人、犯罪嫌疑人的某些特征、伤害情况或者生理状态，可以对人身进行检查，可以提取指纹信息，采集血迹、尿液等生物样本；犯罪嫌疑人如果拒绝检查，侦查人员认为必要的时候，可以强制检查；检查妇女的身体，应当由女工作人员或者医师进行。"由此规定可以看出对被害人和犯罪嫌疑人都可以进行人身检查。

强奸案件是对被害人实施性侵犯的一种行为，常常会对被害人施加暴力，很多被害人身上都会有一定的伤痕，为了确定犯罪嫌疑人的情况，需要对被害人或犯罪嫌疑人进行人身检查。

（一）被害人人身检查

1. 性器官检验

某些强奸案件现场勘查时，为了确定被害人是否确实被强奸，就需要对被害人的性器官进行检查，包括检查处女膜有无破裂痕迹，是新鲜破裂还是陈旧性破裂，阴道内有无精液等，必要时还应利用理化检验方法进行检验。应当指出，一般情况下不对被害人进行性器官的检验，必要时也应征得被害人本人或者其家长、亲属、监护人同意，并且由女法医进行检查。但有些强奸案件如口交或肛交的，就要对被害人的口腔或肛门进行检查，注意发现被害人口腔或肛门中的精液等。

2. 身体其他部位伤痕的检查

根据被害人或其他知情人员提供的内容，以及现场痕迹、物品等分析案情，必要时要对被害人性器官之外的其他身体部位进行检查。如检查被害人头面部，观察有没有损伤，尤其是被头发覆盖的部分；检查被害人肘部、背部和臀部有没有淤血，有没有与地面摩擦形成的擦划伤等；检查被害人手指、手掌、手臂，以确定有无反抗能力以及指甲缝中有没有皮肤纤维等；检查乳房有没有被抓伤、咬伤的痕迹；检查腹部、大腿内外侧有没有抓伤、咬伤或其他伤痕；检查除以上的其他部位有没有伤痕；同时在检查的时候还需要观察被害人身上某些部位有没有沾有异物，以及异物的种类、数量、特征等。

（二）犯罪嫌疑人的人身检查

根据法律规定，为了确定某些与案件有关的情况，必要时可以对犯罪嫌疑人进行人身检查。如果犯罪嫌疑人拒绝的，侦查人员认为必要的可以强制对其进行检查。检查的内容有两项：一是犯罪嫌疑人身体上的各种痕迹，包括身体上某些部位因为被害人的反抗、搏斗形成的抓伤，如头部、面部、颈部、手指、手臂、大腿以及嘴唇、舌头等重点部位有没有抓痕、咬痕，以及实施强奸的过程中某些部位形成的伤痕，如手掌、膝盖有没有擦划痕迹、印压痕迹等；二是犯罪嫌疑人身体上某些物质的检查，如生殖器官上有没有精液、精斑、被害人阴道分泌物，或身体上某些部位有没有附着现场的物质，如泥土、粉尘、毛发、纤维、被害人血迹等物。应注意的是，对犯罪嫌疑人不能公开攫取阴毛及精液，必要时可采取犯罪嫌疑人血样，与现场遗留的精液、精斑作比对检验或DNA检验。

五、强奸案件的现场分析

（一）查明事件性质

实践中，侦查机关接到的强奸报案有一部分是谎报，有的人基于个人或政治目的，为了报复或打击，捏造情节，谎报被强奸。对于此类案件，侦查人员接到报案后首先要根据痕迹、物证等确定是否有强奸行为的发生，报案的内容是否属实。常规做法：一是根据现场的情况即现场上有没有强奸的痕迹、物证，控告是否符合情理，与现场情况有没有矛盾之处；二是根据被害人的社会交往关系、生活作风、夫妻家庭关系、有无婚外情等分析被害人有没有谎报强奸的动机、目的或因素；三是必要时可对被害人进行人身检查分析查明是通奸还是强奸，是诬陷谎报假案还是强奸。

（二）分析判断案情内容，确定侦查范围

首先，分析确定犯罪行为人的情况，根据作案时间、地点、犯罪嫌疑人对现场的熟悉程度、人身外貌特征确定犯罪行为人的居住范围等。根据现场遗留的痕迹、物品、附着物、凶器、交通工具确定犯罪行为人的职业范围和技能条件。根据被害人的陈述和目击者的证言等分析犯罪行为人的年龄、身高、体态、相貌、衣着、性别等个人特点。其次，侦查人员在对以上内容分析的基础上确定犯罪行为人的地域范围、职业范围等，制订侦查计划，确定侦查范围，组织警力进行排查。

【能力训练】强奸案件的现场勘查

1. 实训案例

某日下午 3 点 10 分接到群众张某报案，称在路旁水沟内发现一具女尸。现场位于某镇以东一条南北走向的田间土路，西侧（距村庄 6 里，距县城 30 多里）水沟里有少量积水。尸体头北脚南仰卧，尸身盖着一些玉米秸，尸体两侧的沟坡上有往返袜印，脚印长 26 厘米。沟旁的两棵杨树上有手攀扶时留下的血迹。土路西侧地面上有一片 10 厘米 ×10 厘米的血迹。在土路东距尸体 17 厘米处的麦田里有死者的一只棉鞋，沾有血迹和头发。

死者上身外衣扣已全部解开，下身除内裤外左裤脚脱至大腿中部，右裤脚脱至膝下，右脚赤露，头部有钝器伤 38 处，头皮多处创伤，嘴唇破裂，左颧骨有 2.5 厘米 × 3 厘米的圆形皮下出血。经化验：阴道分泌物呈阳性反应，内裤上有精液，从死者牙齿推断，年龄约 25 岁左右。从尸僵及尸斑情况看，死亡时间不超过 24 小时。

通过调查查明死者身份并找到死者亲属。

2. 实训目的

通过实训，使参训学生重点掌握强奸案件现场勘查的步骤和顺序。

3. 实训条件设计

（1）实训时间为 2 学时。

（2）学生以 18 人为一组：指挥人 1 名、现场保护组 2 名、见证人 2 名、现场访问组 4 名、被访问人 3 名、实地勘验组 3 名、记录人 3 名。

（3）实训场地：学校操场。

（4）器材准备：现场勘查证、现场勘查箱、刑事照相器材、刑事绘图器材。

4. 训练方法步骤

（1）指导教师设置模拟现场。

（2）指挥人员巡视现场，制定勘查方案。

（3）指挥人员对勘查人员进行组织分工。

（4）邀请参加现场勘查的专家和见证人。

（5）保护组人员划定保护范围，设置警戒。

（6）组织现场访问组的人进行访问。

（7）制作现场访问笔录，并写出受训报告。报告内容包括接报案时间，到达现场的时间，现场访问基本方法、步骤、顺序。

5. 注意事项

现场访问的步骤和方法的采用，应根据不同访问对象，因地因人因案因情制宜，灵活运用。

6. 考核方法

由教师按学生在训练中的表现考核。分为优秀、良好、及格、不及格四个等级。

项目五　爆炸案件的现场勘查

【知识目标】

1. 了解爆炸案件现场的特点
2. 理解和掌握爆炸案件现场勘查的内容

【能力目标】

1. 培养学生对爆炸案件现场进行现场访问的能力
2. 培养学生对爆炸案件现场进行实地勘查的能力
3. 培养学生对爆炸案件现场进行现场分析的能力

【案例导入】

某日下午3点多，某酒店地下层的男厕所内突然发出一声爆炸声，厕所内花盆被炸得粉碎。刑警及时赶到现场。技术人员录像、拍照、绘图，客观记录爆炸现场原样，提取各种爆炸残留物。侦查人员有的在现场外围警戒，有的访问报案人和发现现场以及所有听到爆炸声的人员，了解与爆炸有关的每个细节。有的对酒店各个角落进行搜索，查找是否仍有炸弹或可疑物体。

勘查完毕后，技术人员对现场采集的二十多份检材反复进行化学、薄层、光谱分析，鉴定爆炸物品成分和引爆装置的碎片。结论：爆炸物是一枚自制炸弹，炸药成分是硝铵和TNT，重量约300克，装在一个16厘米×11厘米×5厘米的塑料盒里，其引爆装置是将两节五号电池和电线联结在一个传呼机上，利用传呼机的震动功能实现遥控引爆，炸弹里放有24枚剪掉钉帽的7.6厘米长铁钉。技侦人员根据引爆传呼机的“晶体”计算出用来引爆炸弹的传呼机的频点，是某市某传呼台的第二频点。

案情分析认为犯罪嫌疑人年纪较轻，懂爆炸常识，熟悉无线电及电路知识，具备安放炸弹的时间和出入酒店的条件，有获取炸药雷管的途径。

根据案情信息对犯罪嫌疑人画像，指挥人员决定分四个小组开展侦查工作。第一组是内部人员调查组，任务是调查酒店内部人员之间有无矛盾积怨，员工对酒店有无仇恨和矛盾，包括对酒店解雇和解聘人员以及酒店住客排查；第二组是周边关系调查组，任务是摸查与酒店有联系的单位和个人的情况，主要是同行在生意竞争上产生矛盾或债务以及为酒店送货、送菜而发生纠纷的人员；第三组是录像资料审查组，任务是观看酒店监控中心录像资料，对案发前后进入现场的可疑人员发现、分析和排查；第四组是传呼机资料排查组，任务是在某传呼台的协助下，查看爆炸前后十分钟内打传呼的300多个传呼机号码资料，进行逐一排查，从中发现可疑线索。

破案专家认为，如果能找到传呼机的码片，便能直接用仪器读出该机的地址号码，就能确定此机的传呼号码。于是侦查人员对现场每个角落进行地毯式搜索，终于在现场泥土球中找到了码片。该码片米粒般大小，其颜色与泥土一样，且外表已烧成木炭状，而且已经被烧断一个角。经过努力查出了该传呼机的号码。通过对传呼机里的信息进行分析，发现有一部手机曾多次自动呼叫该机，认定该手机就是案犯用来引爆传呼机做试验的手机。通过该手机查找到此机的机主李某，25岁，系某公司员工。进一步调查得知，李某曾开过铲车，会修理汽车，对电路比较熟悉，且对无线电常识有研究，有这方面爱好，侦查人员将李某列为重点嫌疑对象。通过对李某的住处进行搜查，找到李某购买传呼机、手机的发票，同时还发现炸药、雷管等物品。

结合本案，请回答以下问题：

（1）对爆炸案件进行现场访问的重点有哪些？

（2）对爆炸案件进行现场勘查的重点有哪些？

【知识要点】

一、爆炸案件现场的概念

常见的爆炸有炸药爆炸和气体、粉尘爆炸。气体、粉尘爆炸多为事故爆炸，属于刑事案件的爆炸多为炸药爆炸。因炸药爆炸破坏严重、影响广泛而一直受到社会各界的极大关注，所以本书仅介绍炸药爆炸案件的现场勘查。

爆炸案件现场指犯罪行为人运用爆炸手段造成人员伤亡、公私财物破坏的场所以及遗留有与爆炸犯罪有关的痕迹、物证的场所。

二、爆炸案件现场的特点

（一）现场范围大、破坏严重

爆炸案件的炸药爆炸反应很快，能在很短的时间内释放出大量的热量和高压气体，形成强烈的冲击波，使接触爆炸装置的物体及附近的物体被冲击波抛出几十米，甚至几百米之外，现场外围的物体也会受到空气冲击波的不同程度的震动破坏。这些被炸碎的物体以爆炸装置的装药中心为辐射中心，呈现球面辐射状抛出，碎块抛得高、飞得远，散布范围大。同时，因为炸药的威力大，可以将接触爆炸装置的物体及附近的物体炸得粉碎，能造成建筑物、车辆、船舶、飞机等物体部分或全部破坏、坍塌或夷为平地，而且这种威力还能将留在现场的痕迹、物证破坏，同时爆炸发生后周围群众进入现场急救人命、抢救财物、扑灭火灾、排除险情等，造成了现场的破坏，改变了爆炸后现场的原始状态。所以爆炸现场一般范围大，现场破坏严重。

（二）现场有起爆点以及爆炸残留物和爆炸现象

爆炸现场往往遗留有因爆炸所致的性状不一、大小不等的坑洞或缺口即起爆点，同时还有残留的因受到炸药本身化学、物理性能以及起爆能源、装药密度、装药的包壳、装药直径、炸药温度等客观条件影响的残留物，可能还有少数不参加化学反应的以原形物形式存在的残留的炸药原形、分解产物，以及导火索、炸药包壳、捆绑物、引爆装置等。而且犯罪行为人不论采取什么方式，爆炸现场都是无法被掩盖的，会被现场周围的群众感知。如爆炸时产生的光亮、火焰、声响、烟雾和气味等。

（三）现场遗留有痕迹和伤残物

炸药爆炸后，在起爆点、抛出物表面会留下颜色不同、深浅不匀的烟痕，起爆点及周围火燃物引起的燃烧痕迹等。因爆炸的威力很大，所以很多案件现场上都会有尸体或伤残者或物体被破坏的残留物。

（四）现场很少有伪装

炸药一旦爆炸就会产生光亮、火焰、声响、烟雾和气味等，而这些爆炸现象很容易就会被周围群众发现，犯罪行为人往往在群众发现爆炸之前或之后就立即逃离现场，没有时间去伪装现场，所以爆炸案件的现场真实性比较强，伪装情况很少。

三、爆炸案件现场访问的重点

爆炸案件现场访问的对象主要是被害人及其家属和现场周围的群众。具体内容有：

（一）发生爆炸的情况

现场访问时要问清在什么时间、什么地点、什么情况下看到、听到、嗅到什么现象，爆炸时和爆炸前有没有光亮出现，光的形态、强弱、颜色如何，有没有听到爆炸声响，声响的大小、轻重、远近以及声音离现场的距离等。有没有看到火焰，是爆炸后起火，还是先有火后爆炸，火焰是什么颜色。有没有嗅到气味，气味的种类、浓度、刺激性的强弱。有没有看见烟，烟的颜色、浓度、形态变化和高度等情况。

（二）爆炸前后现场的状况

在现场访问过程中，要注意了解现场在爆炸前放置哪些物品，物品的种类、数量以及位置，有没有爆炸危险物品或自燃物，爆炸前现场有哪些人，是否有异常行为以及人员的位置和携带物品情况。爆炸后哪些物品受到破坏和变动，变动的原因和程度如何，抢救时现场物品的变动情况。爆炸前有没有嗅到特殊气味或听到某种特殊声响。

（三）被害人或事主的情况

现场访问中要了解清楚被害人或事主的家庭关系、社会关系、生活作风、经济情况、精神状态、近期表现，与人有无仇怨、经济纠纷或感情纠葛等情况。

（四）可疑情况

即现场可疑人的体貌和行为特征，案发当地炸药使用、销售、运输、管理情况，有条件取得炸药的人有哪些，哪些人具备爆炸知识和技能等。

四、爆炸案件现场勘查的重点

爆炸案件现场破坏程度严重，而且爆炸案件现场具有内在的损坏性和危险性，这使得在爆炸案件现场收集、封装和保存变得非常困难。一般而言，爆炸案件现场的物证由炸药、爆炸回落物、定时装置、导火索和炸弹零件组成，这些物证有的可能已经被炸成碎片，体积较小的，则很容易被现场勘查人员所忽略或遗失。所以现场勘查人员应对爆炸案件现场痕迹、物证进行全面收集，以免丢失。

（一）确定和勘查爆炸点

除了悬空爆炸之外，一般的炸药爆炸都有明显的炸点，即在炸药爆炸现场，人能感觉到火光、烟雾、烟痕、声响、空气冲击波及抛出物等。炸点指的是爆炸后因爆炸气体压缩、粉碎抛出的直接、猛烈作用而破坏最严重的部位，通常是放置炸药装置或与之最邻近的部位。如炸药爆炸产生了高度集中的能量，瞬间出现了极高的压力中心，使得物体及介质在爆炸后形成了破坏集中的部位即炸点。炸药的种类、数量、形状等都会通过炸点的形状、大小、深浅、烟痕等表现出来，因此炸点的形状、大小与炸药的种类、数量、爆炸装置的放置及被炸介质的性质等因素有关。炸点是勘查的重点。

1. 确定炸点的位置

炸点是爆炸的中心部位，也是破坏最严重的地方，即放置炸药的地方。炸点的位置应在现场物体受破坏最严重的部位寻找，或在倒塌的覆盖物下寻找。在清理倒塌的建筑或其他物体覆盖物时，应注意保护炸点的原始面貌。

明显的炸点如球缺形、漏斗形、喇叭形和穿孔形等炸点是比较容易发现和确定的，但对于悬空的炸点和粉碎炸点的确定比较困难。悬空爆炸可以通过建筑物内四壁及顶部和地面上损坏最严重部位的上下、左右、前后间连线的交点，以及露天现场各方向分布抛出物的逆向来寻找抛出中心等方式，发现爆炸中心。主要根据现场被破坏的物体种类及部位的严重程度，地面和靠近地面物体上的炸坑，现场物体破坏程度和人体受伤部位及其伤势的轻重，爆炸物形成的爆炸半径等确定。

2. 勘查炸点

勘查炸点包括对炸点的位置、大小、形状等内容进行勘查。

首先，勘查炸点的大小。炸点的大小是推断炸药量的主要依据，所以要求测量炸点时应尽可能准确。测量炸点应将炸坑内及其周围的回填物清除，对截断的炸点断口测量要注意断口上、中、下三个部位的宽度以及折断的方向、弯曲度。测量塌陷炸点时应注意塌陷物的厚度，材料质量及结构，并结合现场分析其是否是真正的炸点。

其次，观察炸点形状。爆炸物的装药方式、投放位置和被炸介质不同，形成的炸点形状也不同。一般情况下，炸点有球缺形炸点、漏斗形炸点、喇叭形炸点、穿孔炸点、粉碎分离炸点以及悬空炸点等。

（1）球缺形、漏斗形炸点。爆炸装置与土石介质接触爆炸，一般形成球缺形或漏斗形的炸点或炸坑。如炸药包放在地表面爆炸形成的是球缺形炸坑，通常是坑口半径大于炸坑深度的浅坑。如炸药包埋入地下发生爆炸则形成漏斗形炸点，其中埋入较深且药量相对较少爆炸所形成的称为松动漏斗形，炸坑内介质松动，但抛出的不多。埋入较浅且药量相对较大的爆炸所形成的称为抛掷漏斗形，炸坑内介质被抛起，抛起后又回落到炸坑中的土石介质称为回填土，堆积在坑口边缘的称为唇缘堆积物，还有一部分被抛散。

（2）截断炸点。把炸药包捆在树干、柱子、墙壁、铁轨等厚度较薄的介质上爆炸后形成的炸点，放置炸药包一侧的断裂开口小，对侧形成开口大的喇叭形炸点，或称喇叭形炸点。

（3）穿孔炸点。炸药形状呈长柱体，以增强爆炸物的纵向力量，形成穿孔炸点，孔的直径略大于装药直径。

（4）粉碎分离炸点。把炸药包放在人体、木材等较小且较松软的介质上引爆，介质被粉碎、抛散，形成粉碎分离炸点，需将断离抛散开的介质收集、拼合、“复原”后，才能观察到炸点的形状。如人体炸点就是爆炸物位于人体某一部位爆炸，造成该部位组织缺陷形成的炸点。

（5）悬空炸点。将炸药包悬挂在空中引爆形成的炸点。对相同介质而言，距爆炸装置的距离较小，遭受破坏就越严重。

对炸点的勘验主要包括认定介质的性质，即爆炸作用的物体的种类、特性、击碎及抛散程度，观察炸点的形状、尺寸、烟痕和气味及炸点四周的痕迹特征，以此判断爆炸装置结构、炸药量和炸药种类。所以对炸点进行照相、录像，并测量炸点的深度、直径等数据应尽可能准确。

（二）勘查爆炸残留物

爆炸残留物指爆炸后遗留在现场上未完全毁坏的物质，如包装物、炸药原形物及其分解产物、组成起爆系统的控制元件或器材、火工品和连接零部件以及填充物等。这些都是确定炸药的种类和引爆装置的重要依据。

1. 发现、提取炸药原形及分解产物

在爆炸产物膨胀并随之向外抛散的同时，未分解的少量炸药原形及分解物也被抛离爆炸中心飞向炸点外围，随着空气冲击波波阵面后的负压区的出现，以及空气冲击波逐渐减弱的重力作用，降落在地面和其他物体表面。残留下来的炸药原形及分解物呈极小的微粒，与现场粉尘混合在一起，一般不能用肉眼发现，只能通过现场取样，搜集现场含有炸药原形及分解产物的尘土，经提纯、集中，可检验出残留的炸药成分，确定炸药种类。

炸点处的炸药残留物的含量，取决于介质硬度、装药量多少等因素。一般情况下，介质越软，装药量越少，炸点处的炸药残留物越多。除了炸点之外，在装药半径的10～20倍的区域范围内也是炸药残留物的分布高峰区。因此，采集炸药残留物时，可以兼顾炸点和炸点外围的区域，通过采集爆炸尘土来实现。

2. 发现、提取炸药包壳残骸

炸药包壳包括各种材料、各种形状的容器、包裹物和捆绑物等，由于它们紧贴炸药，爆炸后常常被炸成碎片。炸药包壳因材料不同，装药量不同，炸药放置方式不同，爆炸后在现场的分布及形态也不同。

①金属材料包壳，可在炸点及其周围发现。②纺织品包壳，包括棉、麻、合成纤维等材料品的包壳，爆炸后其碎片分布于炸点附近或炸坑内，其边缘呈毛绒状，面积较小。③塑料薄膜制品包壳，由于其热塑性大，爆炸后其碎片边缘很不整齐，呈丝状破损。④纸包壳，即炸药原装的纸包装，因其紧贴炸药，炸药又处于最佳密度，所以爆炸后很难找到纸张碎片。⑤木材包壳。木材本身虽是可燃物，但其纤维强度较高，所以爆炸后多有束状纤维或木渣残留在炸坑内及其附近。

对于炸药包壳、起爆装置、导火索等残留物的发现、提取方法主要有：依据嵌入痕迹进行挖找，用磁铁吸附铁质碎片，用过筛方法寻找塑料、铜、铅及其他材料。范围大的现场要分片、分段进行查找，所有残片收集应遵守定向、定位、定距离的原则。

3. 发现、提取爆炸装置残骸

雷管、导爆索在爆炸中被粉碎，现场很难发现其残骸。用导火索引燃起爆的现场，常可发现炸碎的导火索，它分布于爆炸物安放导火索的一侧。爆炸后，导火索外皮破碎，接触炸药一端被炸碎，不能保持原来长度，外观呈黑色，其外层牛皮纸保留有明显的外包线压痕，药芯线烧毁。此外，作为起爆能源的电池外壳锌皮、碳棒、填充料，作为定时装置的钟表残骸等会留于现场，且有软化、撕裂、烧毁等迹象，应注意搜集。

（三）勘查爆炸抛出物

爆炸抛出物包括炸点物质、炸药包装物、捆绑物、炸点周围的物质，如尘土、水泥块、人体组织等。抛出物是研究爆炸瞬间现场物品分布情况、人员位置及炸点位置、炸药量多少等情况的重要依据。勘查时以炸点为原点，以南北、东西自然方向为纵横坐标，建立直角坐标系，直观表现现场抛出物的分布状态及其相互关系。在此基础上勘验抛出物的破碎程度和被抛散的距离。这两个方面取决于炸药的种类、数量以及抛出物本身的性质。通常抛出物有以下五种分布情况：一是位于炸点同侧的物体被抛到炸点同侧；二是抛得最远的物体离炸点最近；三是如果抛出物上有烟痕、熔化、燃烧、冲击等痕迹，则说明此抛出物在爆炸瞬间接近爆炸物；四是一整体物被抛到现场不同方向，则表明爆炸物是位于该物体上爆炸的；五是三个重量不同的物体，中等重量的往往被抛得最远。

在勘验时应注意：一是对抛出物进行搜寻时既要搜寻肉眼可见的，也要注意搜寻形态较小、肉眼不可见的；二是在现场搜索抛出物，要遵循抛出物的分布规律，或者从炸点开始，向四周推进，或者分片分段进行，以免遗漏。

（四）勘查爆炸伤

爆炸现场常常有人员伤亡，所以对人员的爆炸伤进行勘查是必要的。

根据燃烧气体、弹片、包裹物和其他抛出物的作用不同，形成的爆炸伤也不同。

（1）爆炸碎片击伤。爆炸装置有金属外壳和有坚硬填充物或爆炸源附近有坚硬物体时，往往导致离炸点较近的人被击伤，有贯通伤、盲管伤、钝器伤、刺创伤等。检验碎片伤时要求准确查明弹片射入方向、角度、弹孔走向、深度等。

（2）冲击波伤。炸药爆炸生成的冲击波冲击人体形成冲击波伤，体表往往呈现片状、条状或波浪状挫伤。

（3）爆碎伤。是因爆炸物贴近或紧靠人体爆炸而造成的伤，这种爆炸伤组织往往不能拼接复原，常位于炸点附近。

（4）烧灼伤。火药或炸药爆炸产物直接作用于附近人体，由于距离关系又达不到爆碎程度时，在朝向炸点一侧形成的烧伤，往往见于头部、脸部、手部、脚部等裸露部位。通过对烧灼伤勘验可以判断爆炸物的种类、作用方向以及伤者或死者与炸点的距离等。

（5）爆裂伤。爆炸物膨胀产生的超压直接作用于人体形成的爆裂伤，往往表现为破裂、骨折、断离等，勘验爆裂伤往往能确定爆炸力的方向、角度、高度等。

对爆炸案件现场进行勘查时，现场勘查人员应当对犯罪现场的可疑包裹和物体进行评估，确定是否存在用来危害侦查人员的爆炸装置。现场勘查人员只要怀疑现场存在爆炸装置，就应当立即采取相关措施，所有人员都应当撤离现场，并重新划定现场的边界范围，确保在炸弹专家对现场进行系统搜索，发现所有危险装置并恢复现场安全状态之前，所有人员都处于安全范围之内。

五、爆炸案件的现场分析

（一）分析事件性质

分析事件性质即根据现场痕迹和残留物等分析爆炸事件是灾害事故、责任事故还是以爆炸手段实施的故意杀人的犯罪案件。

（1）根据现场环境分析。如果现场不是存放炸药的处所，一般是犯罪事件，如果现场是存放炸药的处所，则要考虑意外事故的可能性。

（2）根据爆炸物分析。如果在现场没有发现引爆电池碎片、导线、包装物碎片以及控制系统碎片的，结合其原因分析有可能是爆炸事故，否则可认定为爆炸的犯罪案件。

（二）分析案件性质

分析案件的性质即分析爆炸的犯罪案件是危害公共安全的爆炸案还是私仇爆炸案。

（1）根据爆炸的手段分析。由于侵害对象不同，犯罪行为人利用的爆炸手段可能也不同，如出于私仇报复进行爆炸的，引爆方式及所用物品可能比较简单。如果是危害大多数不特定人的爆炸，则引爆方式可能较为先进，破坏性强。

（2）根据爆炸目标分析。如果是以党政机关、军事设施、重要工程、公共场所、公交车辆为目标的，则有可能是危害公共安全的爆炸案件。如果是以特定的人身、住宅或个人财产为目标的，则有可能是私仇爆炸案。当然案件具体性质要根据案件实际情况进行确定。

（三）对爆炸装置进行分析

（1）对引爆系统包装物进行分析。依据现场爆炸遗留物可以分析爆炸系统包装物的成分。如现场齿轮、发条等钟表装置残骸，可判断为定时爆炸物，如果现场发现锌皮、碳棒、填充料等电池残骸，可判断爆炸系电雷管引爆。所以通过对现场爆炸遗留的包装物残骸的检验和复原，可判断出包装物的质地、种类等。

（2）对炸药进行分析。即依据对炸药残留物检验的结果，结合发生的爆炸现象、特征，进行综合分析，确定爆炸物炸药的种类。现场勘查人员可以使用便携式碳氢化合物嗅探器或者离子嗅探器探测物体或者人体上的爆炸残留物。同时有些测试试剂在测试可疑检材时会发生特殊的颜色反应，通过这些反应也能推测爆炸物的种类。

【能力训练】爆炸案件的现场勘查

1. 训练目的

训练学生掌握爆炸犯罪现场勘查的内容及方法。

2. 训练要求

通过阅读以下训练案例，分析爆炸案件现场勘查的步骤以及对现场分析的重要意义。

3. 训练案例

某天下午 4 点某居民楼发生爆炸，引发了大火，民警及时赶到现场。据周围居民反映当时现场火势很大，烟很高。经过消防人员两个多小时的努力终于将火扑灭。勘查人员发现：现场所在的位置是一村民自建的高楼，大部分已经出租，爆炸现场在楼的第五层，系房东自己住。现场系三室一厅结构，现场窗户玻璃全部炸碎，火是从厨房着起来的。厨房地上有几个烧焦的白塑料桶，只剩底部，里面有一些不明化学液体，发出刺激性气味。在房屋的客厅里发现茶几上有一个用矿泉水瓶子改装的东西，经勘验人员分析，系吸毒人员用于吸毒的工具。经初步分析是制毒化学原料引起的爆炸。

案发当时房主不在家，其女儿工作还没有下班，其儿子自从案发后再没有出现过。据邻居反映：房主的儿子张某，18 岁，无业人员，经常和房主因为钱的事情吵架。房主称不知道儿子张某去向，联系不上。

民警例行检查时在出租车上发现两名奇怪的男子，一直发抖。一名男子戴着手套，脸上很红，像是烧伤，另一名男子戴着帽子，脸上烧伤严重，仍在流血。民警对两名男子讯问得知，其中一名男子系张某，两个人因在网上看到制造毒品的信息，就购买了原料、制毒工具，利用张某家的房子进行制毒，结果因技术操作不当引发了爆炸。

项目六　计算机犯罪案件的现场勘查

【知识目标】

1. 了解计算机案件现场的特点
2. 理解和掌握计算机案件现场勘查的内容

【能力目标】

1. 培养学生对计算机案件现场进行现场访问的能力
2. 培养学生对计算机案件现场进行实地勘查的能力
3. 培养学生对计算机案件现场进行现场分析的能力

【案例导入】

文某于某年加入国内某黑客组织，某年 4 月至 5 月文某盗用他人网络账号以及使用非法账号上网攻击通信网某市主机。成功入侵后，文某取得了该主机系统的最高权限，并非法开设了两个具有最高权限的账号。此后，他又多次非法入侵该主机，对其部分文件进行删除、修改、增加等一系列非法操作，包括非法开设五个账号，作为自己上网之用和送给他人使用、安装并调试网络安全监测软件。同时，他为掩盖自己的行为，还将上网的部分记录删除、修改。更为严重的是，文某还三次修改了该主机系统最高权限的密码，致使密码三次失效，造成主机系统管理失控共计 16 个小时的严重后果。此外，文某对某 BBS 主机进行攻击，获得该主机最高权限后又为自己非法开设了一个最高权限用户账号。

结合本案，请回答以下问题：

（1）对计算机案件进行现场访问的重点有哪些？

（2）对计算机案件进行现场勘查的重点有哪些？

【知识要点】

一、计算机犯罪案件现场的概念与特点

计算机犯罪案件是指以计算机为工具，或以计算机资产为侵害对象而实施的具有计算机特质的犯罪行为。

《最高人民法院关于适用〈中华人民共和国刑事诉讼法解释〉》第 2 条规定："犯罪地包括犯罪行为发生地和犯罪结果发生地。针对或者利用计算机网络实施的犯罪，犯罪地包括犯罪行为发生地的网站服务器所在地，网络接入地，网站建立者、管理者所在地，被侵害的计算机信息系统及其管理者所在地，被告人、被害人使用的计算机信息系统所在地，以及被害人财产遭受损失地。"

实践中，计算机犯罪现场分布广泛，既包括传统现场即物理空间，又包括非传统场所即虚拟空间。以计算机病毒入侵犯罪案件为例，其中遗留有痕迹、物品的场所不仅包括犯罪行为人实施犯罪行为的空间，也包括从犯罪行为人作案使用的计算机到受害人的计算机系统，以及中间途径的所有站点的计算机所形成的虚拟空间。其特点主要有以下三个：

（1）现场痕迹、物品较少。计算机犯罪案件大多是通过数据和程序这些无形信息操作来实施的，且作案目标常常是无形电子数据，犯罪行为人实施完犯罪行为后，对计算机设备和信息载体一般不会造成损坏，这导致了很多案件现场遗留的痕迹、物品很少。

（2）现场具有抽象性、不可见性。计算机犯罪现场是一个虚幻的场所，是一个数字化的空间。而用计算机记忆媒体浓缩储存的数据是人眼不可见的，这主要是指计算机犯罪案件中的虚拟空间，所以计算机犯罪现场主要的特征就是抽象性和不可见性。

（3）现场一般不易确定。随着计算机和互联网的普及，各个领域都有可能发生计算机犯罪，而且在某地发生的计算机犯罪可能辐射到其他地方，甚至可能跨越国界而辐射到国外，成为跨地区、跨国界犯罪。计算机犯罪案件现场有时涉及多个空间，而且现场很少遗留有形的痕迹、物品，很多都是需要经过特别处理后才能识别的程序、数据等电子数据和信息。所以，计算机犯罪案中的现场不易确定。

二、计算机犯罪案件现场访问的重点

计算机犯罪案件的现场访问应围绕被害人、操作管理人员及其他知情人进行，主要应查明下列问题：

（1）案件发生、发现的情况。即什么时间、什么情况下发生或者发现案件的，发生、发现的方式，以及发现后所采取的措施等。

（2）计算机的使用、维修和保管情况。该项内容包括有条件使用计算机的人员、计算机使用的情况、计算机维修的时间和维修人员、案发前接触过计算机的人、计算机联机联网情况以及计算机的保管情况等。

（3）造成损失情况。计算机犯罪所造成的财物损失情况，如计算机存储数据是否被窃取、计算机数据信息系统是否被损坏或其他普通财物有无损失等内容。

（4）经常接触计算机的人员的情况。该项内容包括经常接触计算机的人员，如操

作人员、维修人员、编程人员以及管理人员的工作情况、思想表现、社会交往人员、经济情况以及所具备的计算机专业技术知识和技能等情况。

（5）案发前后的可疑情况。即在案发前后有无发现一些可疑的人或事、有无怀疑对象以及怀疑的依据和理由。

三、计算机犯罪案件现场勘查的重点

在对计算机案件现场勘查之前，首先应对现场进行保护，即封锁现场，将现场所有人员迅速带离，并立即检查他们随身携带的物品，重点是书面记录、通讯工具、磁卡类可以读写的介质、磁介质。看管现场以及周围的各种电信终端设施（如调制解调器、传真机等），检查现场及周围有没有强磁场和可以产生强磁场的物品，妥善保管各种磁介质，避免被各种磁场消磁。同时迅速看管配电室，避免发生突然断电导致系统运行中的各种数据丢失。有关人员在滞留检查期间，不能与外界进行联系。

在现场保护完毕的情况下，对计算机案件现场进行勘查。《计算机犯罪现场勘验与电子证据检查规则》第3条规定："计算机犯罪现场勘验与电子证据检查包括：①现场勘验检查。是指在犯罪现场实施勘验，以提取、固定现场存留的与犯罪有关的电子证据和其他相关证据；②远程勘验。是指通过网络对远程目标系统实施勘验，以提取、固定远程目标系统的状态和存留的电子数据；③电子证据检查。是指检查已扣押、封存、固定的电子证据，以发现和提取与案件相关的线索和证据。"计算机现场勘查包括以下内容：

（一）单机勘验

单机勘验是指对单一计算机及相关设备的现场勘验。在这种情况下，勘查的是一台封闭的计算机系统，这时与犯罪有关的痕迹、物品主要存储在单一计算机的存储介质中，不涉及网络。具体勘验的内容有以下三项：

（1）初步巡视物理现场后，划定中心现场和勘验范围，确定物理空间的勘验顺序。即以发现问题的计算机为中心，根据计算机系统日志或审计记录以及现场发现其他的相关信息进行勘验分析。

（2）勘验单机的存储介质前，先用照相、录像、绘图、笔录方式对原始现场情况进行记录，对显示器屏幕上的图像、文字也需用照相、录像等方式记录。

（3）扣押数据存储介质或者通过镜像复制电子数据。对于需要扣押的存储介质，必须在关闭后方能进行位置移动，否则便可能破坏电子证据。在扣押电子证据后应将其妥善保管在纸袋、纸盒中以防静电。如果扣押存储介质不方便，可以在现场进行妥当的数据复制。为了保证在拷贝过程中数据保持一致，应采用镜像复制的方式，使磁盘里的隐藏信息、坏簇信息得到完全复制；若发现数据已经遭到破坏或删改，则可以用专门设备读取磁盘中残留的数据。将复制过程中使用的软件、复制过程、时间、地点、操作人员记录下来，形成技术报告。最后对硬盘、软盘、光盘等写保护，防止不当修改。

（二）网络勘验

随着信息技术的发展，计算机被纳入了互联网，很多犯罪行为人开始利用计算机进行网络犯罪，网络的互联性和开放性使得网络犯罪更难侦破。在覆盖全世界的计算机互联网上，从网上的任何一个节点进入网络，都可以对网络上的其他任何一个节点上的计算机系统进行犯罪，犯罪行为完全通过网上数据传输实现。在这些案件中，现场勘验的对象是一张由若干计算机构成的无形的网络。

互联的网络环境实际上就是网络犯罪的现场，与犯罪有关的电子证据散布在这个大环境中。针对网络的勘验应由具备计算机现场勘验与电子证据检查专业知识和技能的人员进行。

（1）对网络现场中的应用层进行勘验。应用层在网络中使用的次数最多，大多数网络犯罪都是在应用层实现的。应用层包含的电子证据往往可以从网页内容、电子邮件、聊天网络中的谈话记录中表现出来。所以可以从网络浏览器的浏览记录里查看以前登录过的网站记录和浏览内容，并将其进行复制，在获取证据时应当使用照相、录像等方法对采集过程进行记录。

（2）对网络现场中的传输层和网络层进行勘验。传输层是负责建立、保持、管理、终止计算机相互之间的通讯。传输层将较大的数据分成很多更小的数据包，并在需要时按照原有的顺序重新组合，如果数据在传输过程中丢失，那么传输层将重新发送，直到收到发送成功的讯号为止。网络层的任务是通过网络地址，指引数据到达传送目的地。传输层和网络层中最重要的电子证据是 IP 地址，IP 地址虽不能直接认定作案的计算机，但可以用来确定计算机所处的大致区域，缩小查证范围。所以在这两个层面上应注意通过搜寻网络服务器、路由器、防火墙等自动生成的日志文件来查找 IP 地址。

（3）对数据链路层的勘验。数据链路层适用于同一个路由器的局域网内部的不同计算机相互联系。它与网络层相似，也是通过地址联系，不同的是网络层负责远距离、不同网络之间的通讯，而数据链路层只在局域网内部指引数据运输。数据链路层中的 MAC 地址直接与网络适配器相关，每台计算机都会有固定的、不同的 MAC 地址，MAC 地址只用于同一网络内部的数据传输，只有此网络的路由器上才会留下关于它的信息。如果路由器上的日志文件保存完整，那么就有可能根据 MAC 地址确定某一台特定的计算机。所以可以通过对数据链路层的勘验，寻找相应的 MAC 地址进而确定计算机。

（三）电子证据收集

不论是单机勘验还是网络勘验，侦查人员都要通过提取各种电子证据，以便进行分析案情。提取电子证据的方法有记录和封存。主要是针对各种数据、计算机硬件、各种输入和输出设备、调制解调器、各种操作手册、各种连接线以及计算机附件遗留的可能写有计算机指令的纸片等。记录时应注意提取证据涉及硬盘等存贮介质上具体文件的存贮位置、文件名、文件后缀等细节。所提取的电子证据来源必须与原始计算机和备份硬、软盘的编号一致。同时通过现场照相、笔录、绘图、录像等方式将主要犯罪事实连同显示器、现场上各种仪器设备的连接、配置状况和运行状态等记录下来。封存时应注意的是对于正在运行的信息系统，要事先做好系统工作状态、系统运行参数的记录，以防关机以后无法恢复。将现场遗留的原始资料、数据参数等电子证据资料进行提取、包装。

四、计算机犯罪案件的现场分析

（1）查明事件性质和案件性质。通过现场勘验收集到的电子证据等确定是否是计算机犯罪案件，是何种性质的计算机犯罪案件。

（2）分析作案手段和过程。通过现场的各种痕迹、计算机中的各种数据等分析犯罪行为人使用的作案手段，通过现场上的各种表象分析作案的过程，查清案件事实。

（3）确定犯罪嫌疑人的情况。根据数据和痕迹分析犯罪嫌疑人的情况，如是单位内部人员还是其他人员、是本地人还是外地人、计算机水平如何以及查找犯罪嫌疑人的范围等。

五、勘查计算机犯罪现场应注意的问题

（1）勘查计算机犯罪现场应当严格遵守国家法律、法规的有关规定，不受其他任何单位、个人的干涉。

（2）勘查的人员应当具备计算机现场勘验的专业知识和技能，而且应与案件无关，能科学、客观、严谨地开展工作。

（3）在清查有关记录和取证时，必须采用没有病毒污染的系统盘引导计算机，并严格按照操作规范程序进行操作，避免因错误操作而破坏计算机系统的程序、数据、信息等。

（4）严守秘密。勘查人员勘验计算机现场时可能会知晓计算机内储存的信息，这些信息往往涉及商业秘密、个人隐私等，因此勘查人员必须严守秘密，以免给国家、企业或个人造成损失。

【能力训练】计算机犯罪案件的现场勘查

1. 训练目的

训练学生计算机犯罪现场勘查的内容及方法。

2. 训练要求

通过阅读以下训练案例，分析计算机案件现场勘查的内容以及对现场分析的重要意义。

3. 训练案例

张某于某年在家中使用自己的电脑时，出于好奇心理利用家中电话拨号上某 169 网，使用某账号，从网上又登录另一地的 169 多媒体通讯网中的两台服务器 IP 地址，从两台服务器上非法下载用户密码口令文件，使用黑客软件破译了部分用户口令，并通过编辑修改文件，使自己获得 ADM 服务器中的超级用户管理权限。同年，张某又采取上述同样方法登录了第三地的 169 网 ADM 服务器，进行非法操作，并删除了系统命令。同月张某又采取上述同样手段，造成一主机硬盘中的用户数据丢失。而且由于其玩弄计算机网络，使 ADM 服务器两次中断服务达 30 个小时之久，后果严重，影响较大。

附录一　现场图图例

名称	图例	名称	图例	名称	图例	名称	图例
水田		竹林		沼泽		江河	
旱地		人工林		沙丘		运河	
高粱蔗田		椰林		洼地		水库	
草地	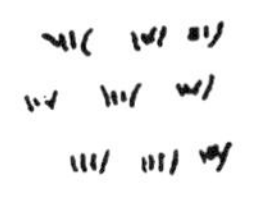	原始林		小丘		水泡	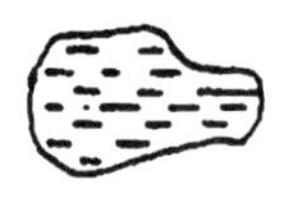
玉米地		阔叶树立面		地沟		一般沟渠	
谷地	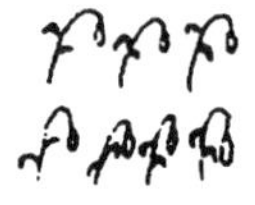	阔叶树立面		干沟		有堤岸的沟渠	
麦地		柳树		土坝		有沟堑的沟渠	
菜地	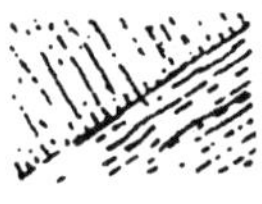	梯田		花坛	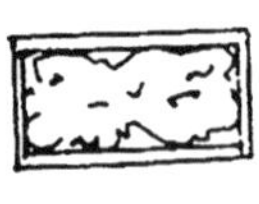	土堆	
豆地		山地等高线		草皮		沙滩	
棉花地		针叶树立面		修剪的树篱		岩滩	

花生地		针叶树平面		冲沟		沙砾滩	
果园		暖窑		能通行的沼泽		淤泥滩	
灌木丛		过伐林		不能通行的沼泽		暗礁	
养鱼场		独立坟		储粮库		三七门	
饲养场		坟地		矿井竖		子母大门	
宣传栏		宝塔或经塔		房屋		门洞	
砖墙		烟囱		未完成建筑		推拉门 单推拉门 双推拦门	1) 2)
木板墙		水塔烟囱		帐篷		吊门	
木栅		发电站火力		楼梯		单弹簧门	
篱笆		发电站水力		封闭式电梯		双弹簧门	
铁丝篱		泉		网式电梯		单层窗	
窑洞地上		灯塔		单扇门		双层窗	
窑洞地下		山峰		双扇门		指北针	

蒙古包		交电室（所）		双层门		现事地点	
亭		加油站		转门		被撬处	
庙宇		油		折门		进入路线	
逃跑路线		隧道公路		码头		手套痕迹	
爆炸点		森林铁路		火车站		锤子	
起火点		公铁并行		隧道铁路		螺丝刀	
公路		公铁平交		涵洞铁路		钳子	
乡村路		公路跨线桥桥在下		地下铁道出入口		剪子	
大道		铁路跨线桥桥在下		电气化铁路		匕首	
小道		单线铁路		通过居民点铁路		尖刀	
计划的道路		双线铁路		通过居民点公路		斧子	
渡口		计划新建铁路		通过居民点土路		菜刀	
木桥		架空索道		村镇轮廓线		刮刀	

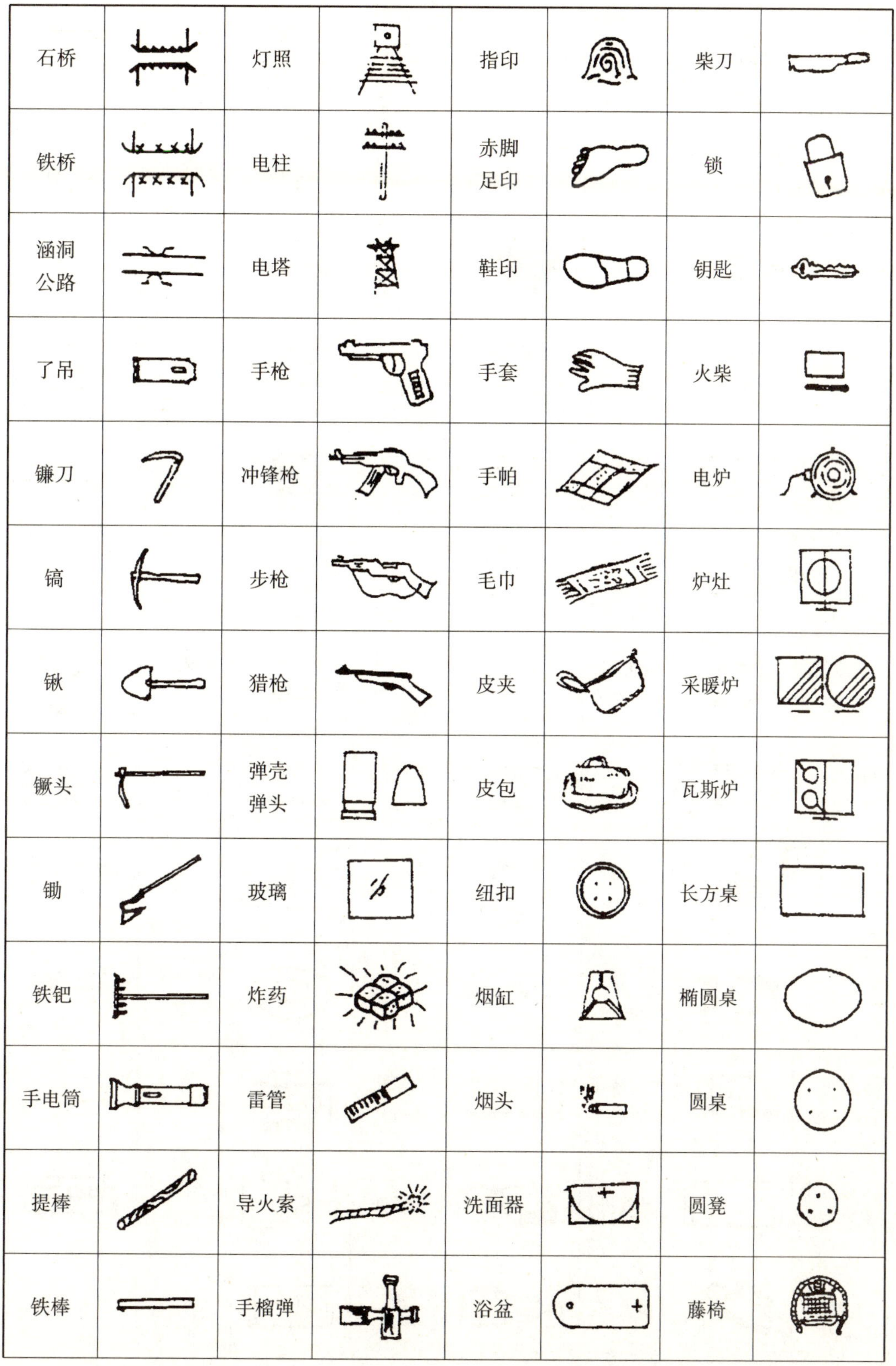

石桥		灯照		指印		柴刀	
铁桥		电柱		赤脚足印		锁	
涵洞公路		电塔		鞋印		钥匙	
了吊		手枪		手套		火柴	
镰刀		冲锋枪		手帕		电炉	
镐		步枪		毛巾		炉灶	
锹		猎枪		皮夹		采暖炉	
镢头		弹壳弹头		皮包		瓦斯炉	
锄		玻璃		纽扣		长方桌	
铁钯		炸药		烟缸		椭圆桌	
手电筒		雷管		烟头		圆桌	
提棒		导火索		洗面器		圆凳	
铁棒		手榴弹		浴盆		藤椅	

叉		电话		淋浴		椅子	
炉钩		尸体		大便池		小沙发	
氢气瓶		血迹		小便池		大沙发	
水井		吉普车立面		胶轮拖拉机立面		毒物	
吉普车平面		胶轮拖拉机平面		洗衣机平面		轿车立面	
手扶拖拉机立面		洗衣机立面		轿车平面		手扶拖拉机平面	
电冰箱平面		载重车立面		小船		电冰箱立面	
载重车平面		汽船		电视机平面		电车立面	
木帆船		电视机立面		电车平面		轮船	
孔洞		两轮摩托车		橡皮艇		收录机平面	
三轮摩托车		大型客车立面		收录机立面		自行车	
大型客车平面		录放机		三轮车		小型客车立面	
电熨斗		畜力车		小型客车平面			

附录二　公安机关刑事案件现场勘验检查规则

本规则自2005年10月1日起施行。《公安部刑事案件现场勘查规则》（1979年7月1日颁布并实施）同时废止。

公通字［2005］54号

第一章　总　则

第一条　为规范公安机关对刑事案件的现场勘验、检查工作，保证现场勘验、检查质量，根据《中华人民共和国刑事诉讼法》和《公安机关办理刑事案件程序规定》的有关规定，制定本规则。

第二条　刑事案件现场勘验、检查，是侦查人员利用科学技术手段，对与犯罪有关的场所、物品、人身、尸体等进行勘验、检查的一种侦查活动。

第三条　刑事案件现场勘验、检查的任务是，发现、固定、提取与犯罪有关的痕迹、物证及其他信息，存储现场信息资料，判断案件性质，分析犯罪过程，确定侦查方向和范围，为侦查破案、刑事诉讼提供线索和证据。

第四条　公安机关对具备勘验、检查条件的刑事案件现场，应当及时进行勘验、检查。

第五条　刑事案件现场勘验、检查的内容包括：现场保护、现场实地勘验检查、现场访问、现场搜索与追踪、现场实验、现场分析、现场处理、现场复验与复查等。

第六条　刑事案件现场勘验、检查由县级以上公安机关侦查部门组织实施。必要时，可以指派或者聘请具有专门知识的人参加现场勘验、检查。

第七条　公安机关现场勘验、检查人员，应当具备现场勘验、检查的专业知识和专业技能，具有现场勘验、检查资格。

第八条　现场勘验、检查工作应当严格遵守国家法律、法规的有关规定，不受任何单位、个人的干扰和阻挠。

第九条　现场勘验、检查工作应当以事实为依据，防止主观臆断。

第十条　公安机关现场勘验、检查人员要注意保护公民生命安全，尽量避免或者减少公私财产损失。

第十一条　公安机关应当为现场勘验、检查人员配备必要的安全防护设施和器具。现场勘验、检查人员应当增强安全意识，注意自身防护。

第二章　现场勘验检查职责的划分

第十二条　县级公安机关负责辖区内全部刑事案件的现场勘验、检查。对于案情重大、现场复杂的案件，上级公安机关认为有必要时，可以直接组织领导现场勘验、检查。

第十三条 上级公安机关对下级公安机关刑事案件现场勘验、检查提供技术支援。

第十四条 涉及两个县级以上地方公安机关的刑事案件现场勘验、检查，现场勘验、检查职责由有关地方公安机关协商，必要时，由上级公安机关指定。

第十五条 新疆生产建设兵团和铁路、交通、民航、森林公安机关及海关缉私部门负责其管辖的刑事案件的现场勘验、检查。

第十六条 公安机关和军队、武装警察部队互涉刑事案件的现场勘验、检查，依照公安机关和军队互涉刑事案件管辖分工的有关规定确定现场勘验、检查职责。

第十七条 人民法院、人民检察院和国家安全机关、军队保卫部门、监狱等部门的自办案件，需要公安机关协助进行现场勘验、检查，并出具委托书的，有关公安机关应予以协助。

第三章　现场保护

第十八条 案发地公安机关接到刑事案件报警后应当迅速派员赶赴现场，做好现场保护工作。

第十九条 负责保护现场的人民警察应当根据案件具体情况，划定保护范围，设置警戒线和告示牌，禁止无关人员进入现场。

第二十条 负责保护现场的人民警察除抢救伤员、保护物证等紧急情况外，不得进入现场，不得触动现场上的痕迹、物品和尸体。处理紧急情况时，应当尽可能避免破坏现场上的痕迹、物品和尸体。

第二十一条 负责保护现场的人民警察对可能受到自然、人为因素破坏的现场，应当对现场上的痕迹、物品和尸体等采取相应的保护措施。

第二十二条 保护现场的时间，从发现刑事案件现场开始，至现场勘验、检查结束。不能完成现场勘验、检查的，应当对整个现场或者部分现场继续予以保护。

第二十三条 负责现场保护的人民警察应当将现场保护情况及时报告现场勘验、检查指挥员。

第四章　现场勘验检查的组织与指挥

第二十四条 公安机关对刑事案件现场勘验、检查应当统一指挥，周密组织，明确分工，落实责任，及时完成各项任务。

第二十五条 现场勘验、检查的指挥员由具有现场勘验、检查专业知识和组织指挥能力的人民警察担任。

第二十六条 现场勘验、检查的指挥员依法履行下列职责：

（一）决定和组织实施现场勘验、检查的紧急措施；

（二）制定和实施现场勘验、检查的工作方案；

（三）对参加现场勘验、检查人员进行分工；

（四）指挥、协调现场勘验、检查工作；

（五）确定现场勘验、检查见证人；

（六）审核现场勘验、检查工作记录；

（七）组织现场分析；

（八）决定对现场的处理。

第二十七条 现场勘验、检查人员依法履行下列职责：

（一）实施现场紧急处置；

（二）进行现场调查访问；

（三）发现、固定和提取现场痕迹、物证等；

（四）记录现场保护情况、现场原始情况和现场勘验、检查的过程与所见，制作现场勘验、检查工作记录；

（五）参与现场分析；

（六）提出处理现场的意见。

第五章　现场实地勘验检查

第二十八条 公安机关对刑事案件现场进行勘验、检查不得少于两人。

勘验、检查现场时，应当邀请一至二名与案件无关的公民作见证人。

第二十九条 现场勘验、检查人员到达现场后，应当了解案件发生、发现和现场保护情况。需要采取搜索、追踪、堵截、鉴别、安全检查和控制销赃等紧急措施的，应当立即报告现场指挥员，并果断处置。

具备使用警犬追踪或者鉴别条件的，在不破坏现场痕迹、物证的前提下，立即使用警犬搜索和追踪，提取有关物品、嗅源。

第三十条 勘验、检查暴力犯罪案件现场，可以视案情部署武装警戒，防止造成新的危害后果。

第三十一条 对涉爆、涉枪、放火、中毒、放射性物质、传染性疾病、危险场所等可能危害勘验、检查人身安全的，应当先排除险情，在保证勘验、检查人员人身安全的前提下，再进行现场勘验、检查。

第三十二条 执行现场勘验、检查任务的人员，应当佩带《刑事案件现场勘验检查证》。《刑事案件现场勘验检查证》由公安部统一制发。

第三十三条 执行现场勘验、检查任务的人员，应当使用相应的个人防护装置，佩带帽子或者头套、手套、鞋套等。

第三十四条 勘验、检查现场时，非勘验、检查人员不得进入现场。确需进入现场的，须经指挥员同意，并按指定路线进出现场。

第三十五条 现场勘验、检查按照以下工作步骤进行：

（一）巡视现场，划定勘验、检查范围；

（二）按照“先静后动，先下后上，先重点后一般，先固定后提取”的原则，根据现场实际情况确定勘验、检查流程；

（三）初步勘验、检查现场，固定和记录现场原始状况；

（四）详细勘验、检查现场，发现、固定、记录和提取痕迹、物证；

（五）记录现场勘验、检查情况。

第三十六条 勘验、检查与电子数据有关的犯罪现场，应当按照有关规范处置相关设备，保护电子数据和其他痕迹、物证。必要时，可以指派或聘请专业技术人员复制有关电子数据。

第三十七条 勘验、检查煽动性案件现场时，对涉及反动内容的标语、传单、大小字报等，应当采用适当方法加以遮挡，在取证结束后及时清理现场，防止扩散，造成不良影响。

第三十八条 为了确定被害人、犯罪嫌疑人的个体特征、伤害情况或者生理状态等，可以进行人身检查。

犯罪嫌疑人如果拒绝检查，侦查人员认为有必要的，经办案部门负责人批准，可以进行强制检查。

检查妇女的身体，应当由女侦查人员或者医师进行，必要时，可以指派或者邀请法医参加。

检查的情况应当制作笔录，由参加检查的侦查人员、检查人员和见证人签名或者盖章。

第三十九条 勘验、检查有尸体的现场，应当有法医参加。

第四十条 为了确定死因，经县级以上公安机关负责人批准，可以解剖尸体。

第四十一条 解剖尸体应当通知死者家属到场，并让死者家属在《解剖尸体通知书》上签名或者盖章。死者家属无正当理由拒不到场或者拒绝签名、盖章的，也可以解剖尸体，但是应当在《解剖尸体通知书》上注明。对于身份不明的尸体，无法通知死者家属的，应当在笔录中注明。

解剖外国人尸体应当通知死者家属或者其所属国家驻华使、领馆有关官员到场，并请死者家属或者其所属国家驻华使、领馆有关官员在《解剖尸体通知书》上签名或者盖章。死者家属或者其所属国家驻华使、领馆有关官员无正当理由拒不到场或者拒绝签名、盖章的，也可以解剖尸体，但应当在《解剖尸体通知书》上注明。对于身份不明外国人的尸体，无法通知死者家属或者有关使、领馆的，应当在笔录中注明。

第四十二条 移动现场尸体前，应当对尸体的原始状况及周围的痕迹、物品进行照相、录像，并提取有关痕迹、物证。

第四十三条 解剖尸体应当在尸体解剖室进行。确因情况紧急，或者受条件限制，需要在现场附近解剖的，应当采取隔离、遮挡措施。

第四十四条 检验、解剖尸体时，应当捺印尸体指纹和掌纹。必要时，提取血、尿、胃内容和有关组织、器官等。

第四十五条 检验、解剖尸体时，应当照相、录像。对尸体损伤痕迹和有关附着物等应当进行细目照相、录像。

对无名尸体的面貌，生理、病理特征，以及衣着、携带物品和包裹尸体物品等，应当进行详细检查和记录，拍摄辨认照片。

第六章 现场勘验检查工作记录

第四十六条 现场勘验、检查结束后，应当及时制作现场勘验、检查工作记录。

现场勘验、检查工作记录包括现场勘验检查笔录、现场图、现场照片、现场录像和现场录音。

第四十七条 现场勘验、检查笔录应当客观、全面、详细、准确、规范，能够作为核查现场或者恢复现场原状的依据，符合法定的证据要求。

第四十八条 现场勘验、检查笔录包括以下基本内容：

（一）前言部分：笔录文号，接报案件时间和内容，现场地点，现场保护情况，勘验、检查的起止时间，天气情况，勘验、检查利用的光线，组织指挥人员，现场方位和周围环境等；

（二）正文部分：与犯罪有关的痕迹和物品的名称、部位、数量、性状、分布等情况，尸体的位置、衣着、姿势、损伤、血迹分布、形状和数量等；

（三）结尾部分：提取痕迹、物证情况，扣押物品情况，制图和照相的数量，录像、录音的时间。笔录人、制图人、照相人、录像人、录音人，执行现场勘验、检查任务人员的单位、职务及签名，见证人签名。

第四十九条 对现场进行多次勘验、检查的，在制作首次现场勘验、检查笔录后，逐次制作补充勘验、检查笔录。

第五十条 现场勘验、检查人员应当根据现场情况选择制作现场平面示意图、现场平面比例图、现场平面展开图、现场立体图和现场剖面图等。

第五十一条 绘制现场图应当符合以下基本要求：

（一）标明案件名称，案件发生、发现时间，案发地点；

（二）完整反映现场的位置、范围；

（三）准确反映与犯罪活动有关的主要物体，标明痕迹、物证、成趟足迹、尸体、作案工具等具体位置等；

（四）文字说明简明、准确；

（五）布局合理，重点突出，画面整洁，标识规范；

（六）注明测量方法、比例、方向、图例、绘图单位、绘图日期和绘图人。

第五十二条 现场照相和录像包括方位、概貌、重点部位和细目四种。

第五十三条 现场照相和录像应当符合以下基本要求：

（一）影像清晰、主题突出、层次分明、色彩真实；

（二）清晰、准确记录现场方位、周围环境及原始状态，记录痕迹、物证所在部位、形状、大小及其相互之间的关系；

（三）细目照相、录像应当放置比例尺；

（四）现场照片贴纸上加注文字说明；

（五）符合有关行业标准。

第五十四条 现场绘图、现场照相、录像、现场勘验、检查笔录应当相互吻合。

第五十五条 现场绘图、现场照相、录像、现场勘验、检查笔录等现场勘验、检查的原始资料应当妥善保存。

第七章　现场痕迹物品文件的提取与扣押

第五十六条 现场勘验、检查中发现与犯罪有关的痕迹、物品，应当固定、提取。

提取现场痕迹、物品，应当分别提取，分开包装，统一编号，注明提取的地点、部位、日期，提取的数量、名称、方法和提取人。对特殊检材，应当采取相应的方法提取和包装，防止损坏或者污染。

第五十七条 提取秘密级以上的文件，应当由县级以上公安机关负责人批准，按照有关规定办理，严防泄密。

第五十八条 在现场勘验、检查中，应当对能够证明犯罪嫌疑人有罪或者无罪的各种物品和文件予以扣押，但不得扣押与案件无关的物品、文件。

对与犯罪有关的物品、文件的持有人无正当理由拒绝交出物品、文件的，现场勘验、检查人员可以强行扣押。

第五十九条 现场勘验、检查中需要扣押物品、文件的，由现场勘验、检查指挥员决定。

执行扣押物品、文件时，侦查人员不得少于两人，并持有关法律文书或者侦查人员工作证件。应当有见证人在场。

第六十条 现场勘验、检查中，发现爆炸物品、毒品、枪支、弹药和淫秽物品以及其他非法违禁物品，应当立即扣押，固定相关证据后，交有关部门处理。

第六十一条 扣押物品、文件时，当场开具《扣押物品、文件清单》，写明扣押的日期、地点以及物品、文件的编号、名称、数量、特征和来源等，由扣押经办人、见证人和物品、文件持有人分别签名或者盖章。

被扣押物品、文件无持有人或者难以查清持有人的，应当在《扣押物品、文件清单》上注明。

《扣押物品、文件清单》一式三份，一份交物品、文件持有人，一份交公安机关扣押物品、文件保管人员，一份附卷备查。

第六十二条 对应当扣押但不便提取的物品、文件，经拍照或者录像后，可以交被扣押物品、文件持有人保管或者封存，并明确告知物品持有人应当妥善保管，不得转移、变卖、毁损。

交被扣押物品、文件持有人保管或者封存的，应当开具《扣押物品、文件清单》，在清单上写明封存地点和保管责任人，注明已经拍照或者录像，由扣押经办人、见证人和持有人签名或者盖章。

《扣押物品、文件清单》一式两份，一份交给物品持有人，一份连同照片或者录像带附卷备查。

对应当扣押但容易腐败变质以及其他不易保管的物品，可以根据具体情况，经县级以上公安机关负责人批准，在拍照或者录像固定后委托有关部门变卖、拍卖或者销毁。

第六十三条 对不需要继续保留或者经调查证实与案件无关的被扣押物品、文件，应当及时退还原主，填写《发还物品、文件清单》一式两份，由承办人、领取人签名或者盖章，一份交物品、文件的原主，一份附卷备查。

第六十四条 对现场扣押的无主物品、文件，与犯罪有关的，在案件未破获前，由主办案件单位负责保管。

第六十五条 对公安机关扣押物品、文件有疑问的，物品、文件持有人可以向扣押单位咨询；认为扣押不当的，可以向扣押物品、文件的公安机关或者其上级公安机关申请纠正。

第六十六条 上级公安机关发现下级公安机关扣押物品、文件不当时，应当责令下级公安机关改正，下级公安机关应当立即执行。

第六十七条 对于现场提取的痕迹、物品和扣押的物品、文件，应当按照有关规定建档管理，存放于专门场所，由专人负责，严格执行存取登记制度。

第八章　现场访问

第六十八条　现场勘验、检查人员应当向报案人、案件发现人，被害人及其亲属，其他知情人或者目击者了解、收集有关刑事案件现场的情况和线索。

第六十九条　现场访问包括以下主要内容：

（一）刑事案件发现和发生的时间、地点、详细经过，发现后采取的保护措施，现场所见情况，有无可疑人或者其他人在现场，现场有无反常情况，以及物品损失等情况；

（二）现场可疑人或者作案人数、作案人性别、年龄、口音、身高、体态、相貌、衣着打扮、携带物品及特征，来去方向、路线等；

（三）与刑事案件现场、被害人有关的其他情况。

第七十条　现场访问应当符合以下基本要求：

（一）现场勘验、检查人员在询问被访问人前，应当了解被访问人与被害人、犯罪嫌疑人之间的关系，确定现场访问的任务和方法，保证访问工作合法、客观、准确；

（二）现场访问时，现场勘验、检查人员应当向被访问人出示证件，告知被访问人必须履行如实作证的义务和作伪证或者隐匿罪证应当承担的法律责任；

（三）现场勘验、检查人员询问被访问人应当个别进行，可以在现场外围或者被访问人所在单位、住所进行。必要时，可以通知被访问人到公安机关接受询问；

（四）现场勘验、检查人员不得向被访问人泄露案情，不得使用威胁或者引诱的方法对被访问人进行询问；

（五）访问未成年人，应当通知其监护人到场；

（六）询问被访问人应当制作询问笔录。询问笔录应当由询问人和被询问人签字。经被访问人同意可以录音。

第九章　现场外围的搜索和追踪

第七十一条　现场勘验、检查中，应当对现场周围和作案人的来去路线进行搜索和追踪。

第七十二条　现场搜索、追踪的任务包括：

（一）搜寻隐藏在现场周围或者尚未逃离的作案人；

（二）寻找与犯罪有关的痕迹、物品等；

（三）搜寻被害人尸体、人体生物检材、衣物等；

（四）寻找隐藏、遗弃的赃款赃物等；

（五）发现并排除可能危害安全的隐患；

（六）确定作案人逃跑的方向和路线，追踪作案人。

第七十三条　在现场搜索、追踪中，发现与犯罪有关的痕迹、物证，应当予以固定、提取。

第十章　现场实验

第七十四条　为了证实现场某一具体情节的形成过程、条件和原因等，可以进行现场实验。

进行现场实验应当经县级以上公安机关负责人批准。

第七十五条 现场实验的任务包括：

（一）验证在现场条件下能否听到某种声音或者看到某种情形；

（二）验证在一定时间内能否完成某一行为；

（三）验证在现场条件下某种行为或者作用与遗留痕迹、物品的状态是否吻合；

（四）确定某种条件下某种工具能否形成某种痕迹；

（五）研究痕迹、物品在现场条件下的变化规律；

（六）分析判断某一情节的发生过程和原因；

（七）其他需要通过现场实验作出进一步研究、分析、判断的情况。

第七十六条 现场实验应当符合以下要求：

（一）现场实验一般在发案地点进行，燃烧、爆炸等危险性实验，应当在其他地点进行；

（二）现场实验的时间、环境条件应与发案时间、环境条件基本相同；

（三）现场实验使用的工具、材料应当与发案现场一致或者基本一致；必要时，可以使用不同类型的工具或者材料进行对照实验；

（四）如条件许可，类同的现场实验应当进行两次以上；

（五）评估实验结果应当考虑到客观环境、条件变化对实验的影响和可能出现的误差；

（六）现场实验必须遵守法律规定，尊重民族风俗习惯，禁止一切可能造成危险、有伤风化、侮辱人格的行为。

第七十七条 对现场实验的过程和结果，应当制作《现场实验笔录》，参加现场实验的人员应当在《现场实验笔录》上签名或者盖章。

进行现场实验，可以照相、录像、录音。

第十一章 现场分析

第七十八条 现场勘验、检查结束后，勘验、检查人员应当进行现场分析。

第七十九条 现场分析的内容包括：

（一）侵害目标和损失；

（二）作案地点、场所；

（三）开始作案的时间和作案所需要的时间；

（四）作案人出入现场的位置、侵入方式和行走路线；

（五）作案人数；

（六）作案方式、手段和特点；

（七）作案工具；

（八）作案人在现场的活动过程；

（九）作案人的个人特征和作案条件；

（十）有无伪装或者其他反常现象；

（十一）作案动机和目的；

（十二）案件性质；

（十三）是否系列犯罪；

（十四）侦查方向和范围；
（十五）是否需要进一步勘验、检查现场；
（十六）处理现场的意见；
（十七）其他需要分析解决的问题。

第八十条 对现场勘验、检查后，应当完成现场勘验检查工作记录。

第十二章 现场的处理

第八十一条 现场勘验、检查结束后，现场勘验、检查指挥员决定是否保留现场。

对不需要保留的现场，应当及时通知有关单位和人员进行处理。

对需要保留的现场，应当及时通知有关单位和个人，指定专人妥善保护。

第八十二条 对需要保留的现场，可以整体保留或者局部保留。

第八十三条 遇有死因未定、身份不明或者其他情况需要复验的，应当保存尸体。

第八十四条 对没有必要继续保存的尸体，经县级以上公安机关负责人批准，应当立即通知死者家属处理。对无法通知或者通知后家属拒绝领回的，经县级以上公安机关负责人批准，可以按照有关规定处理。

对没有必要继续保存的外国人尸体，经县级以上公安机关负责人批准，应当立即通知死者家属或者所属国驻华使、领馆的官员处理。对无法通知或者通知后外国人家属或者其所属国驻华使、领馆的官员拒绝领回的，经县级以上公安机关负责人批准，并书面通知外事部门后，可以按照有关规定处理。

第十三章 现场的复验、复查

第八十五条 遇有下列情形之一，应当对现场进行复验、复查：
（一）案情重大、现场情况复杂的；
（二）侦查工作需要从现场进一步收集信息、获取证据的；
（三）人民检察院审查案件时认为需要复验、复查的；
（四）当事人提出不同意见，公安机关认为有必要复验、复查的；
（五）其他需要复验、复查的。

第八十六条 对人民检察院要求复验、复查的，公安机关复验、复查时，应通知人民检察院派员参加。

第十四章 现场勘验检查人员纪律

第八十七条 执行现场勘验、检查任务时，现场勘验、检查人员应当服从命令，听从指挥，程序规范，举止文明。

现场勘验、检查结束后，现场勘验、检查人员应当对现场进行清理，所有耗材必须带离现场，妥善处置。

第八十八条 现场勘验、检查人员应当严格保守秘密，不得向无关人员泄露现场信息，不得擅自接受新闻媒体的采访。

第十五章 附 则

第八十九条 公安机关对其他案件、事件、事故现场的勘验、检查，可以参照本规则执行。

第九十条 本规则自 2005 年 10 月 1 日起施行。《公安部刑事案件现场勘查规则》（1979 年 7 月 1 日颁布并实施）同时废止。

参考文献

1. 管光承. 现场勘查. 北京：法律出版社，2005.

2. 高春兴，苑军辉，邹荣合. 犯罪现场勘查. 北京：中国人民公安大学出版社，2011.

3. 马丽霞. 现场勘查. 中国检察出版社，2007.

4. 郝宏奎. 李昌钰博士犯罪现场勘查手册. 北京：中国人民公安大学出版社，2006.

5. 吕云平. 犯罪现场勘查教程. 北京：群众出版社，2009.

6. 张公正，程军伟. 新编刑事侦查学. 西安：陕西人民出版社，2000.

7. 袁家盛. 刑事侦查学. 北京：中国政法大学出版社，2005.

8. 王成荣. 痕迹学教程. 北京：法律出版社，2002.

9. 张毅，李洪武，孔春晓. 痕迹检验教程. 北京：中国人民公安大学出版社，2009.

10. 张建华，陈宁. 微量物证分析学简明教程. 北京：中国人民公安大学出版社，2002.

11. 刘品新. 电子取证的法律规制. 北京：中国法制出版社，2010.

12. 孙延庆. 侦查措施与策略. 北京：中国民主法制出版社，2007.

13. 杨富昌. 侦审谋略与取证技巧. 北京：中国人民公安大学出版社，2006.

14. 陈志军. 刑侦典型案例评析. 北京：中国人民公安大学出版社，2004.